그렇게 일하면 아무도 **모릅니다**

하나만 알고 둘은 모르면 손해 보는 조직의 속성

그렇게 일하면
아무도 모릅니다

서광원 지음

'조직'에 걸려 비틀거리는 당신에게

회사에 다니면 흔히 접하는 상황이 있다. 프레젠테이션이나 보고를 하고 있는데, 상사나 결정권자가 턱을 여러 번 만지는가 싶더니 팔짱을 끼고 다리를 꼰다. 잠시 후에는 의자 등받이에 몸을 기댄다. 어디서나 으레 있을 수 있는 일이니 그냥 넘어가기 쉽지만 눈치 빠른 사람은 이럴 때 남과 다르게 행동한다. 그것이 뭘 의미하는지 알기 때문이다.

상사의 이런 몸짓은 마음의 표현이다. 지금 내가 하는 말에 동의하지 않기에 거리를 두려는, 자신도 모르게 하는 행동이다. 아니다, 라는 말을 하기 전에 자기 생각을 정리하려고 말이다. 미국의 유명한 보디랭귀지 전문가 앨런 피즈는 이럴 때 가만있으면 안 된다고 한다. 어떻게 해야 할까? 상사의 마음을 돌려야 한다. 재빨리 보충설명을 하든가 아니면 부정적인 답변이 나올 때를 대비해 준비해둔 대안을 보여야 한다. 일단 '아니다'라는 말이 나오면 엎질러진 물이 될 수 있다.

회사 생활을 몇 년 해본 사람은 이런 게 얼마나 중요한지 알 것이다. 이걸 아는 것과 모르는 것의 차이가 하늘과 땅 같은 결과로 나타난다는 것도. 잘되면 우리가 제안한 프로젝트가 회사의 미래가 되어 우리 또한 회사의 미래가 될 수도 있지만, 그렇지 않으면 그 반대가 될 수도 있다. 앞날이 막막해질 수 있다.

우리는 정작 중요한 걸 모른다

우리는 일하는 기술이나 재무제표 보는 법, 코딩 같은 눈에 보이는 기술은 중시하면서도 이보다 중요하다고 할 수 있는, 그러나 눈에 보이지 않는 것들을 소홀히 하는 경향이 있다. 조직에 대한 이해, 그리고 조직 속 인간에 대한 이해가 의외로 약하다. 이 때문에 누구보다 일을 잘하는데도 그 무언가에 밀려 속상해하다 결국 밀려나는 사람이 한둘이 아니다. 뛰어난 능력을 가졌음에도 팀장이나 초급 임원에서 멈춰버리는 일이 허다하다. '일'만 잘하지 조직의 속성과 조직 속 인간의 마음을 모르기 때문이다.

이상한 건 이렇게 중요한데도 가르치는 곳도 없고 배우지도 않는다. 단순히 처세술이라고 치부하고 만다. 회사에서도 가르쳐주지 않으니 부딪쳐 가며 터득해야 한다. 당연히 쉬울 리 없다. 그래서 우리는 언제나 조직에 걸려 비틀거린다. 원리와 본질을 모르거나 외면한 채 현상만 보기 때문이다.

회사를 다니다 보면 불쑥불쑥 드는 의문이 있다. 도대체 이해할 수 없는 일들이 있다. 능력이 없거나 이해할 수 없는 행동을 하는 사람이 왜 자꾸 승진하고 중요한 자리에 앉아 있는지, 회사와 그 사람의 상사는 그 사람의 실체를 왜 모르는지, 묵묵히 일하는 사람은 왜 늘 밀리고 눌리는데 입으로 일하는 사람은 보란 듯 우대받는지, 분명 멀쩡하고 양식 있는 사람들이 승진하면 왜 이상해지는지, 상사들은 또 왜 날마다 그러는지…. 나 또한 그랬다. 그래서 여기저기 물어 봤지만 대답은 늘 비슷했다.

"세상이 원래 그렇잖아."

"그러니까 돈 받고 다니는 거지."

진짜 왜 그럴까? 마음속에서 뭔가가 끓어오를 때면 어딘가에 적어두곤 했다. 그러곤 잊어버리곤 했는데 언젠가 이사하면서 그것들을 보게 됐다. 놀랍게도 계속 같은 의문이 반복되고 있었다. 속을 끓이게 하는 몇 가지가 있다는 뜻이었다. 나만 그런가 싶어 틈나는 대로 사람들에게 물었다. 그들에게서도 비슷한 말들이 나왔다. 흔히 말하는 '조직의 뜨거운 맛'이 바로 여기서 생겨나고 있었다.

도대체 이 '뜨거운 맛'의 실체는 뭘까? 왜 생기는 걸까? 오랜 시간 동안 실마리를 찾아다녔다. 조직의 속성을 알려고 하니 인간의 속성을 알아야 했고, 이걸 알려니 인간의 역사, 더 나아가 생명의 역사를 더듬어야 했다. 나도 모르게 생물학으로 들어갔고 다음에는 인류학, 뇌과학 속을 헤매야 했다. 세상에, 궁금함을 따라나섰을 뿐인데 어떤 때는 미로 속을, 또 어떤 때는 막막한 사막을 헤매곤 했다. 한숨깨나 쉬며 20년 가까이 조금씩 하다 보니 이제야 작은 결과물을 내놓게 됐다.

'조직의 뜨거운 맛'은 왜 어디서 생길까?

멋진 사랑을 하고 싶다면 가장 먼저 사랑하는 사람을 이해해야 한다. 자기 열정만으로 멋진 사랑을 꿈꾸면 결과가 좋지 않다. 거부당하거나 상대가 지친다. 회사 생활도 마찬가지다. 조직의 속성과 그 속의 사람들에 대해 모르면 조직에 걸려 비틀거리게 되고 넘어지기 쉽다. 계속 넘어지는데 왜 그러는지 이유를 모르면 결국 우리 자신을 탓하게 된다. 남들은 저렇게 멀쩡한데 왜 나는 이러지, 하는 마음앓이를 하게 된다. 자존감이 점점 낮아지면서 살아가는 힘을 잃는다.

알아야 볼 수 있고, 이해해야 그걸 내 것으로 만들 수 있다. 무조건 열심히 하기보다 뭔가를 알고 열심히 하는 게 훨씬 효과적이다. 회사와 상사가 하는 이해할 수 없는 일이 내가 잘못해서 그러는 게 아니라, 또 나에게만 그러는 게 아니라 사실은 다른 이유가 있어서 그럴 수도 있다. 이걸 알면 혼자 끙끙대지 않을 수 있다. 스트레스 받지 않으니 그 에너지를 일에 쏟을 수 있다. '조직의 뜨거운 맛'을 만들어내는 불편한 진실이 무엇인지 아는 조직 지능이 있다면 더 나은 삶을 살 수 있다.

세상과 조직은 끊임없이 우리를 시험한다. 앞에서 날아오는 펀치도 있지만 뒤통수를 치는 손도 있고 보이지 않는 돌부리도 있다. 살다 보면 날아오는 펀치를 맞을 수 있지만 뒤통수를 맞거나 생각지도 않은 돌부리에 걸려 넘어져 코가 깨지는 일은 없어야 한다. 이 책이 작은 보탬이 된다면 더할 나위 없겠다.

여기 실린 글은 대부분 2018년부터 경제주간지 이코노미스트에 '인간과 조직 사이'라는 시리즈로 기고한 원고를 엮은 것이다. 귀한 지면을 마련해준 당시 남승률 편집장과 바통을 이은 조득진 편집장에게 고맙다는 말을 전한다. 책을 만드느라 애쓴 조한별 팀장에게도 감사를 드린다.

서광원

CONTENTS

PART 3.
상사, 다룰 수 없으면 괴물, 다룰 수 있다면 선물

PART 4.
마음은 어떻게 관리해야 할까?

우리 안에는 '세상의 중심은 나'라는 생각과
그렇기에 '내가 좀 더 낫다'는 마음이 기본 장착돼 있다.
이런 마음은 우리 자신을 다른 것보다 우선하게 하고,
우리 위주로 생각하게 한다.
우리 안에는 이런 자기중심적 성향이 강하고 굳건하게,
무엇보다 깊이 뿌리내려 있다.
상사와 회사가 나를 몰라주는 이유다.

PART 1

왜 나를 몰라줄까

이렇게

열심히 하는데

왜 몰라주지?

생각만 해도 속이 쓰리다. 분명 열심히 했고 성과도 나쁘지 않았는데 이게 뭐란 말인가. 고과가 이 모양이니 보너스도 쥐꼬리만 하다. 근데 1년 늦게 입사한 박 과장은 아닌 것 같다. 얼굴에 날마다 웃음꽃이 핀다. 분명 고과를 잘 받은 게 틀림없다. 그게 아니라면 인사이동을 앞둔 이 살얼음판 같은 시절에 어떻게 저런 웃음꽃을 날마다 피울 수 있단 말인가.

진짜 그런가 싶어 "잘 받았어?" 했더니 "나쁘지 않네요"라고 한다. 안 하던 겸손까지 떠는 걸 보니 확실하다. 뭐 그럴 수도 있지. 마음 한편으로 밀어버리고 싶은데 속이 말을 듣지 않는다. 생각할수록 쓰리다 못해 꼬인다. 내가 지금 시기하는 건가? 아니다. 아무리 생각해도 저 위에 있는 분들이 뭘 몰라도 한참 모르는 것 같다.

나와 달리 박 과장은 외향적이다. 여기저기 쑤시고 돌아다니기도 잘하고, 마음에 없는 말로 팀장 기분도 곧잘 맞춘다. 팀장도 그게 지나가는 말이라는 걸 알면서도 "성격 하나는 좋다"고 웃어준다. 이런저런 얘기를 하다 은근슬쩍 자기 자랑을 끼워 넣는 건 또 어떤가. 세상에, 어떻게 저런 얼굴 두꺼운 짓을! 나는 죽었다 깨어나도 못 한다. 생각만 해도 닭살이 돋는다. 이뿐인가. 엘리베이터 앞에서 상무님이나 사장님을 만나면 보통 어색해지게 마련인데 그는 다르다.

"와, 오늘 무슨 좋은 일 있으십니까? 넥타이 색깔이 보통이 아닌데요?"

뻔한 멘트를 넉살 좋게 날린다. 이거야말로 상투적인 아부 아닌가. 하지만 더 이해할 수 없는 건 그런 넉살을 윗분들이 받아준다는 것이다. 아니 반색한다. 이런 일이 이어지다 보니 이 회사에 더 오래 근무한 내 얼굴은 몰라도 박 과장 얼굴은 안다. 오다가다 만나게 되는 사장님과 전무님은 나를 소 닭 보듯 하며 건성으로 인사를 받고 지나친다. 나는 그분들에게 영화에 나오는 '지나가는 사람 7'쯤 되는 엑스트라일 것이다. 물론 박 과장에게는 반대다. 애정 어린 한마디에 어깨까지 툭툭 쳐준다.

뭐 성격 때문에 손해 보는 게 한두 번인가. 하지만 고과까지 이렇게 나오니 서운함이 부아처럼 솟아오른다. 아무리 생각해도 이건 아니다.

대리점을 순회할 일이 생길 때마다 팀장은 박 과장을 데리고 간다. 분명 방금 전까지 그렇게 일 많다고 투덜대던 박 과장도 "시간 되면 같이 갈까?" 하는 팀장 한마디에 "예" 하고 일어선다. 마치 봄날 꽃구경하러 가듯 선선히 나선다. 하여튼 대단해. 나라면 일이 많아 못 간다고 했을 텐데.

그러면서 대리점에 문제가 생겨 현장에 가야 할 일이 생기면 내 등을 떠민다. "일이 많다"고 하면 "나갈 사람이 없어서 어쩔 수 없다", "분석은 김 과장이 잘하잖아" 하면서 말이다. 아니 순회할 때는 박 과장을 데리고 가면서 왜 뒤치다꺼리는 내게 맡기는 걸까? 불평등한 대우를 받는 것 같아 영 개운치 않다. 아니, 화가 난다.

이렇게 박 과장보다 하는 일도 많고, 객관적인 성과도 나은데 왜 팀장은 박 과장을 높게 쳐주는가 말이다. 나서지 않고 표현하지 않는다고 무능력하다는 건가? 그나저나 이러다 진급에서 밀리는 거 아냐? 이런저런 생각이 뒤통수를 툭툭 쳐대면 속에 쌓인 불안감에 불이 확 붙는 것 같다. 3년 전이었던가. 옆 부서에서 후배 과장이 선배를 제치고 팀장으로 승진하는 바람에 그 선배는 사표를 내야 했다. 나도 그러는 거 아냐?

평소 잘 지내는 다른 팀 이 과장에게 하소연을 했더니 "원래 상사들이 그렇잖아"라고 한다. 남들 일일 때는 귓등으로 들었는데 내 일이 되니 답답해진다. 왜 윗사람들은 묵묵히 일하는 사람들을 몰라줄까? 사람 보는 눈이 그렇게도 없을까?

짝사랑이 힘든 이유

심리학자 엘리자베스 뉴턴이 이런 일이
왜 일어나는지 알 수 있는 실험을 했다. 사람들을 두 그룹으로 나
눈 후, 1그룹에게는 속으로 자신이 잘 아는 노래를 흥얼거리며 손
가락으로 탁자를 두드리도록 했다. 2그룹에게는 그 노래 제목을
맞혀보라고 했다. 탁자를 두드리는 사람들은 자신했다. 절반은 맞
힐 것이라고. 그렇게 120곡을 들려주었다. 몇 곡이나 맞혔을까?

2그룹이 맞힌 건 딱 세 곡, 그러니까 2.5%였다. 왜 이런 일이 생
길까? 미국 스탠퍼드대 칩 히스 교수의 설명은 이렇다.

"사람이 뭔가를 잘 알게 되면 그걸 모르는 상태가 어떤 것인지
상상하기 쉽지 않거든요. (이렇게 격차가 크다 보니) 정보를 가진 사
람과 그렇지 않은 사람은 의사소통이 어려워질 수밖에 없죠."

나는 내가 상대에게 전하는 걸 상대가 잘 알 거라고 생각하지만
사실은 그렇지 않다는 것이다.

형체가 있는 물건은 있는 그대로 전달할 수 있다. 하지만 눈에
보이지 않는 정보 같은 걸 전하는 건 생각보다 훨씬 어렵다. 열 길
물속은 알아도 한 길 속을 모른다는 사람의 마음을 통과해야 하기
때문이다. 물리적인 거리는 1, 2m밖에 안 될지라도 마음의 거리는
'천 리 길'일 수 있다. 관계나 신뢰가 중요한 이유가 이래서다.

사람 사이에서 신뢰는 고속도로와 같다. 전하려 하는 게 상대의
마음속에 있는 '검문소'나 장애물을 거치지 않고 곧바로 전달된
다. 반대로 불신이 많을수록 수많은 우여곡절을 겪어야 하기에 쉽

게 전달되지 않는다. 전달된다 해도 왜곡되기 쉽다. 이런 걸 심리학에서는 인지 과정이라고 한다. 인지란 상황을 판단해서 어떻게 행동해야 할지 결정하는 것이다. 이 과정에서 인지되는 정보는 다양하게 변형된다.

예를 들어 허 대리에게 "어이, 그래 가지고 승진하겠어?"라고 했을 때, 허 대리는 내가 말하는 마음 그대로 "좀 더 분발하라"고 받아들일 수 있다. 하지만 "이따위로 해서 승진하겠다고? 꿈도 꾸지마!"라고 생각할 수도 있다.

직접 들을 수 있는 소리로 해도 이런데 말없이 일하는 나의 모습과 진정성이 상사에게 그대로 전해질까? 손가락으로 두드리는 리듬을 집중해서 들어도 97.5%가 무슨 노래인지 모르는데, 나에게 집중하지도 않는 상사가 내가 열심히 일하는 걸 알까? 누락되는 건 다반사고 전해진다 해도 어떻게 인지될지 알 수 없다. 상사와 회사가 나를 몰라주는 첫 번째 이유다.

말이 좀 이상하긴 하지만 이런 관계 구조는 짝사랑과 비슷하다. 짝사랑을 하는 사람은 말 그대로 짝사랑이다 보니 혼자 끙끙 앓으며 자기만 아는 식으로 마음을 표현한다. 온몸으로 최선을 다해서 말이다. 하지만 바로 그렇기에 상대는 알 수가 없다. 여기에 다음에 설명하는 두 번째 이유가 더해지면 말할 것도 없다.

그들에게 '나중'은 없다.
'지금'이 중요하다

제법 높이가 있는 산을 올라 보면 알게 되는 게 있다. 헉헉거리며 올라갈 때는 그렇게 선명하게 잘 보이던 주변의 것들이 높이 올라갈수록 보이지 않는다. 앞은 탁 트이고 멀리 볼 수 있지만 아래쪽은 갈수록 보이지 않는다. 올라온 길조차도 보이지 않을 때가 많다.

조직에서 승진 사다리를 타고 올라가는 것도 이와 비슷하다. 아래에 있을 때는 그렇게 잘 보이던 것들이 막상 위에 올라서면 보이지 않는다. 자신의 독립 공간을 갖게 되는 임원 이상이 되면 "딱 올라서는 순간, 하나도 보이지 않는다"는 말을 하는 이들이 많다. 발밑으로 구름이 '쫙' 깔린 것 같은 느낌을 받는다. 전 세계 어느 역사에서나 아부꾼과 간신이 등장하는 게 이 때문이다. 이걸 간파한 이들이 나서 위아래를 연결하는 통로를 장악하는 것이다.

위로 올라갈수록 일은 기하급수적으로 많아지고 언제 어디서 무슨 일이 일어날지 모르는 불확실성과 맞부딪쳐야 한다. 새로운 시장, 새로운 사업, 새로운 미래를 만들어내야 한다. 몸으로 하는 일은 적어지지만 머릿속은 갈수록 복잡해진다. 전후좌우를 보는 것만으로도 정신이 없다. 이뿐인가. 이런저런 문제들 또한 기다렸다는 듯 발등에 떨어진다. 일부러 시간을 내지 않으면 아래를 볼 틈이 없다.

이런 상황에서 어떤 급한 일이 생겼을 때 이들은 누구를 먼저 부를까? 크고 높은 집을 짓는 목수일수록 자신을 보조하는 사람을 많이 두는 건 필요한 도구나 자재를 즉시 손에 쥘 수 있고, 마음속에 있는 설계를 실제 형태로 나타내기 위함이다.

회사의 높은 그들도 똑같다. 당장 해결해야 할 일이 발등에 떨어지면 여기에 필요한 능력을 '지금, 빨리' 찾아야 한다. '나중'은 없다. '지금'과 '빨리'가 중요하다. 하루하루가 전투인데 '나중'이 어디 있겠는가. 패하면 그걸로 끝이다. 이럴 때 손을 들고 나서는 사람을 써야 할까, 아니면 잠자코 있는 직원들에게 일일이 의사와 능력을 물은 다음 써야 할까?

망치가 필요한 사람에게는 아무리 좋은 톱이라 할지라도 눈에 들어오지 않는다. 품질이 그다지 좋지 않은 망치라도 내 손에 있는 망치가 훌륭한 톱보다 낫다. '제가 바로 그 망치입니다' 하고 나서는 사람을 쓰게 된다.

더구나 우리 인간은 보이는 걸 보는 성향이 강하다. 만약 우리가 세상 모든 걸 일일이 보고 판단해야 한다면 우리 뇌는 과부하에 걸려 날마다 골치가 아프고 머리가 터질 것이다. 그래서 우리 뇌는 웬만한 건 거른다. 중요한 게 아니라면 애써 찾아보는 대신 하던 대로 하고, 보이는 걸 보고, 본 대로 판단한다. 일은 많고 시간이 부족하다면 더 그럴 수밖에 없다.

그렇게 했는데 괜찮은 성과가 나오면 그때부터는 본 걸 믿게 된다. 결국 보는 것이 믿는 것이 된다. 높은 분들의 눈에 들면 승승장구하는 비결이고, 묵묵히 일하는 사람을 몰라주는 두 번째 이유다.

'사실 내가 좀 더 낫긴 하지'

세상 사람들에겐 묘한 공통점이
있다. 자동차를 운전하는 사람들은 자신이 운전을 꽤 잘한다고 생
각한다. 열에 아홉(90%)이 그렇다. 그렇다면 사고가 거의 없어야
하는데 이상하게 거의 날마다 사고가 일어난다. 개를 키우는 사람
들 역시 마찬가지다. 대부분 자신의 개가 안전하다고 한다. 절대
덤비지도 않고 물지 않는다고 한다. 하지만 바로 그런 개들이 사고
를 친다. 사업을 시작한 사람들 역시 다른 사람은 몰라도 자신은
성공할 거라고 장담한다. 90%가 그렇다. 하지만 알다시피 5년 생
존율이 10%만 되어도 대단한 것이다.

미국의 고등학교 졸업생들에게 물었다.

'내 사교성은 어느 수준일까?'

무려 25%가 상위 1%에 들 것이라고 대답했다. 24%는 잘못 알
고 있거나 거짓말한 셈이다. 자신에 대한 잘못된 인식은 여기에 그
치지 않는다. 미국 대학 입학 자격시험인 SAT를 본 학생들은 무려
94%가 자신의 리더십이 평균 이상이라고 했다. 물론 말할 것도 없
이 자기 생각일 뿐이다.

압권은 미국의 한 조사기관이 세상이 다 아는 유명한 이들의 이
름을 대며 사람들에게 물었을 때다. 유명한 이들이란 마더 테레사
수녀, 오프라 윈프리, 마이클 조던이었다.

"이들이 천국에 갈 가능성이 몇%나 될까?"

조사 결과, 마더 테레사 수녀는 79%, 오프라 윈프리는 66%, 농

구선수였던 마이클 조던은 61%였다(중복 답변). 그럴 수 있는 수치였다. 그래서 다시 물었다.

"그러면 당신이 천국에 갈 가능성은 몇%나 될까?"

놀랍게도 87%가 자신이 천국에 갈 수 있다고 답했다. 평생 헐벗고 굶주린 사람들을 위해 헌신한 마더 테레사보다 자신들이 더 천국에 갈 가능성이 높다는 것이다.

드물게 일어나는 일이 아니다. 독일인들에게 국가의 미래와 자신의 미래에 대해 물었다. 국가의 미래가 긍정적이라고 답한 사람은 28%였다. 국가의 미래가 별로 안 좋다는 뜻이다. 이상한 건 그다음 답이었다. 개인적으로 좋은 일이 생길 것이라고 답한 사람이 63%나 됐다. 자신이 살고 있는 국가의 미래가 불투명한데 자신의 미래는 밝을 것이라고 한 것이다.

어쩌면 이 조사를 진행한 독일 심리학자 옌스 바이드너가 한 말이 옳을지도 모른다. 그는 이렇게 말했다. 인간의 성향은 '외부에 대해서는 비관주의자이지만, 사생활에서는 낙관주의자'라고 말이다.

이런 조사 결과는 많다. 미국 남자들의 95%는 자신의 사회성 기술이 상위 50%에 들 것이라고 믿는다. 하긴 암환자들의 96%도 다른 평균적인 환자들보다 자신이 더 건강하다고 생각한다. 밖으로 드러내지는 않지만 속으로 그렇게 생각한다.

지금까지 말한 사례들은 한 가지를 알려준다. 우리는 우리 스스로를 '괜찮은 사람'으로 생각한다. 아니 좀 더 솔직하게 말하면

'내가 좀 더 낫다'고 여긴다. 우리는 우리 자신을 평균적인 인간으로 보지 않는다. 다른 사람보다 더 지적이고, 더 유능하며, 더 매력적이라고 생각한다. 미국 하버드대 심리학과 대니얼 길버트 교수의 말을 빌리자면 이렇다.

"우리는 우리 자신을 굉장히 독특하다고 믿는다."

여기서 '독특'이란 물론 차별화, 그러니까 '좀 더 낫다'를 뜻한다. 아니 '굉장히'가 붙었으니 '좀 더' 정도가 아닐 수도 있다.

연구에 따르면 우리는 자신이 다른 사람보다 더 낫지 않고 비슷하다(거기서 거기다)고 느끼면 은근히 기분 나빠 한다('내가 어중이떠중이라는 거야?'). 그래서 남들과 어울리는 건 좋아하지만 그 속에 묻히는 건 좋아하지 않는다. 우리 안에는 '세상의 중심은 나'라는 생각과 그렇기에 '내가 좀 더 낫다'는 마음이 기본 장착돼 있기 때문이다. 이런 마음은 우리 자신을 다른 것보다 우선하게 하고, 우리 위주로 생각하게 한다. 우리 안에는 이런 자기중심주의적 성향이 강하고 군건하게, 무엇보다 깊게 뿌리내려 있다. 상사와 회사가 나를 몰라주는 세 번째 이유다.

'근거 없는 낙관주의'가 이긴다

사실 이런 성향이 꼭 나쁘다고 할 수는 없다. 이 험한 세상은 누가 살아주는 게 아니다. 내가 살아가야 한다. 어떻게 하면 잘 살아갈 수 있을까? 내가 좀 부족하고 모자란다고 생각하는 게 나을까, 아니면 능력이 좀 있다고 생각하는 게 나을까? 어느 쪽이 더 나은 결과를 만들어낼까?

앞에서 언급한 바이드너의 연구에 의하면 '근거 없는 낙관주의'라 하더라도 자신이 '평균 이상'이라고 생각하는 사람들이 더 좋은 결과를 냈다. 이른바 '평균 이상 효과(Above-Average-Effect)'다. 이런 사람은 사회생활에서 상처를 덜 받는다. 자신을 믿고 쉽게 흔들리지 않기 때문이다. 심각한 병에 걸려 수술하더라도 회복 속도가 훨씬 더 빨랐다. 바이드너는 이렇게 말한다.[1]

"자신을 평균 이상으로 생각하면 상처를 덜 받습니다. '나는 똑똑하고 체계적이고 공정하며 매력적이다.' (이렇게 말이죠) 물론 (이건) 왜곡입니다만, 많은 비관주의자가 '실패는 내 탓이며 항상 반복된다'는 왜곡된 믿음을 갖고 있어요. 생각을 바꿔야 합니다. '성공은 내 탓, 실패는 네 탓'이라는 사고방식은 (다른 사람에게 드러내지 않는 한) 자존감을 높이는 귀여운 속임수입니다. 인지적 자기 왜곡이지만 효과는 좋아요. 낙관주의자 연구는 우리에게 약간의 과대망상을 권합니다."

결국 이런 사람들이 더 잘 산다는 말인데 이게 어제오늘의 일이 아니라면, 선사시대부터 그래왔다면 어떨까? 이런 사람들이 더 많이, 그리고 더 잘 살아남았을 것이다. 우리 또한 그들의 유전자를 이어받았으니 우리 모두 이런 성향이 다분할 수밖에 없고 말이다.

---

1 김지수, 이코노미조선 269호(2018년 10월 8일 자), 독일식 낙관주의 설파하는 옌스 바이드너 박사 "낙관주의자가 더 오래 살고, 더 많은 돈 번다"

우리 뇌의 작동 방식을 보면 이런 일이 왜 일어나는지 좀 더 명확하게 알 수 있다. 평상시 우리 뇌는 '인간의 뇌'라고 하는 이마쪽의 전두엽이 뇌를 관할한다. 가능한 한 상황을 전체적으로 판단하고 이성적으로 행동하게 하는 곳이다. 하지만 중요한 일이 생기거나 생사에 관계된 일이, 그것도 갑자기 생기면 전두엽보다 먼저 생긴 '파충류의 뇌'와 '포유류의 뇌'가 전두엽의 통제를 받지 않고 앞으로 툭 나선다.

이성적인 전두엽과 달리 이들은 앞뒤 가리지 않고 무조건 눈앞의 생존을 우선한다. 지금 당장 살 수 있는 방법에 치중한다. 한마디로 나밖에 모른다. 위기 상황이 되면 모두들 서로 살려고 아우성을 치게 되는 게 이 때문이다. 긴급 상황이 아닐 땐 덜하지만 말 그대로 정도가 덜할 뿐 항상 지대한 영향을 미친다.

실제로 '내가 더 낫다'고 생각하는 사람들의 뇌 구조를 연구해 보니 이들은 그렇지 않은 사람들의 뇌와 약간 다른 게 있었다. 뇌 깊숙한 곳에 있는 선조체(포유류의 뇌인 변연계 일부)에서 신경전달물질인 도파민 분비가 많았고 그래서 전두엽과의 연결이 약했다.[2]

이런 구조적 요인이 있기에 세상 모든 사람은 자기중심주의적으로 세상을 본다. 연구에 의하면 사람은 자신에 대해 이야기할 때 가장 즐거워한다. 더 나아가 이 개념을 세상에 적용한다. 이를 기준으로 사람을 판단한다. 예를 들어 우리는 어떤 사람을 처음 만났

---

2 쿠키뉴스, 2013년 2월 27일 자, "내가 좀 낫다"는 착각, 과학적으로 해명

을 때 그 사람을 둘 중 하나로 판단한다. 좋은 사람이나 나쁜 사람으로 말이다. 뭘 기준으로 그렇게 할까?

단순하다. 나에게 잘 해주면 좋은 사람이고, 좋지 않게 해주면 나쁜 사람이다. 나의 생존에 도움을 주면 좋은 사람이고 피해를 주면 나쁜 사람이다. 나를 좋게 평가해주면 공정한 평가이고, 그렇지 않으면 불공정한 것이다. '보이지 않는 손'이라는 유명한 경제이론을 주창한 애덤 스미스는 인간의 이런 성향을 일찌감치 알아봤다. 뇌과학이라는 게 있지도 않았던 1759년에 이런 말을 했다.[3]

"인간은 (먼 나라에서) 수많은 사람들이 죽는 사건보다 자신의 작은 불운에 더 고통스러워한다."

다른 나라에서 수만 명이 죽는 것보다 내 손에 난 작은 상처를 더 중시한다는 말이다. 인간은 더 나아가 '나'를 기준으로 우선순위를 정한다. 자신을 1순위로, 나의 분신인 가족을 2순위로, 종족을 3순위로, 그리고 나머지를 4순위로 말이다(저거노트 이론이라고 한다). 나와 같은 관점을 가진 사람이 우리 편이 된다. 우리 가족, 우리나라를 위하면 좋은 사람이고 그렇지 않으면 나쁜 사람이 된다.

회사에서 흔히 볼 수 있는 부서별 속성도 여기서 시작된다. IT 부서에 있는 사람은 모든 일을 자신의 관점, 그러니까 개발자 관점으로만 보는 경향이 있다. 인사팀 사람들은 항상 평가하려고 하고, 혁신팀은 달리기 경주를 하는 것처럼 치고 나가려 하며, 법무팀은

---

3 러셀 로버츠, 내 안에서 나를 만드는 것들, 이현주 옮김, 세계사, 2016년.

뭐든 법으로 해결하려 한다.

학자들도 똑같다. 물리학자들은 다윈보다 뉴턴이나 아인슈타인을 더 높이 친다. 이유는 하나, 다윈은 생물학자이고 뉴턴이나 아인슈타인은 물리학자이기 때문이다. 생물학자들은 당연히 반대다. 이러니 자기 생각이 확고한 교수 사회 같은 집단을 이끌어본 사람들은 고개를 절레절레 흔든다.

우리는 이런 성향을 학습하지 않는다. 갖고 태어난다. 우리도 모르게 한다는 뜻이다. 자녀가 있다면 바로 물어보라. 아이들의 기억에는 부모가 잘해준 게 별로 없지만 못 해준 건 다 들어있다. 그것도 구체적으로.

"엄마, 아빠가 잘해준 걸 다섯 개만 떠올려보라"고 하면 한참을 생각하고서도 손가락 다섯 개를 구부리기 힘들어한다. "못 해준 걸 말해보라"고 하면 1분도 안 걸린다. 세계적인 생물학자 리처드 도킨스가 말한 대로 하자면 '이기적 유전자' 때문이다. 우리는 우리 자신을 가장 소:중하게 여기는 본성이 있다.

우리 안의 이중적인 성향
....

이런 성향 때문에 우리가 흔히 하는 행동이 있다. 내가 하는 행동은 의도를 중시하고, 남의 행동은 결과로 판단한다. 내가 하는 행동은 결과가 나쁘더라도 의도가 좋으면 좋은 것이다. '잘하려고 했지만 아쉽게 안 됐다'처럼 말이다.

물론 다른 사람에게는 반대다. 의도보다 결과를 우선한다. '열심히 하면 뭘 해. 실적이 잘 나와야지' 이렇게 한다. 내가 실패한 건 어쩔 수 없었기 때문이지만, 저 사람이 실패한 건 실력이 없거나 제대로 하지 않았기 때문이다. 내로남불(내가 하면 로맨스, 남이 하면 불륜)의 기원이다.

이런 성향은 다양하게 확장된다. 홀아비 사정은 과부가 안다고 실업자 생활을 오래 해본 사람은 그런 생활이 얼마나 힘든지 잘 안다. 그래서 어렵게 취직했을 때도 여전히 직업을 구하지 못한 사람을 잘 이해할 것 같다.

하지만 이건 생각일 뿐 사실은 그렇지 않다. 연구에 의하면 오래 놀다가 겨우 일자리를 구한 사람들은 아직 일자리를 구하지 못한 사람들을 비난한다. 일할 의지가 없어서 그렇다고 말이다. 자신은 불경기 같은 어쩔 수 없는 상황 때문에 일자리를 잃었지만 남들은 능력이 없어 그렇다고 여기기 때문이다. 독일의 사회학자 빌헬름 하이트마이어의 연구 결과다.[4]

자신을 특별하게 여기는 이런 '근거 없는 낙관주의' 성향, 그러니까 '근자감(근거 없는 자신감)'은 어느 정도 필요하지만 문제는 부작용이다. 인지 왜곡이 일어날 수 있다. 이 성향이 너무 세면 자만심이 되고, 너무 약하면 우울증이 된다. 자신이 옳다는 걸 확인하기 위해 "네가 옳아"라고 해주는 사람을 찾아다니는 사람도 있

---

4 라우라 비스뵈크, 내 안의 차별주의자, 장혜경 옮김, 심플라이프, 2020년.

다(요즘 점집이 잘되는 이유다).

특히 자기중심주의 성향이 너무 세면 자기 생각에 갇힐 수 있다. 왜 개 주인들은 자신의 개가 절대 안전하다고 할까? 자기에게는 순하게 굴기 때문이다. 그래서 다른 사람들에게도 그럴 것이라고 생각한다. 다른 사람들에게 피해를 줄 정도로 자기 생각을 우선시한다. 아니 자기 생각만 한다. 더 큰 문제는 지위가 높아지거나 부자가 될수록 이런 성향이 강해진다는 점이다. 힘이 생기기 때문이다.

똑똑하기에 정책결정자나 CEO가 된 이들이 하는 실수가 그렇다. 개 주인이 그렇듯 자신에게 흥미로우니 다른 사람에게도 그럴 것이라고 일반화시킨다.

자신에 대해서는 장점만 보고 다른 사람에 대해서는 단점만 보는 일명 솔로몬의 역설이라는 행동도 마찬가지다. 자기 위주로 생각하다 보니 남들에게는 현명하게 행동하면서도 자신에게는 그렇지 못하게 된다. 특히 인지 용량이 꽉 차는 피곤한 상태가 되면 이 성향이 강해진다. 전두엽의 힘이 약해져 덫에 걸리기 쉬운 상태가 되는 것이다.

여기서 몇 발 더 나아가면 근거 없는 낙관주의를 넘어 자기 우선주의와 자기 우월주의가 고개를 들기 시작하고, 비현실적인 낙관주의에 이른다. 자신들이 하는 일은 무조건 될 수 있다고 판단하는 극단주의자들처럼 말이다.

몰라주는 게 당연하다

이런 뿌리 깊은 성향이 우리도 모르게 발현되는 데다, 내가 열심히 하는 걸 몰라주는 첫 번째와 두 번째 이유까지 겹치면 어떨까? 밀리고 소외당하고 있다는 인식이 들면 스트레스는 기본, 시간이 지날수록 울분과 분통이 솟구친다. 회사에서만 일어나는 일이 아니다.

고등학생을 둔 부모가 가끔 겪는 일이 있다. 학교 갔다 온 아이가 밑도 끝도 없이 대들기 시작한다.

"엄마, 왜 나한테는 공부하라는 말 안 했어?"

"무슨 소리야?"

"아니, 하기 싫다고 해도 억지로라도 좀 시켰어야지. 엄마는 나한테 관심 없어?"

"…."

대학을 눈앞에 둔 고등학교를 가보니, 따라갈 수 없는 격차에 낙심한 것이다. 그냥 놔둔 게 아니라 중학교 때 분명히 "진짜 공부하기 싫으니 제발 강요하지 말라"고 성화를 부려 그렇게 했을 뿐인데, "그러면 공부 말고 다른 적성을 찾아보라"고 했을 때 얼마나 좋아했던가.

"내 친구 엄마들이 나쁜 엄마인 줄 알았는데, 알고 보니 엄마가 나쁜 엄마야. 나를 정말 사랑한다면 하기 싫다고 해도 가르쳤어야지."

이제 발등에 불 떨어지고 보니 자기가 성질부렸던 건 까맣게 잊고 엄마를 탓하는 것이다(누군가에게 탓을 해야 내 책임이 줄어든다).

우리는 그 어떤 생명체보다 이타적이고 선한 본성을 많이 갖고 있지만, 이런 성향 또한 못지않게 다분하다. 이러니 누군가가 조용히 드러내지 않고 혼자 일하면 알아줄까? 누가 회사의 숨은 일꾼을 찾아내 격려하고 좋은 고과 점수를 줄까?

알아주는 게 당연한 게 아니라 몰라주는 게 당연하다. 상사 복이 있어야 한다는 게 이래서다. 묵묵히 조용히 일해도 알아주는 상사가 있다면 정말로 고마워해야 한다. 지금까지 말한 수많은 자기중심주의적(사실은 이기적인) 장애물을 이기고 우리의 진가를 알아주는 건 쉬운 일이 아니다.

지구 중력이 우리도 모르게 우리에게 영향을 미치듯 자기중심주의 성향도 마찬가지다. 이 마음의 중력은 정말이지 우리가 살아가는 데 엄청난 영향을 미친다. 다음 두 상황을 한번 살펴보자.

상황1 거래처 회식 vs 팀 회식, 어디를 가야 할까?

영업팀 소속인 김 과장에게 거래처는 중요하다. 한 달 전쯤 단골 거래처에서 연락이 왔다. 자기네들 회식 때 올 수 있으면 오라는 것이다. 생각할 필요도 없이 무조건 참석하겠다고 했다. 불러주지 않아도 가야 할 상황 아닌가.

그런데 문제가 생겼다. 오늘 점심 식사 후 본부장인 상무가 오랜만에 회식을 하자고 한 것이다. 팀장이야 무조건 OK. 과장들에게도 '필참' 지시가 떨어졌다. 왜 하필 오늘이란 말인가. 하지만 결정해야 한다. 한 달 전부터 참석하겠다고 약속한 거래처 회식과 자신이 소속한 팀의 회식. 김 과장은 어디를 가야 할까?

상황 2 내부고발자는 왜 팽 당할까?

자신이 일하는 곳이 정상적으로 돌아가지 않으면 누구나 스트레스를 받는다. 어디에서나 있는 문제라면 끙끙거리며 넘어갈 수도 있지만, 그것이 허용 범위를 넘어 윤리적으로 문제가 되면 괴로워진다. 이럴 때 용감하게 나서 외부에 비리를 고발하는 사람들이 있다. 내부고발자들이다. 직장에서 해고당하거나 불리해질 게 뻔한데 사회 정의를 위해 자신의 거의 모든 걸 버리는 사람들이다.

하지만 대부분의 내부고발자들은 이후가 좋지 않다. 회사는 물론이고 주변 사람들도 등을 돌린다. 좀 더 지나면 동료들까지 그를 비난한다. 공개적인 비난이 힘들면 여기저기서 수군거리며 '왕따'를 시키고 용기를 깎아내린다. 분명 옳은 일을 했는데 왜 이럴까?

먼저 거래처 회식에 가야 할지, 아니면 팀 회식에 참석해야 할지 고민하는 김 과장 상황부터 접근해보자.

상황에 따라 다르겠지만, 보통 회사라면 팀 회식을 우선하는 쪽으로 고려하는 게 '인지상정(人之常情)', 그러니까 흔한 해답이다. 물론 이성적으로야 당연히 거래처 회식에 가는 게 옳다. 하지만 세상이 정의와 양심으로만 굴러가지 않듯, 회사도 마찬가지다. 여기엔 우리가 오랫동안 쌓아온 성향이 작용한다.

호모 사피엔스가 이 세상에 출현한 건 20만 년 전쯤이다. 이 중

19만여 년 동안 수렵·채집 생활을 해왔고 농경 생활을 시작한 건 대략 1만여 년쯤 전이다. 이후에도 모두 농경 생활을 했다고 할 수도 없다. 본격적인 도시 생활을 하게 된 건 3000년 정도에 불과하고 이 역시 모두 다 그런 것도 아니다. 그러니까 19만 년이 넘는 시간 동안 '야생적인' 환경에서 살아온 것인데, 알다시피 야생에서는 언제 어디서 위기가 닥칠지 모른다. 이럴 때 누가 '나'를 구해줄 가능성이 높을까? 사냥 잘하는 사람이었을까, 아니면 나와 친한 사람이었을까?

말할 것도 없이 후자, 그러니까 사회친화적인 사람이 살아남았을 것이다. 사냥은 나중에 해도 되지만 위기에서 도움을 주는 건 그렇지 않으니 말이다. 이런 생활을 19만 년 동안 해왔고 이런 사람들이 많이 살아남았다면 우리 유전자에는 어떤 성향이 들어 있을까? 그리고 어떤 사람을 더 가깝게 여길까? (오스트랄로피테쿠스까지 올라가는 인류 전체를 감안하면 더 그렇다)

팔은 안쪽으로 굽고 지구 중력은 무게가 있는 모든 걸 지구 쪽으로 끌어당긴다. 우리 안에서 작용하는 마음의 중력도 마찬가지다. 사회적 동물인 인간은 '사냥'을 잘하는 사람보다 자신과 친한 관계를 우선한다. 거래처 회식에 간 사람을 사리 분별이 정확한 사람이라고 칭찬하겠지만, 회사에서 인정받고 승진하는 과정에서 이런 사리 분별은 일부분만 작용한다. 극소수 회사를 제외한다면 대체로 상사와 주변 동료의 '마음에 든 사람'이 인정받고 승진한다. 한마디로 팀 회식에 참가한 사람 쪽으로 마음이 기운다. '우리 편이 되는 의식'인 회식에 참가한 사람을 더 가깝게 생각한다.

대부분의 회사에서는 옳고 그름보다 우리 편인가 아닌가가 더 중요하다. 안타깝게도 진실보다 평판이 우선한다. 멋진 판결을 내려주는 '판사'보다 내가 잘못하고 틀렸더라도 '내 편'을 들어주는 '변호사'를 선호한다.

물론 이성적인 상사가 있다면 얘기는 달라진다. 흔치 않은 이 훌륭한 상사는 당연히 거래처 회식을 우선해 팀 회식을 미루거나, 김 과장이 거래처 회식에 가도 손해가 없도록 할 것이다. 하지만 이런 상황이 아니라면 묘안을 짜내야 한다. 가장 먼저 생각할 수 있는 건 양쪽 모두 참석하는 것이다. 하지만 여기서도 문제가 생긴다. 한쪽에 먼저 가서 얼굴을 비친 다음, '주 무대'인 다른 곳으로 가야 할 텐데 어느 쪽을 먼저 가야 할까?

이럴 때도 인간 성향을 고려하는 게 좋을 것 같다. 우리는 누군가를 기억할 때 첫인상을 중시하지만, '우리 편'을 따질 땐 누가 '우리' 옆에 남아 있느냐, 특히 끝까지 남아 있느냐를 우선한다. 거래처에 가서 멋진 인상을 남기며 양해를 구한 후, '우리 팀' 회식에 참석하는 게 무리가 없을 것이다. 요즘엔 회식도 줄어드는 추세이긴 하지만 알아두어서 나쁠 건 없다.

두 번째 상황 역시 자기중심주의라는 마음의 중력을 감안하면 이해할 수 있다. 내부고발자가 용기를 내서 외부에 회사의 비리를 고발하면 회사는 사회의 따가운 눈총을 받게 된다. 비리를 저지른 사람은 일부인데, 회사 전체가 도매금으로 넘어가 모두가 손가락

질을 당한다. '소중한 나'를 지켜야 하는 자기중심주의 성향이 가만있을 리 없다. 비리가 인륜에 어긋나는 것이 아닌 한, 당장 방어에 나선다. 이런 사태를 만든 사람을 '우리'에게서 축출(하려고) 하고 제거(하려고) 한다. 그래서 내부고발자는 옳은 일을 용기 있게 하고서도 발붙일 곳이 없게 된다.

지극히 '인간적인' 현상이지만 이런 일이 반복되면 좋을 일이 없다. 양심적인 사람들은 사라지고 이런 성향을 이용해 자기 이익을 취하는 사람들이 늘어나기 때문이다. 용기 있는 내부고발자를 제도적으로 보호해야 하는 이유다.

묵묵히는

묻힌다.

그래서 필요한 것

　　세상의 꽃들은 제각기 다르다. 어떤 꽃은 화려
하고 어떤 꽃은 향기가 강하다. 왜 꽃들은 다를까?
　　식물이 꽃을 피우는 건 이 세상을 아름답게 하기 위해서가 아니
다. 짝짓기를 해야 하는데 움직일 수 없으니 벌과 나비 같은 중매
쟁이를 이용하는데, 알다시피 세상에 공짜가 어디 있는가. 그래서
그들이 좋아하는 꿀을 만들어 놓고 '너희들이 찾는 꿀이 여기 있
다'고 꽃으로 알린다. 상점의 간판이 그렇듯 갖가지 화려한 모양과
색깔을 갖춘 것도 그래야 중매쟁이들의 눈에 띌 수 있어서다. 아무
리 맛있는 꿀을 많이 만들어 놓았다 해도 벌과 나비들이 찾아오지
않으면 무슨 소용이 있겠는가. 그래서 온몸으로 자신을 알린다.

꽃들이 터득한 생존의 지혜는 우리에게도 그대로 적용된다. 아무리 맛있는 꿀(실력)을 갖고 있어도 알리지 않으면 아무런 소용이 없다. 찾아갈 수 없다면 찾아오게 해야 한다. 세상은 갈수록 묵묵히 일하는 사람을 알아주지 않는다. 비대면 업무가 많아지면서 관계 지향성이 줄어들고는 있지만 그렇다고 '관계'의 중요성이 사라지는 건 아니다. 외향적으로 태어났으면 고민할 일이 줄어들긴 하겠지만 그렇지 않다고 가만있어서는 안 된다. 어떻게든 자신을 드러낼 수 있는 방법을 찾아야 한다.

사실 묵묵하게 일하는 사람을 알아봐주고 가치를 인정해주는 건 리더들이 당연히 해야 할 일이다. 자신에게 잘해주는 외향적인 사람에게 반색하듯 내향적인 사람에게도 그렇게 해야 한다. 하지만 완전한 인간이 없듯 완전한 리더도 없다. 좋은 리더가 있으면 그렇지 않은 리더도 있게 마련이다. 안타깝게도 세상에는 그렇지 않은 리더들이 생각보다 많지만 말이다. 그렇다고 그들만 탓하고 있어야 할까? 올겨울 예상치 못한 추위가 왔다고 '세상이 왜 이래?'라고 하는 것보다 그런 추위에 적응하는 게 얼어 죽지 않는 법이다.

'벙어리'에서 '광고계 이단아'가 되다

광고회사에 입사한 3년 차 사원이 있었다. 그는 자신을 '벙어리'라고 생각했다. 광고회사이기에 회의가 중요했고, 거기서 자신의 존재 이유를 말로 표현해야 했지만 회의에 들어가기만 하면 말이 나오지 않았다. 다들 '쟨 뭐 하는 애야' 하고 쳐다보는 것 같았다.

사실 입사 때부터 특이하긴 했다. 남들이 마케팅 이론서를 읽을 때 그는 동양철학 서적을 읽었다. 다른 사람들이 직관적인 질문을 할 때 이유를 따져 물었다. 하지만 어느 날 "회의에 방해만 된다"는 얘기를 듣고 나서는 입을 닫았다. 언제나 사표가 마음속에 있었다.

도저히 안 되겠다 싶어 일을 만들었다. 뭐라도 해야겠다 싶어, 회의가 열릴 때마다 회의록을 작성, 복사해 모두에게 돌렸다. 누가 시켜서 한 일이 아니었다. 필요하다고 생각했다. 무엇보다 어떤 걸 취재해 기록으로 남기는 걸 좋아했기에 잘할 수 있겠다 싶었다. 회의에 쏟아진 무수한 말들을 그렇게 담았다. 단순히 담기만 한 게 아니라 요점을 논리적으로 정리했다. 묵묵히 그 일을 했다. 알다시피 광고회사 회의는 브레인스토밍 방식이기에 이런 자료가 있으면 좋긴 하지만 티 하나 안 나는 이런 뒤치다꺼리를 누가 한단 말인가?

그런데 그것이 운의 시작이었다. 기획이사가 그걸 지켜보고 있었다. 한참 시간이 흐른 후 자신이 참석하는 회의에 데리고 다니기 시작했다. 평가가 좋아지기 시작했고 그러다 보니 기회가 생겼다.

"카피 한번 써볼래?"

세상에, 왜 하지 않겠는가. 좋은 일은 같이 온다고 마음에 맞는 디자이너도 만났다. 알고 보니 그도 괴짜 스타일이었다. 괴짜 둘이 모여 카피를 쓰고 디자인을 했다. 그해 회사 우수 광고로 뽑힌 12편 중 7편이 그들의 손에서 탄생했다. '그녀의 자전거가 내 가슴속으로 들어왔다'(빈폴), '나이는 숫자에 불과하다'(KTF), '사람을 향합니다'(SK텔레콤). 광고인 박웅현의 스토리다. 그는 한 인터뷰에서 이렇게 말했다.[1]

"만일 회의시간에 발제하기 어렵다고 손을 놓고 있었거나, 괴팍하다는 소문만 듣고 디자이너(이상오)와 일하지 않았다면 나의 잠재력이 폭발하지 않았을 것이다."

자신이 할 수 있는 일을 찾아내 그것을 통해 자신을 드러냈기에 운을 만날 수 있었다는 것이다.

"내 재능을 알아본 사람, 같이 일할 수 있는 동료가 나타난 것이 광고 인생을 뒤바꾼 기회였다."

언제 어디서나 자신을 드러내는 방법이 중요하다. 그리스 신화에 나오는 오디세우스는 출정한 지 10년 만에 돌아온다. 하지만 너무 오래 자리를 비운 탓에 그 자리를 노리는 귀족들이 치열한 경쟁을 벌이고 있었다. 왕비에게 자신들 중 한 사람을 택하라고 압력을 가하고 있었다. 이럴 때는 어떻게 해야 좋을까?

분기탱천, 당장 궁전으로 들어가 '내가 왔다'고 선언하면 어떨까? 왕이니 다들 기다렸다는 듯 머리를 조아릴까? 그건 위험한 일이었다. 혼자 초라하게 돌아온 그를 귀족들이 힘을 합쳐 죽여 버릴 수도 있었다. 그는 오디세우스답게 힘이 아니라 지혜로 어려움을 돌파했다. 활쏘기 실력으로 새로운 왕을 가리자고 한 것이다. 귀족

---

1 이수빈, 한국경제신문 2016년 7월 9일 자, 박웅현 TBWA코리아 대표: '광고계 이단아'에서 크리에이티브 디렉터로

들도 동의했다. 활을 가장 잘 쏘는 오디세우스가 전쟁터에 나가 돌아오지 않았으니 자신들에게 가능성이 있다고 여겼다.

그렇게 오디세우스는 기회를 만들었고, 12개의 도끼날 구멍에 정확하게 화살을 꽂아 넣었다. 박웅현이 자신이 잘하는 걸 찾아낸 것처럼 그도 그렇게 했다.

지혜롭게 자신의 존재를 드러낼 필요가 있다. 내가 잘할 수 있는 방법을 찾아 그걸로 드러내는 게 가장 좋다.

성과보다 더 중요한 것,
어떻게 기억되느냐

성과와 성공. 우리 모두가 원하는 단어다. 둘은 비슷한 것 같지만 사실은 많이 다르다.

성과는 일에서의 싱공일 뿐, 일반적인 의미의 성공이 아니다. 사람들로부터 성과를 인정받아야 성공이 된다. 성과는 나 혼자 또는 우리 팀이 스스로 이루면 되지만 성공은 다른 사람들이 인정해주어야 한다. 예를 들어 운전 잘한다는 사람의 차를 타보면 의외로 위기의식(?)을 느낄 때가 많다. 스스로는 운전을 꽤 잘한다고 하는데 사실상 난폭 운전을 하기 때문이다.

운전을 잘한다는 건 다른 사람이 인정해줄 때 성립한다. 성과와 성공의 차이도 그렇다. 이 차이가 크면 클수록 제대로 된 성공이라고 할 수 없다.

일을 잘하는 것과 일을 잘하는 것처럼 보이는 것 역시 마찬가지다. 비슷한 것처럼 보이지만 완전히 다르다. 앞의 것은 사실이고, 뒤의 것은 인식이지만, 연구에 의하면 인식이 사실을 이길 때가 많다. 인식이 믿음이 되면, 그러니까 잘하는 것 같은 것을 잘하는 것으로 믿어버리면 말할 것도 없다.

그래서 인식의 법칙을 알아둘 필요가 있다. 우리는 디자인이나 포장이 좋으면 제품도 좋다고 여기고, 성품이나 실력보다 첫인상으로 상대를 판단한다. 어떤 일을 하느냐보다 어떤 성과를 올렸느냐가, 그리고 어떤 성과를 올렸느냐보다 어떻게 기억되느냐가 더 중요할 수 있다는 얘기다. 불합리하지만 현실이 그렇다(사실 우리 또한 이렇게 행동한다). 어떤 일을 잘하는 것도 중요하지만 잘한다고 기억되게 하는 게 더 중요하다. '마케팅은 제품의 싸움이 아니라 인식의 싸움'이라고 하는 원리가 사람과 사람 사이에서도 그대로 적용된다.

하지만 바로 이 때문에 회사는 내향적인 사람들에게 스트레스 진원지가 된다. 내향적인 이들은 인식의 싸움에서 외향적인 사람을 이기기 힘들다. 외향적인 사람들처럼 나서지 못하고 주저하기 때문이다. 이른바 '무대 체질'이 아니다. 그래서 침묵은 무능이 되고, 꿍꿍대는 게 불만에 가득 찬 것처럼 보인다.

반면, 하나를 아는데도 열을 아는 것처럼 하고, 다 같이 했는데도 혼자 다한 것처럼 하고, 일을 시작할 때는 원님 행차에 나팔 불듯 모두가 알게 하지만 그다음엔 함흥차사인 사람들은 잘나간다. 앞에서 말했듯 높은 분들과 회사가 부응해주기 때문이다. 이런 사람들에게 고개를 끄덕여주고 더 좋은 고과를 주어 더 빨리 승진하게 한다.

높은 사람들은 모른다. 이런 일이 내향적인 사람들을 얼마나 맥 빠지게 하는 일인지. 왜 성과를 평가한다고 해놓고 사람을 평가하는 건지, 그것도 제대로 평가하는 게 아니라 보이는 것만 보는지 알다가도 모를 일이 모든 회사에서 벌어진다. 알아달라고 떼를 쓸수도 없고 가만있을 수도 없다. 어떻게 해야 할까? 방법이 없는 건아니다.

'바쁜 척'이라는 능력
대중과 조직은 공통점이 많다. 그중 하나가 언제나 쉬운 답을 찾아낸다는 것이다. 이들은 '너머의 진실'에 관심이 없다. 애써 '알아보려' 하지 않는다. 보이는 것만을 보고 자기 편한 대로 생각한다. 더 나아가 보이는 것으로 보이지 않는것을 미루어 판단하고 그것을 믿어버린다.

그래서 알아야 할 게 있다. 앞에서 말했듯 조직의 사다리를 타고위로 올라갈수록 바쁘고 신경 쓸 일이 많아 위에서 보면 아무것도 보이지 않는다. 주어진 일만 잘한다고 전부가 아니고, 내 일만 잘한다고 좋은 것도 아니라는 뜻이다. 무엇보다 '나는 묵묵히 일한다'고 하는 게 상사에게는 묵묵부답이 될 수 있다. 여유하고는 살아도 곰하고는 못 산다는 말은 상사들에게는 언제나 진리다. 그러니 좀 드러내 보여야 한다.

내향적인 사람들은 자신이 뭔가를 했다고 드러내는 걸 꺼린다. 욕심이 없는 게 아니다. 욕심은 마음에 가득한데 '이걸 꼭 말해야 하나?', '굳이 티를 내야 하나?'라고 생각한다. 자기 마음을 바깥으로 표현하는 걸 선호하지 않는다. 이걸 좀 고칠 필요가 있다. 전부는 아니더라도 일부라도 드러내야 한다.

말로 하는 게 부담된다면 다른 방법을 찾으면 된다. 말은 커뮤니케이션의 전부가 아니다. 행동심리학에 따르면 행동(특히 몸짓)은 말 이상의 가치가 있다. 내 말에 상대방이 웃는다면 상대가 내 말에 공감한다는 뜻이고 인상을 쓴다면 반대이듯, 행동은 백 마디 말보다 더 강할 수 있다. 상대방에게 분명한 신호(정보)로 전달된다. 그러니 말이 아니라 행동(몸짓)으로 나타낼 줄 아는 게 필요하다.

내향적인 이들에겐 푸시(push) 전략보다 풀(pull) 전략이 적합하다. 푸시 전략이란 말 잘하는 사람들이 쓰는 '밀고 들어가기' 방식이다. 먼저 말을 던지고 자기 할 말을 한다. 풀 전략은 반대다. 어떤 행동이나 상황 조성을 통해 상대가 나에게 오게끔 하는 것이다. 앞에서 말한 꽃들이 벌과 나비들을 오게끔 하는 것처럼 말이다. 예를 들어 일을 하느라 밤을 새웠다면 푸석푸석한 얼굴이나 부스스한 옷차림으로 나타나 보라. 한눈에 봐도 정상 상태가 아닌 이상한 몰골이니 다들 "무슨 일 있었느냐"고 물을 것이다. 이럴 때 하고 싶은 말을 대답하면 된다.

물리학에 '슈뢰딩거의 고양이'라는 개념이 있다. 현대물리학을 대표하는 난제 중의 난제이기에 다 설명할 순 없지만 우리가 꼭 알아야 할 게 있다. 어떤 현상은 관찰될 때에만 존재한다는 것이다. 시각을 중심 감각으로 하고 있는 우리에게는 말할 필요도 없다.

사회적 기술로 무능을 잘 가릴 줄 아는 사람은 이것이 얼마나 중요한지 잘 안다. 사람들이 자신의 눈에 보이는 것만 본다는 것도 잘 안다. 그래서 '바쁜 척'을 잘 활용한다. 더 나아가 잘나가는 사람들과 같이 있는 게 얼마나 효과적인지도 잘 안다. 그래서 언제나 인지도 높은 이들에게 다가간다. 회사에서 높은 분들에게 잘 다가가는 것도 그들의 인지도가 가장 높기 때문이다. 잘나가는 사람과 같이 어울리면 그 역시 잘나가는 사람으로 보일 수 있는 데다 여러 특혜까지 주어지지 않는가. 이들이 명품을 선호하는 이유도 마찬가지다. 보여주는 게 능력의 일종이 아니라 능력의 전부, 또는 핵심이라는 걸 너무나 잘 알고 있다.

그러니 자기 일에 바쁜 상사가 밝은 눈과 올바른 판단으로 우리의 노력을 인정해주기를 기다리지 말아야 한다. 차라리 그들의 바쁨을 배우는 게 낫다. 그들이 바쁠 때 어떻게 하는지, 어떻게 해야 상당히 바빠 보이고, 진짜 일하는 것처럼 느껴지는지 유심히 보고 관찰해보라. 유용한 팁들이 생길 것이다.

거짓의 달인이 되라는 게 아니다. 밤을 새웠다면 티를 내라는 뜻이다. 거래처를 다녀왔는데 내세우고 싶은 게 있다면 '스토리'를 짜서 "아니 글쎄 ○○더라니까요!" 하며 재미있게 말하라는 것이다. 이것저것 생각해내느라 머리가 좀 더 아파지겠지만 상사에게 '나'라는 사람을 보여줄 수 있는 새로운 기회가 될 수 있다.

한마디로 행동과 물건으로 자신을 나타내는 법을 아는 게 좋다. 전략이란 다른 게 아니다. 이런 게 바로 전략이다. 의도적으로 행동을 설계하는 게 전략이다. 이런 행동의 전략화가 내포하는 건 하나다. 무엇을 해야 하는가도 중요하지만 어떤 사람이 되어야 하는가 하는 게 더 중요할 수 있다는 것이다. 내가 하고 싶은 것만 하며 살 수는 없다. 세상이 요구하는 걸 어느 정도는 해주어야 한다.

전략적인 무표정과 말대답

뼈 빠지게 열심히 하는데 알아주기는커녕 소처럼 일만 시키면 화가 나지 않을 수 없다. 하지만 끓어오르는 불만을 오만 가지 인상으로 나타내는 건 득이 되지 않는다. 한숨과 짜증은 화를 부른다. 이미지만 더 나빠진다.

정 아니다 싶으면 전략적인 무표정도 지어볼 만하다. 무표정이란 입을 꾹 다문, 어떤 감정도 없는 표정이다. '지금 내 기분이 생각 이상으로 별로다', '나, 지금 하고 싶은 말이 태산 같지만 참는다'라는 뜻이다. 누구나 이 표정이 뭘 의미하는지 알기에 의외로 효과가 괜찮다. 아마 피드백을 주지 않는 상사는 많지 않을 것이다. 모르긴 몰라도 "무슨 일 있느냐"고 한 번쯤 물어올 것이다. 이럴 때 준비한 대답을 하면 된다(이 역시 '풀 전략'의 일종이다).

사실 이 전략적 무표정은 탁월한 리더들이 곧잘 쓰는 비장의 무기다. 그야말로 무표정이라 미워하는 것도 아니고, 말로 표현하는 것도 아니어서 의중을 모르는 부하들은 전전긍긍할 수밖에 없다. 무슨 생각을 하고 있는지 모르기도 하거니와 그 표정에서 어떤 행동이 나올지 알 수 없으니 더 그렇다.

이 전략을 쓸 때 조심해야 할 게 있다. 무표정은 냉담한 표정이 아니다. 감정이 전혀 없는 중립적인 표정이기에 연습을 많이 해야 한다. 나는 분명 무표정을 하고 있다고 생각하지만 다른 사람들이 볼 때는 인상을 쓰고 있거나 차가운 얼굴을 하고 있다고 생각할 때가 많다.

한마디로 무작정 알아주기를 기다리는 것보다 어떤 상황을 조성한 후 전략적으로 기다리는 게 좋다. 다행히 이런 전략이 통해 "무슨 일 있어?"라는 피드백이 오면 대응도 전략적이어야 한다. 기다렸다는 듯 폭포수처럼 마음을 쏟아내면 상대방은 다 받아들이지 못한다. 소화하기 힘들기에 건성으로 듣고 넘어간다.

그러니 첫 대답은 간단하고 객관적으로, 수치화가 가능하다면 수치로 대답하는 게 좋다. 그런 다음, 다시 입을 꾹 닫으면 궁금증이 인 상대가 다시 구체적으로 물어올 것이다. 그때 조근조근 대답하면 된다. 원하는 걸 전부는 아니더라도 어느 정도는 얻을 수 있다.

단, 이 무표정 전략을 쓰려면 평소 표정이 좋아야 한다. 평소 표정과 대비되는 표정이어야 사람들이 얼른 알아볼 수 있다. 평소 인상을 쓰던 사람이 무표정 전략을 쓰면 이미지만 더 나빠진다.

사실 여기서 우리가 기억해야 할 또 하나 중요한 게 있다. 말대답의 중요성이다.

사람들 사이에서 일어나는 모든 일은 '주고받는' 것에서 생겨난다. '가는 말이 고와야 오는 말도 곱다'는 말처럼 말대답을 어떻게 하느냐에 따라 결과가 완전히 달라질 때가 많다. 예를 들어 기획안을 올리거나 보고를 하다 실수하는 건 누구나 할 수 있는 일이다. 예상치 않은 질문이 마구 날아오기 때문이다. 문제는 실수를 어떻게 처리하느냐 하는 것이다. 여기서 인정받는 사람과 그렇지 못한 사람의 차이가 생긴다.

보고를 하는데 상사가 되묻는다.

"아니 아까는 3이라고 해놓고 왜 이번에는 4지?"

"아, 그게… 저…."

나도 몰랐던 실수라 당황하다 보니 대답도 못했다. '그깟 숫자 하나 가지고 쪼잔하기는….' 이런 생각을 하면 상사도 금방 알고 다그친다. 기획안을 앞뒤로 넘겨보며 "이거 다른 수치들도 맞긴 맞는 거야?"라고 한다. 못 믿겠다는 투다. 이러면 압박감에 생각지 못한 말이 나오기도 한다.

"별로 중요한 게 아닌 것 같아 검토를 못 했는데… 다시 알아볼까요?"

"뭐라고? 이게 중요하지 않아? 이게 중요하지 않으면 뭐가 중요한데? 저번에도 그러더니 왜 김 과장만 이런 실수를 하는 거야?

이거 다시 해와!"

이러면 모든 게 허사다. 혼자서 씩씩대봤자 이미 엎질러진 물이다. 그런데 더 화가 나는 건, 이런 단순한 실수가 아니라 내용을 뒤죽박죽으로 섞어 놓은 박 과장은 대충 넘어갔다는 것이다. 왜 박과장만 예뻐하지? 결국은 이런 생각밖에 안 든다.

하지만 달리 볼 수도 있다. 왜 더 큰 잘못을 했는데도 박 과장은 구렁이 담 넘어가듯 넘어갔을까? 상무가 그를 예뻐하고 나를 미워해서? 그럴 수도 있지만 박 과장의 대답에 해답이 있을 수도 있다. 박 과장은 팀장의 지적에 이렇게 대답했다.

"아? 그렇습니까? 정신없이 하다 보니… 다음부터는 조심하겠습니다."

"요즘 실수가 자주 나오는데 정신 차려야겠어?"

"예, 알겠습니다. 명심하겠습니다."

어떤 차이가 있을까? 상사 입장에서 볼 때 김 과장은 자신의 잘못을 시인하지 않고 변명을 했다. 무엇보다 중요한 것과 그렇지 않은 것을 자신이 판단했다. 이런 건 상사의 몫인데 말이다. 반면 박과장은 순순히 시인했다. 여기서 시인은 단순히 순응을 의미하는 게 아니다. 상사의 의견을 받아들인다는 뜻이다. 반면 변명은 회피로 인식된다. 상사의 자기중심주의 성향을 정면으로 거스르는 것이다.

더 나은 미래를 원한다면 우리 안에 뿌리 깊게 내려 있는 자기중심주의 성향을 상대 중심주의로 전환할 필요가 있다. 이 성향이 뿌리 깊다는 건 상사도 그렇다는 얘기다. 상사와 있을 땐 상사가 '자기중심주의 성향'을 충족하게끔 해주는 게 필요하다. 좋아서가 아니라 일하는 데 필요하기 때문이다. 이런 걸 충족시켜주는 박 과장과 해주지 못하는 김 과장, 누가 더 인정을 받을까?

아무나 못 하는 어려운 일에 손을 들어라

어느 회사에 나서는 걸 별로 좋아하지 않는 사람이 있었다. 그렇다고 실력이 탁월하지도 않은지라 혼자 끙끙 앓는 일이 많았다. 도저히 안 되겠다 싶어 어느 날 팀장이 "혹시 이거 한번 해볼 사람?" 하고 물을 때 자신이 하겠다고 손을 들었다. 한 번도 거래하지 못한, 상당히 큰 거래처를 뚫는 임무였다.

그가 선선히 손을 들자 다들 놀랐다. 당장 "아는 사람 있느냐?"는 질문이 날아들었다.

"아뇨. 한번 해보고 싶어서요."

용기가 가상하다고 여겼던지 팀장은 선선히 해보라고 했다. 하지만 몇 년 동안 시도했어도 안 되던 일이 그가 나섰다고 될 리 있겠는가. 나름 열심히 했지만 역시 안 됐다.

하지만 그 와중에 깨달은 게 있었다. 팀장과 동료들의 눈길이 달라졌다. 팀장은 "거기에 전념하라"며 다른 일을 시키지도 않았다. 되기만 한다면 자신에게도 엄청난 이익이 되기 때문이었다. 더구나 이 잠재적 거래처에 대해 공부하면서 시장 상황도 깊게 알게 되었고 팀장이 잡다한 일을 시키지 않으니 여유시간도 많아져 그동안 하지 못했던 이런저런 일도 시도할 수 있었다. 덕분에 작은 거래처를 상당히 발굴할 수 있었다. "사람이 바뀌었다"는 칭찬까지 들었다.

그래서 나중에도 틈나는 대로 '거대하고 막중한' 임무에 자원했다. 비록 '거대하고 막중한' 거래를 한 건도 따내지 못했지만 그렇다고 성과가 없는 것도 아니었다. '열심히 한다'는 인식 덕분에 임원으로 수월하게 승진한 그는 자신의 경험에서 터득한 걸 세 가지로 요약했다.

"첫째, 손을 들되 전사하지는 말라."

열심히는 하되 '전사'할 정도까지 하지는 말라는 것이다. 성공하지도 못한 데다 탈진해서 아무것도 못하는 사람을 누가 좋아하겠는가.

"둘째, 고민하고 시작하고 이왕 시작했다면 열심히 하라."

자원한 게 의외이기에 팀장이나 동료들이 유심히 지켜본다. 남다른 방법을 찾아 열심히 해야 그들이 인정하고 다음에 손을 들 때 다시 그런 임무를 맡을 수 있다. 자신을 스스로 성장시켜야 한다.

"하는 척하지 않았다. 어떻게 하면 될지 밤새워 배웠고 연구했다. 그래서 조금만 들어도 아는 척할 수 있었다. 그렇게 하다 보니 나도 모르게 전문가가 됐다. 회사 내에서 정밀계측기에 대해 의문점이 생기면 다들 나에게 왔다. 사실 그래서 더 알게 됐고 '좀 더 전문적인 걸 배우고 싶다'고 했더니 연수까지 보내주었다."

"결과적으로 시도한 게 안 되어도 건질 만한 것을 찾아라. 절반의 실패가 아니라 절반의 성공으로 만들어야 한다. 실패해도 남들이 인정하게끔 실력을 쌓고, 성공했는데 혹시 상사가 악질이라면 공을 빼앗기지 않게 미리 고민하라."

"셋째, 내가 상사가 되어 보니 알게 된 것인데, 어려운 일을 해보라고 하면 누군가는 '됩니다'라고 하고, 누군가는 '안 됩니다'라고 한다. 당연히 '된다'는 사람을 선택하게 되고 이후로도 그렇게 된다. 그러니 '해보겠다'고 하고 해본 다음, 어려움을 말하라. 결과를 가지고 얘기하면 설득력뿐만 아니라 믿음까지 생긴다. 이런 일이 몇 번 이어지면 그 사람 말을 믿게 된다."

상사가 말도 안 되는 지시를 했을 때도 마찬가지다. 일단 부드럽게 말해본 다음, 받아들여지지 않는다면 속에서 열불이 나더라도 하라는 대로 해본 다음 그 결과를 가지고 얘기하거나 대안을 제시하는 게 낫다.

앞에서 말했듯 마케팅은 제품의 싸움 이전에 인식의 싸움이다. 유명한 마케팅 전문가 알 리스와 잭 트라우트가 한 말이 있다.

"싸우려면 1등하고 싸워라."

왜 그럴까? 그래야 2등은 할 수 있기 때문이다. 2등은 못 한다 해도 사람들 눈에 다르게 비쳐진다.

'이야, 저렇게 하는 걸 보니 뭔가 있네. 1등하고 별 차이 안 나나 보네.'

'1등'이란 단순히 1위만을 뜻하지 않는다. '힘들고 어려운' 임무에 도전하는 게 바로 1등하고 싸우는 것과 같다.

사람들 앞에 나서는 걸 별로 좋아하지 않는 성향이라면 이렇듯 다른 방식으로 나서볼 필요가 있다. 하지만 우리는 대체로 기다린다. 이 역시 자기중심주의 성향의 일종인데 예를 들면 이런 것이다.

'기회만 주어지면 누구보다 잘할 수 있는데….'

'누군가 나를 선택해주면 나도 누구처럼 할 수 있는데….'

이렇게 되면 상대가 나를 선택해줄 때까지 하염없이 기다려야 한다. 기다리다 지쳐 맥이 빠지고, 맥 빠진 모습을 본 사람들은 좋지 않은 인상만을 기억한다. 악순환의 굴레에 갇힌다. 뭔가 다른 방법을 찾을 필요가 있다.

손을 들어 일을 맡았다면 반드시 잊지 말아야 할 게 있다. 보고다. 회사마다 다양한 방식이 있겠지만 '보고의 원칙'이라고 할 수 있는 이 세 가지는 기억하고 있는 게 좋겠다.

- 어떤 일을 하기 전에는… "○○하겠습니다"라고 하고,
- 그 일을 하고 있는 중간 중간에는… "이러저러하게 하고 있습니다"라고 하고,
- 그 일을 끝냈다면… "이러이러하게 끝냈습니다"라고 해야한다.

보고를 잘해 인정받는 사람은 많아도 보고에 실패하고 인정받는 사람은 없다.

성능 좋은 '스피커'를 장착하라

사회적인 기술이 좀 부족하다 싶다면 성능 좋은 '스피커'를 장착할 필요가 있다. 여기서 '스피커'란 나 대신 나에 대해 여기저기에 말해줄 사람이다. 사교적이고 활달한 사람과 친하면 그 사람이 나에 대해 많이 알게 되고 여러 사람들에게 말해준다. 굳이 내 입으로 하지 않아도 된다. 더구나 내 자랑을 내가 하면 흠이 되지만 남이 하면 효과는 배가 되니 일석이조다. 이른바 전략적인 사람 사귀기다.

물론 높은 분도 포함된다. 임원이라도 보통 내가 일하는 계통이 아니면 소홀히 대하기 쉬운데 기회가 있다면 적극적으로 인연을 터놓는 게 좋다. 높은 분은 나도 모르게 진행되는 나에 대한 평가에 영향을 끼칠 수 있다. 직장 생활을 하다 보면 말 한마디에 평가가 왔다 갔다 한다.

예를 들어 나도 모르는 소문이 돌기 시작할 때 나를 아는 사람이 "에이, 내가 아는데 그런 사람 아냐"라고 하면 소문이 단박에 사라진다. 반대로 "그래, 맞아. 그러고 보니 이상하네"라고 하면 없던 소문도 새로 생긴다. 새로운 프로젝트를 맡길 사람을 정할 때 내가 알고 있는 높은 분이 "그래, 이 사람 괜찮은 것 같더라"고 하면 마른하늘에서 복이 떨어진다. 그러니 이런 사람 한두 명쯤은 평소에 공을 들여 가까운 사이로 만들어놓을 필요가 있다.

내향적인 사람에게만 해당되는 게 아니다. 외향적인 사람도 자신과 반대되는 성향을 가진 사람을 가까이 해두면 좋을 일이 많다.

내향적이면서 침착하고 통찰력 있는 사람이 특히 그렇다. 상호 보완이 된다. 현재 상사의 위치에 있다면 나와 다른 성향이면서 능력 있는 이들을 리스트에 올려놓을 필요가 있다. 그래야 내가 보지 못한 것, 내가 하지 못하는 것을 할 수 있는 파트너가 될 수 있다. 위로 올라갈수록 이런 사람이 절대적으로 필요해진다. 조직에서 승승장구하는 사람들을 보면 반드시라고 해도 좋을 만큼 아래위로 파트너 같은 이들이 있다.

여기서도 알아두어야 할 게 있다. 음악을 들을 때 자주, 오래 들어야 음악을 제대로 감상할 수 있듯 이런 관계에서도 마찬가지다. 깊은 감정 교류가 필요하기에 하루 이틀로는 어림없다. 긴 시간에 걸쳐 천천히 서로에게 다가가는 게 필요하다. 빨리 가까워지면 대체로 빨리 식는다. 반대되는 성향이라면 더 그렇다.

고민을 상담하라

한창 회사 다니던 시절의 일이다. 일은 많은데 누구한테 넘길 수도 없고, 꾸역꾸역 해내니 쉽게 해내는 줄 알고 자꾸 일을 넘겼다. 몇 번 얘기해 봤지만 상사는 "(너뿐만 아니라) 다들 일이 많다"고 귓등으로 넘겼다. 너무 힘들다 보니 과로로 쓰러져 입원하고 싶었을 정도였다. 하지만 몸이 쓰러져 주질 않았다. 병원을 찾았더니 입원은 시켜주지 않고 집에서 푹 쉬라고만 했다. 입원을 해야 회사에 말할 수 있는데⋯. 그래서 할 수 없이 그 많은 일을 꾸역꾸역 해야 했었다.

바보 같은 짓을 했다는 것을 나중에서야 알게 됐다. 불평불만을 툭툭 내뱉지는 않았지만 아마 오만 인상을 쓰고 있었을 텐데, 그 대신 왜 얼마나 힘든지 진정성 있게 말했어야 했다. 방법을 찾았어야 했다. 일만 잘하는 게 능력이 아니라 그렇게 말하는 것도 능력이라는 걸 알게 됐다. 나중에 술 한잔 마시며 그 얘기를 하자 "말을 하지 그랬어"라는 상사의 말이 그렇게 위선적으로 보일 수 없었지만, 막상 내가 상사가 되어 보니 달리 할 수 있는 것도 많지 않았다. 상사는 상사대로 바쁘기 때문이다. 악의적인 사람도 있긴 있지만 대체로 그렇다.

그런데 나와 달리 좀 더 현명하게 대처한 사람들이 있었다. 나는 혼자 끙끙대다 불만을 툭툭 던졌고, 받아주지 않자 또 스트레스를 받아 혼자 힘들었는데 그들은 상사에게 고민이 있다며 상담을 요청했다. 자신의 어려움을 진정성 있게 털어놓고 "이럴 땐 어떻게 하는 게 좋을까요?" 하면서 상사의 코치를 요청했다.

자기 감정만 마구 풀어놓는 하소연이 아니었다. 자신의 고민을 상담거리가 될 수 있도록 잘 정리한 다음 상사에게 가져갔다. 이게 생각 이상으로 효과적인 건 악의적인 상사가 아닌 한 많은 상사들이 의외로 반가워하기 때문이다. 자신에게 마음속 고민까지 털어놓는다는 건 자신을 그만큼 크게 생각하고 있다는 것 아닌가.

아마 상사도 비슷한 고민을 해봤을 가능성이 많기에 이런저런 조언을 할 것이다(물론 잘 몰라도 조언한다. 그래야 위신이 서는 것 같아서 말이다). 그러면 거기에 내가 원하는 걸 덧붙이면 된다.

"그래서 말인데요. 이걸 이렇게 해주시면 어떨까요? 결과가 훨씬 좋을 것 같은데….”

남들은 다 연봉이 오르는데 나만 제외됐다 싶거나 더 높은 연봉을 제시하는 스카우트 제의가 왔을 때도 마찬가지다. 연봉은 마음에 드는데 옮기고 싶지 않다면 상담하기에 좋은 거리다. 자신의 부하, 특히 일을 잘하는 부하가 스카우트되는 건 상사에게 마이너스이기 때문이다. 외국 회사들은 이런 일이 일어나면 그 상사의 고과를 깎기도 한다. 인재를 빼앗겼다고 여기기 때문이다. 그래서 상사는 연봉 인상을 제시할 가능성이 많다.

한 가지 잊지 말아야 할 게 있다. 제안을 할 때는 상사의 이익에 호소해야 결과가 좋다. 누구나 자신에게 이익이 되는 일을 선뜻 수용하기 때문이다. 상사 또한 성과에 목말라 있기에 자신에게 이익이 되는 건 바로 받아들일 것이다.

사실 고민이 아니어도 상사가 혼자 있을 때 말을 걸어보면 예상 밖의 결과를 얻을 수 있다. 시간이 여유롭다면 그가 자랑스럽게 여길 만한 일을 꺼내 물어보라. 예를 들면 이렇게 말이다.

"예전에 ○○ 거래처가 거래를 끊겠다고 했을 때 혼자 가서 다 해결하고 오셨다면서요. 사람들이 전설처럼 말하던데 그때 어떻게 하셨어요?”

아마 모르긴 몰라도 상당히 반색하며 당시의 상황을 자랑스럽게 얘기할 것이다. 그렇게 상대가 자랑할 만한 능력을 먼저 인정해주면 상대도 나를 인정해준다. '그 사람 보기보다 괜찮네.' 이렇게 말이다. 조금이라도 더 돈독한 관계가 된다. 이게 바로 요즘 각광 받는 상대 중심의 대화법이다.

상사의 마음을 알라

앞에서도 언급했지만 다시 한번 강조하고 싶은 게 상사의 입장에서 생각하라는 것이다. 상사가 좋아서가 아니라 조직이라는 구조 자체가 상사가 부하를 평가하고 인정하는, 상사를 중심으로 돌아가는 시스템으로 되어 있기 때문이다.

상사가 없을 때 아무리 열심히 일한다 해도, 상사가 돌아왔을 때 놀고 있으면 그때까지 놀고 있었던 것이다. 보는 것이 믿는 것이라는 속담 그대로다.

상사의 기억에 크게 영향을 미치는 건 두 가지다. '자주'와 상사에게 이로운 것이 그것이다. '자주' 눈에 띄는 횟수가 많을수록 기억 속에 확실하게 자리 잡는다. 상사에게 이로운 것이란 상사가 원하는 성과나 그의 마음에 드는 행동이다. 그러니 내가 좋아하는 일보다 성과를, 성과보다는 상사가 선호하는 것에 신경을 쓰는 게 좋다. 똑같은 성과라 해도 상사가 원하는 걸 하는 게 인정받는 지름길이다. 아부를 하라는 말이 아니다. 상사의 입장에서 우선순위를 정하라는 뜻이다. 이 책의 서두에 나온 박 과장이 자기 일이 있어도 팀장이 대리점 현장에 가자고 할 때 벌떡 일어서는 것처럼 말이다.

상사를 안다는 사람도 사실 상사의 개인 취향을 주로 알지, 그 상사가 앉은 자리로 인해 어떤 어려움을 겪고 있는지는 모를 때가 많다. 동전의 앞면이 있으면 뒷면이 있듯, 자리도 마찬가지다. 보이지 않는 뒷면 때문에 겪는 괴로움이 한두 가지가 아닌데 이걸 알아주면 환영받는 사람이 될 수 있다. 예를 들어 앞에서 말한, 상사가 자랑스러워할 만한 일을 물어보는 건 작은 용기만 있어도 가능하다. 마음에도 없는 아부를 하거나 회식할 때 음주가무에 능하지 않아도 된다.

물론 상사의 마음을 읽기 전에 내 마음을 들여다보는 일이 우선될수록 좋다. 우리 역시 자기중심주의라는 마음의 중력에서 자유롭지 못한 까닭이다. 수천 년을 내려온 종교들이 모두 성찰을 중시하는 이유는 그만큼 어렵기 때문일 것이다.

2012년 미국 노동청이 사람들에게 몇 시간을 일했는지 물었다. 그린 다음 실제 시간과 대조했다. 1주일에 40시간을 일했다고 말한 사람들이 실제로 일한 시간은 37.5시간이었다. 평균 5~10% 더 일했다고 생각했다. 일하는 시간이 늘어날수록 일했다고 생각한 시간도 비례해서 늘어났다(학생들이 공부하는 시간도 마찬가지다). 내가 차별받는다는 생각이나 내가 낫다는 생각이 나만 그렇게 생각하는 것일 수도 있다는 뜻이다.

요즘 자존감이라는 단어가 많이 쓰이는데 자신감과 어떻게 다른지 헷갈릴 때가 많다. 비슷하지만 약간 다르기도 하다. 영어로 보면 뜻이 명확해진다. 자존감(自存感)은 self-esteem, 자신에 대한 평가다. 자신의 가치나 능력에 대해 어떻게 생각하느냐 하는 것이 자존감이다. 자신감(自信感)은 self-confidence, 자기 자신을 믿는 것이다. 그러니까 자존감이 있어야 자신감도 있을 수 있다. 자기 평가가 우선이라는 뜻이다.

두 얼굴이 필요하다
....

브라이언 리틀이라는 사람이 있다. 미국 하버드대 심리학과 교수를 지낸 그는 학생들에게 재미있게 가르치는 교수로 이름이 높다. 땅딸하고 다부진 몸에서 나오는 바리톤 음성으로 자신이 서 있는 곳 주위를 빙글빙글 돌며 노래를 부르고, 영화배우 로빈 윌리엄스와 아인슈타인을 섞은 듯한 모습으로 사람을 웃기는 유머를 구사한다.

당연히 수강생이 넘쳐난다. 교수를 그만둔 후에도 마찬가지다. 기립박수도 흔하다. 그래서 누구나 인정하는 '엔터테이너 교수'로 꼽힌다. 그렇다고 '마냥 노는 교수'는 아니다. 대학 교육 부문의 노벨상이라고 하는 3M 교육장학금을 받은 적도 있다.[2]

재미있는 건 그가 사람 만나는 걸 질색한다는 것이다. 평소 그는 사람이 거의 없는 캐나다의 외딴 숲에서 아내와 함께 산다. 사람도 거의 만나지 않는다. 어쩌다 도시로 나와 파티에 참석할 일이 있어

---

2 수전 케인, 콰이어트, 김우열 옮김, 알에이치코리아, 2012년.

도 금방 나오고 마는 아주 내향적인 사람이다. 강의는 재미있게 하지만 사람 만나는 것에는 고개를 절레절레 흔든다. 사람을 피하기 위해 심지어 화장실에 들어가 있기까지 한다. 이런 사람이 어떻게 그런 재미있는 강의를 할까?

내향적인 성격으로는 이 세상을 살아갈 수 없기 때문이다. 그는 심리학을 좋아하고 누군가를 가르치는 걸 좋아한다. 이런 자신의 핵심 프로젝트, 그러니까 자신이 진짜 하고 싶은 것을 위해 그에 맞는 행동을 치밀하게 기획한다. 마치 영화배우가 왕을 연기하고 진짜 형사처럼 하듯이, 로마에 가면 로마법을 따르듯이 '엔터테인먼트 교수'에 맞는 행동을 하는 것이다. 아니, 그 시간에는 진짜 엔터테인먼트 교수가 된다. 그런 다음, '핵심 프로젝트'가 끝나면 자신의 성향으로 돌아간다. 숲으로 들어가 은둔자가 된다. 배우가 영화가 끝나면 본래의 모습으로 돌아가는 것처럼.

기울어가던 후지필름을 다시 번성의 길로 이끈 고모리 시게타카 회장 겸 CEO가 이런 말을 했다.

"저는 미스터리 소설을 즐겨 읽는데, 50년 전 읽은 레이먼드 챈들러의 소설에 등장하는 사립 탐정 필립 말로가 이런 대사를 남겼습니다. '터프하지 않으면 살아남지 못한다. 그러나 상냥하지 않으면 살아갈 자격이 없다.'"[3]

두 얼굴이 필요하다는 얘기다.

---

3 최원석, 후지필름 대역전 이끈 고모리 회장 "막다른 골목 몰렸을 때 진짜 승부가 시작된다", 조선일보 2014년 6월 28일 자.

배우에게 영화가 무대이듯 직장인에게는 직장이 무대다. 무대에서는 무대에 필요한 행동을 할 필요가 있다. 예를 들어 엘리베이터에서 사장님을 만났을 때 나를 알리는 한마디 정도는 준비할 필요가 있다. '대본'을 쓰고 대사를 연습하듯 그렇게 한 다음, 마음 한편에 저장해두는 것이다. 언제든 쓸 수 있게 말이다. 물론 그것이 아부나 빈 말보다 유머나 센스 있는 말이고, 은근슬쩍 하는 자기자랑보다 뭔가 의미 있는 내용이라면 저 높은 곳에서 빛줄기 같은, 나를 알아주는 눈길이 내려올 것이다. 리틀 교수처럼 자신의 핵심 프로젝트를 하듯이 그렇게 한다면 더할 나위 없을 것이다.

근데 꼭 이렇게까지 해야 할까? 그렇다! 이유는 하나, 이렇게 해야 세상이 알아준다. 언젠가 만났던 대기업 여성 임원이 했던 말이 잊히지 않는다.

"나도 뭔가 할 수 있다는 존재 증명을 날마다 해야 했어요. 내가 해야 할 일을 잘하면서 동시에 튀지 않게 생색내는 법도 연구해야 했어요. 정말이지 끝없이 힘을 내야 했어요. 더구나 저는 여자였어요."

다시 한번 말하지만 결론은 하나다. 묵묵히 가만있으면 묻힌다.

'과시'에

대한

오해와 진실

서울에서 두세 시간 거리에 있는 동해안 도시가 있다. 관광객이 많아 수입이 안정적이다 보니 인구 유출이 별로 없어, 이곳에서 나고 자란 이들은 하루가 멀다 하고 만난다. 친하다 보니 집에서 입는 티셔츠에 트레이닝복 같은 걸 대충 걸치고 저녁 마실 하듯 만나 이야기를 나눈다. 적어도 외부인이 보기에는 그렇다.

하지만 이들의 만남에는 외부인이 모르는 무언가가 있다. 얼핏 보기엔 흔한 옷차림으로 편하게 만나는 것 같고, 실제로 그렇긴 한데, 사실 이들이 입고 있는 옷은 하나하나 내로라하는 브랜드라 상당히 비싸다. 어쩌다 보니 다들 입고 나온 게 아니다. 나름 생각이 배어 있다.

묘한 건, 그럼에도 누구도 옷이나 가격 같은 것에 대해 언급하지 않는다는 것이다. 은연중 상대가 알아주길 바란다. 알아챈 이들도 그렇게 한다. '나 요즘 벌이가 괜찮다'라는 걸 그렇게 표현한다. 온몸을 둘러싸는 검은 옷 부르카를 입는 이슬람 여성들이 비싼 속옷으로 자신을 표현하듯 그들도 그렇게 한다. 이곳에서 사업하는 이가 귀띔해주지 않았다면 나 같은 외지인은 눈치조차 못 챘을 것이다.

왜 이럴까? 가만히 보면 세계 어디에나 있는 문화인류학적 성향이 여기에서도 나타나고 있음을 알 수 있다.

먼저, 한 번 보고 말 사람이 아닌 가까운 사이에서는 드러내놓고 자랑하는 잘난 척하는 게 금기인데, 이게 여기서도 통용되고 있다. 두 번째는 그럼에도 자랑하고픈 마음을 어찌할 수 없어 이렇게라도 한다. 잘난 척하는 사람으로 인해 위화감이 생기면 공동체가 분열될 수 있기에 금기지만, 그렇다고 '내 능력이 좀 더 낫다'는 걸 표현하고픈 마음을 어쩔 수 없어서 말이다.

우리는 선망의 대상이 되고 싶어 한다
·····································

오래전 미국의 소스타인 베블런은《유한계급론》에서 동서고금을 막론하고 왜 이런 행동이 광범위하게 일어나고 있는지 분석한 적이 있다. 그의 결론을 한마디로 한다면 비교 심리 때문이다. 우리가 잘사는지 못사는지 알 수 있는 가장 쉽고 효과적인 방법이 이것인 까닭이다.

똑같이 학교 졸업하고 똑같이 회사 들어갔는데, 내가 팀장이 되는 동안 다른 친구들은 대리, 과장에 머물러 있다면? 내가 더 열심히, 그리고 잘 살았다는 증거다. 몇 년 동안 어떻게 살았는지 구구절절 말할 필요도 없다. 이런 명함 한 장에 내 마음대로 쓸 수 있는 법인카드 한 장이면 어느 누구와도 차별화가 된다. 가슴을 펼 수 있다. 여기에 어느 자동차 광고처럼 누구나 알아보는 차 한 대까지 있으면? "와~" 하는 감탄사까지 받을 수 있다.

내가 부자라는 걸 내 입으로 말하는 사람은 부자가 아니라 부자가 되고 싶은 사람이다. 내가 괜찮은 사람이라는 걸 내 입으로 말하는 사람도 마찬가지다. 앞에서 말한 동해안 어느 도시의 사람들처럼 뭔가 다른 것으로 전할 수 있어야 한다. 왜 신입사원 면접 때 비싼 새 옷을 사거나 가장 좋은 옷을 입고 갈까? 내가 괜찮은 사람이라는 걸 알리기 위해서다.

매일 전 세계 사람들이 1억 건이 넘는 사진과 동영상을 인스타그램에 올리는 것도 마찬가지다. 자신을 과시하려는 마음이 없다면 이게 가능할까?

인스타그램에 올라 있는 수많은 게시물을 연구한 파비카 셸던 미국 앨라배마대 교수는 이렇게 말했다. "다른 사람들로부터 부러움을 받고 싶어 하는 심리"라고 말이다. 우리 모두에게는 내가 더 나은 사람이라는, 아니 그런 사람이 되고 싶은 마음이 있다는 뜻이다.

실제로 온라인에 개설한 프로필 사진을 보면 묘한 공통점이 있다. 스포츠를 하는 사진이나 맛집에 간 사진, 그리고 친구들과 환하게 웃고 있는 사진들이 대부분이다. 왜 이런 사진들이 유난히 많을까?

근황을 소개한다는 건 명분이고 사실은 '나 이렇게 활동적이야', '나 여기도 다녀왔어', '나 이런 곳도 알아'라고 말하고 싶은 것이다. '나 이렇게 친구들이 많아', '친구들과 관계도 좋아'라고 알리고 싶은 것이다. 가족사진을 유난히 잘 올리는 정치인들이 자신이 가족적이라는 걸 알리려고 하듯 말이다(하지만 이걸 강조한다는 건 그만큼 가족과 보내는 시간이 적다는 뜻일 수도 있다).

자연의 과시 법칙

자연의 제왕으로 불리는 수사자는 멋진 갈기를 갖고 있다. 풍성하고 짙은 갈기가 바람에 휘날리는 모습은 제왕의 풍모가 어떠해야 하는지를 보여주는 듯하다.

하지만 이 멋진 갈기는 보기엔 좋을지 몰라도 살아가는 데에는 별로 도움이 안 된다. 활동하는 데 거추장스럽기 그지없다. 사냥감에 은밀하게 접근해야 하는데 갈기 때문에 들키기 쉽고, 더운 지역이다 보니 쾌적한 착용감과는 거리가 멀다. 그럼에도 모든 수사자는 풍성하고 짙은 갈색 갈기를 원한다. 암사자들이 짝으로 받아들이는 가장 중요한 잣대이기 때문이다.

자연계에서 과시는 일상이다. 개를 산책시키다 보면 암컷과 수컷의 차이가 있다. 수컷은 나무나 기둥이 나타나면 한쪽 다리를 들고 소변을 찔끔찔끔 남긴다. 왜 수컷만 이런 행동을 할까?

알다시피 녀석들의 소변 분출은 자기 영역을 표시하는 것이다. '여기는 내 땅'이라는 뜻이다. 우리에게 소변은 소변일 뿐이지만, 녀석들에게 소변은 정보 창고다. 성별과 나이, 건강 상태 같은 6가지 주요한 정보가 들어 있는데 이걸 뛰어난 후각으로 판별한다.

근데 다리는 왜 들까? 조금이라도 높은 곳에 소변을 뿌리기 위함이다. 그래야 냄새가 더 넓게 퍼질 것이고, 좀 더 정확하게는 다른 녀석들의 코가 닿는 위치에 닿을 게 아닌가. 그리고 그럴수록 중요한 정보가 하나 추가된다. '나, 이렇게 높은 곳에 닿을 만큼 덩치가 커.' 그래서 작은 녀석들도 조금이라도 다리를 높이려 한다.

짝짓기를 하는 대부분의 동물과 사회를 이루고 살아가는 동물 사회에서 과시는 해도 괜찮고 하지 않아도 괜찮은 선택의 문제가 아니라 필수다. 과시하지 않는 수컷은 암컷의 눈에 들지 못해 후손을 남기지 못한다. 그래서 과시가 생활화되어 있는데, 수천만 년 동안 이어져온 까닭에 이들의 과시를 보면 세 가지 원리를 알 수 있다.

우선, 과시에는 적절한 과시와 과장 과시, 그러니까 허세가 있다. 허세는 없는 걸 있는 척하는 것인 반면, 적절한 과시는 사자와 개들이 그러는 것처럼 능력과 자격을 나타내는 정보 전달 수단이다.

당연히 누구나 할 수 있는 과시는 과시 축에도 끼지 못한다. 눈길을 끄는 정보가 될 수 없기에 '광속' 탈락한다.

반면 남다른 과시는 눈길을 한 몸에 받는다. 수사자가 그렇듯 감내해야 하는 불편이 클수록 단순한 메시지를 넘어 매력이 된다. '나는 이런 장애물을 갖고도 잘 살아갈 수 있다'는, 그러니까 강력한 유전자를 가졌다는 정보 전달인 까닭이다. 공작의 커다란 깃털처럼 대부분의 수컷들이 암컷보다 화려한 이유가 여기에 있다(핸디캡 원리라고 한다). 기생충이 많은 곳에 사는 새들은 가장 눈에 띄는 색깔이 인기다. 자신이 기생충에 감염되지 않았다는 증거이기 때문이다.

우리라고 다르지 않다. 수천만 원짜리 모피코트나 몇억 원짜리 자동차가 실생활에 필요할까? 거의 쓸모가 없지만 '이렇게 비싸면서 쓸모없는 걸 갖고서도 잘살 수 있다'는 것 자체가 가치가 된다. 쓸모없는 게 쓸모 있게 되는 이상한 원리다.

자연에서 볼 수 있는 과시의 두 번째 원리는 잘 받아들여지는 것일수록 강화된다는 것이다. 공작의 깃털이 길어지고 수사슴의 뿔이 커진 건 암컷들이 이걸 선호하기 때문이다. 수컷들 사이에 경쟁이 일어나 모든 에너지를 여기에 투자한다.

마지막으로 과시는 효과적이긴 하지만 유지비용이 비싸고, 허세를 부릴 수 있지만 탄로 날 경우 대가가 혹독하다. 그래서 가끔 써야 효과가 크다. 예를 들어 복어는 위험하다 싶으면 순식간에 바닷물을 있는 힘껏 들이마셔 평상시보다 4배나 크게 몸을 부풀린다.

'나 이렇게 덩치가 크니 빨리 물러가라'는 메시지다. 치명적인 독도 있으니 허세만은 아니다.

하지만 이렇게 한 번 덩치 과시를 하고 나면 5시간 36분 동안 호흡 불안정에 시달려야 한다. 우리가 100m를 달리고 나서 가쁜 숨을 몰아쉬어야 하듯 말이다. 실제로 실험해보니 3~8번 정도 덩치를 키우고 나면 에너지가 바닥나 이후에는 건드려도 아무런 반응을 못 했다(호주 해양과학연구소 티모시 클라크 박사 연구팀 & 하버드대 연구팀). 자연에서 이런 일은 죽음으로 직행하는 길이다. 진짜 필요할 때만 하는 게 좋다는 자연의 교훈이다.

과시는 처세술인가?

자연에서 보듯 과시는 필요하다. 그런데 많은 이들이 과시를 오해한다. 단순한 처세술로 보고 알팍한 술수로 생각한다. 내향적인 이들은 '그런 거까지 해야 해?'라고 생각한다.

하지만 이제는 이런 생각에 갇혀 있을수록 손해다. 빠르고 복잡하게 변하는 세상은 갈수록 묵묵히 일하는 사람의 손을 쉽게 들어주지 않는다. 연구실에 있는 과학자들도 '골방'만 지켜서는 아무것도 못 한다는 세상이니 스스로 자신의 존재를 드러내는 법을 익혀야 한다. 나를 알아주지 않는 것에 혼자 약 오르고 독이 올라 날마다 스트레스 최고치를 경신해봤자 변하는 건 없다. 특히 조직을 이끄는 리더에게 어느 정도의 과시는 자연의 생명체들이 그런 것처럼 생존의 조건이다(다음 장에서 다룬다). 리더십에 필수인 영향력이 일정 부분은 적절한 과시에서 나오는 까닭이다.

과시는 정도가 문제이지 그 자체가 문제는 아니다. 권위는 필요하지만 권위주의는 배격해야 하듯, 과시도 마찬가지다. 없어도 있는 척하는 과장 과시나 허세는 멀리해야겠지만, 적절한 과시는 자연의 생명체들에게 그렇듯 우리에게도 일의 일부이고 능력의 일부다. 출근할 때 깔끔한 옷을 입거나 상품에 멋진 디자인을 적용하고 포장하는 것과 다르지 않다. 모든 과시를 처세로 생각하는 건 수사자가 '꼭 그런 갈기를 가져야 해?'라고 여기는 것과 같다.

세상살이를 처세로 보면 모든 게 술수로 보인다. 다들 과시 자체를 이렇게 백안시하다 보니 수많은 기회를 낯 두껍고 유들유들 말 잘하는 이들이 다 채간다. 과시를 요령이나 처세로 생각하고, 부정한 것으로 여기는 또 다른 이유다.

우는 아이 젖 준다는 말이 있다. 우리가 낳은 사랑하는 아이도 울어야 젖을 주는데, 하물며 남남인 회사 생활에서 누가 울지도 않는 나에게 '젖'을 주겠는가? 가끔은 우는 아이가 되어야 한다. 선을 넘지 않은 정도에서 티 낼 줄 알아야 한다. 그래야 후회하지 않는다. 요즘 들어 '플렉스(Flex: 지른다, 과시하다 라는 뜻)'라는 말이 일상화되고 있는 건 어느 정도의 과시가 필요하다는 시대의 표현일 것이다. 나의 가치를 나 스스로 드러낼 수 있어야 하는 것이다.

어떻게 하면 될까? 처한 상황이 모두 다르니 정답이 있을 순 없지만, 응용할 수 있는 몇 가지 팁은 있다.

　우선, 적절한 과시는 떠들썩하지 않고 가능한 한 조용히 이루어져야 하기에 커닝의 원리와 비슷하다. 커닝을 잘하려면 세 가지가 필요하다. 치밀하게 상황을 조성한 후, 결정적인 순간을 만들어낸 다음, 조용히 마무리하는 것이다. 말 잘하는 이들이 이런저런 이야기를 하다 하고 싶은 얘기를 슬쩍 꺼내놓듯, 그런 다음 상황을 봐서 좀 더 부연 설명하거나 'MSG(조미료)'를 치듯, 그리고 아니다 싶으면 '아니면 말고' 식으로 넘어가듯 말이다.

　흔히 자기 PR 잘하는 사람들이 즉흥적으로 말을 잘해서 그런 줄 알지만, 이들은 사전 작업에 나름대로 상당한 공을 들인다. 보이지 않을 뿐이다. 그러니 내향적이라면 적당한 상황을 만드는 기획에 생각보다 많은 노력과 시간을 들여야 한다.

　한 가지 꼭 염두에 두어야 할 것은 자신이 없으면 하지 말아야 한다는 것이다. 자신의 스타일에서 너무 멀리 가면 안 된다. 괜한 욕심에 무리하게 시도했다가 분위기는 어색해지고, 본인은 '뻘쭘' 해지는 상황이 되면 안 하니만 못 하다. 처음 해보는 것이고 얼굴이 두껍지 못한 탓에 수습을 제대로 못 하게 되면 '멘털'까지 붕괴된다. 생전에 프레젠테이션 잘하는 것으로 유명한 스티브 잡스가 연설 한 번 하는데 백 번이 넘는 연습을 했던 이유다. 두껍지 못한 낯을 기획과 연습으로 극복했던 것이다.

과시는 능력의 결과여야 한다

내향적인 이들이라면 괜히 어색하게 다가서기보다 스타일에 맞는 방법 개발이 중요하다. 사람들이 내게 관심을 갖고 다가오도록 하는 것도 그중 하나다(자기중심주의 성향에서 말한 풀 전략이다).

몇 년 전 드물게 임원에 올랐던 한 여성은 특별히 눈에 띄는 스카프와 구두를 몇 개 구입한 후 가끔 착용하고 출근했다. 누군가 "무슨 좋은 일 있어요?"라고 물을 때마다 그는 씩 웃으며 "예. 기분 좋은 일이 생겨서요"라고 대답했다.

그의 경험에 따르면 이런 식의 대답이 중요하다. 다 말하지 않고 두 번째 질문을 유도하는 것이다. 그래야 대화가 자연스러워지며 알리고 싶은 걸 알릴 수 있다.

"몇 번 계속하면 스카프만 봐도 먼저 물어 와요. '오늘은 또 무슨 좋은 일이 있어요?'라고 말이죠."

그의 임원 승진은 자신만의 상징을 만드는 전략이 성공했음을 의미한다.

남을 누르거나 이기려는 과시, 내가 더 잘났다는 과시는 당장은 좋을지 몰라도 끝이 별로 좋지 않다. 상대의 감정에 생채기를 내면, 그 생채기는 반드시 좋지 않게 돌아온다. 내가 가진 능력이나 노력을 직접 과시하는 '잘난 척'은 어디에서나 공공의 적이다. 대신 능력이나 노력의 결과, 그리고 예상치 못한 부작용을 흥미롭게 전하는 센스가 필요하다. '스카프 전략'을 쓴다면 너무 비싼 것보다 독특한 게 좋다. 너무 비싸면 과장 과시가 되기 쉽지만 독특하면 대화의 소재가 될 뿐만 아니라 안목을 인정받을 수 있다.

권위적인 사람은 남을 눌러서 자신의 권위를 높이려 한다. 누군가를 밟고 서는 건 승승장구할 수 있을지 몰라도 끝이 안 좋다. 누군가를 바보로 만드는 유머를 구사하는 것처럼 말이다. 남을 누르고 위축시키는 과시보다 나의 능력을 내보이는 과시가 낫다.

과시는 능력의 결과일 때 가장 좋다. 이런 자신만의 능력을 매력으로 만들면 금상첨화다. 수용성도 높아 웬만한 '자랑질'도 봐준다. 남에게 없는 능력을 갖고 있으니 전문가 대접을 해주는 것이다. 쉽게 말해 알아주고 인정해줄 만한 과시를 하되, 가능하면 자신만의 영역을 구축하면서, 자신만의 능력으로 하는 게 좋다는 뜻이다. 가능한 한 과장하는 느낌이 강한 자랑보다는 능력을 드러내는 데 무게 중심을 두어야 한다.

호의를 자랑하라

1년에 한두 번쯤 '총력전'을 펼치는 것도 필요하다. 조직은 위계서열의 틀을 벗어나기 힘들다. 높은 분의 눈에 띌수록, 그리고 기억될수록 좋다는 의미다. 단, 그들의 눈앞을 얼씬거리기보다는 그들이 참석하는 상황을 이용하는 게 낫다.

만약 회식 자리에서 어차피 술잔을 받아야 한다면 먼저 건네는 '역전략'을 펼쳐보라. 적극적인 사람으로 기억될 것이다. 숙취해

소제를 미리 복용해서라도 첫 석 잔을 '원샷'으로 들이켜면 더 그럴 것이다. "무슨 일 있냐"고 물어올 수도 있다. 이럴 때 재치 있게 답하면 더할 나위 없을 것이다. 첫 석 잔을 원샷으로 들이켜면 이후에 거의 마시지 않아도 뭐라 할 사람도 별로 없을 것이다. 강렬한 첫인상 효과다. 첫인상 효과는 처음 만나는 사이에만 있는 게 아니다.

혹시 운이 좋아 높은 분과 가까운 사이가 됐다면 어떻게 과시해야 좋을까? 만나는 모습을 보여주기? 이건 하수다. 좋은 방법 중 하나는 관계를 자랑하는 대신 그분의 호의를 자랑하는 것이다. '나, 누구랑 친하다'는 건 내 능력 자랑이지만, 그분이 베푼 호의를 자랑하는 건 그분이 주체이니 상대가 느끼는 거부감이 확 준다. 대신 부러움은 몇 배가 되고 말이다.

"어떻게 그런 분과 가까워졌느냐"는 물음이 당연히 건네질 텐데, 앞의 스카프 임원처럼 적당히 말하는 게 좋다. 시시콜콜 전부 다 말하면 관심은 식고 대신 질투와 시기 같은 것들이 그 자리를 채운다. "나도 궁금해. 진짜 왜 그러셨을까?" 하는 식으로 궁금증을 남겨두어야 한다. 사람들은 자신들이 모르는 궁금증을 묘한 상상력으로 채우는 성향이 있다. 나쁜 건 더 나쁘게, 좋은 건 더 좋게 부풀리면서 말이다.

과시는 가끔 할수록 효과적이다. 최상급을 많이 사용한다고 좋은 게 아니듯 말이다.

조폭 보스들이
공개적으로
화를 내는 이유

오래전 보도를 하지 않는다는 전제로 내로라하
는 조폭 보스를 만난 적이 있다. 세상의 다양한 조직에 대해 궁금
증이 많을 때여서 그에게 조직을 이끄는 법을 물었다. 비록 어둠의
세력이지만 그 '큰 조직'을 이끄는 능력이 궁금했다. 그는 한마디
로 답했다.

"잊을 만하면 한 번씩 흔듭니다."

어떻게 흔드느냐고 했더니 "(정신이) 해이해졌다 싶으면 발칵 뒤
집어놓는다"고 했다. 화를 내며 '본때를 보이면' 질서가 잡힌다고
했다. 그렇게까지 해야 하느냐고 했더니 "그래야 굴러간다"고 했다.
거친 조직답구나 싶었는데 나중에 보니 그만 그런 게 아니었다.

실제 사건에 근거해 만들었다는 조폭 관련 영화를 보면 거의 빠짐 없이 나오는 게 보스의 화내는 장면이다. 악질 보스일수록 걸핏하면 트집을 잡아 부하들을 몰아친다. 힘을 바탕으로 보스에 올랐으니 기회가 있을 때마다 힘을 과시해 조직을 다잡고 자신에게 도전하는 기세를 차단한다.

자연에서는 이런 '거친 리더십'이 흔하다. 사자나 늑대, 침팬지 무리와 개코원숭이 집단이 그들인데, 이들 또한 대체로 힘을 기반으로 보스 자리에 오르기에 그러지 않나 싶다. 특이한 건, 야생에서는 이런 일이 '자주' 일어나는 반면, 동물원에서는 '늘' 일어난다는 것이다. 이유가 있다.

야생에서는 힘으로 군림하기는 하지만, 먹이를 구할 때 부하들의 협력이 필요하다. 그래서 힘을 무섭게 과시하기는 해도 어느 이상 선을 넘지 않는다. 반면 동물원에서는 먹이가 주어지기 때문에, 부하들의 협력이 야생에서만큼 필요하지 않다. 그래서 힘 있는 녀석들이 마음껏 하고 싶은 대로 한다. 힘을 과시하는 것으로 조직을 이끌어간다.

왜 힘을 과시할까? 영국의 유명한 동물행동학자 데스몬드 모리스에 의하면 "노발대발하는 행위는 (그의 권력이) 허약하다는 걸 드러내는 증거"이지만 그렇기에 일부러 화를 내서 자신의 지위를 확인한다. 화를 내보면 자신의 힘이 어느 정도인지 알 수 있기 때문이다. 침팬지와 개코원숭이 사회에서는 우두머리가 "가만히 있는 부하들을 느닷없이 공격하거나 위협해서 자신의 강력함을 그들에게 상기시킨다."

이렇게까지 해야 할까?

있다.

"그렇게 하고 나면 (나중에는) 약간의 가벼운 행동만으로도 (그러니까 화를 내려는 듯한 행동만으로도) 자신의 뜻을 관철시킬 수 있기 때문이다."

뭐 멀리 갈 것도 없다. 우리 주변에서도 '가끔씩' 볼 수 있으니 말이다.

맥아더 장군의 과시법
....

이런 사례들이 의미하는 건 하나다. 리더는 자신이 리더로서의 능력과 자격을 갖고 있다는 것을 여러 방법으로 분명하게 알리는 게 좋다는 뜻이다. 물론 없는 걸 있는 척하는 과장 과시나 '내가 너보다 세다'는 우월 과시가 아니라 적절한 과시, 그러니까 지위 과시여야 한다. 지위 과시란 지위에 합당한 능력을 갖고 있다는 걸 과시하는 것이다.

제2차 세계대전의 영웅이자 한국전쟁 당시 인천상륙작전을 지휘했던 맥아더 장군은 이런 과시를 십분 발휘했던 주인공이었다. 그는 약간 비스듬하게 쓴 모자와 진한 선글라스를 쓰고 전장을 누볐다. 군인으로서는 파격적인 '패션'이었다. 더구나 권총도 차지 않은 채 총알이 날아다니는 곳을 휘적휘적 걸어다녔다. 총알이 자신을 피해간다면서 말이다.

운이 좋아 총알에 맞지는 않았지만 그의 이런 행동은 부하들에게 '그는 다르다'는 인식과 함께 '따르고 싶은 사람'이라는 마음을 심어주었다. '불사신'과 함께하는데 왜 이기지 못하겠는가? 흥미로운 건 자신은 그렇게 자유분방한 복장을 하면서도 부하들에게는 절대 그렇게 하지 못하게 했다는 것이다. 과시는 차별화에서 나오는 까닭이다.

맥아더의 권위는 이런 스타일에서가 아니라 전투를 승리로 이끄는 탁월한 능력에서 나왔지만, 이런 행동이 병사들의 사기를 올리는 데 상당한 기여를 한 것도 사실이다.

이렇듯 과시는 적절하게만 구사하면 좋은 리더십을 이루는 훌륭한 재료다. 보기보다 훨씬 중요하다. 리더십 전문가인 존 맥스웰의 말처럼 "많은 사람들이 성공하기를 기대하는 사람들이 대부분 성공"하니 말이다.

지시나 명령 같은 권력만으로는 제각기 다른 사람들을, 더구나 많은 사람들을 효과적으로 이끌 수 없다. 하는 척하는 행동, 열과 성을 다하지 않는 행동에서 어떻게 탁월한 성과가 나오겠는가. 그래서 리더는 자신이 가진 힘을 어떻게, 어떤 방식으로 입증할 것인가(더하여 과시할 것인가)를 항상 염두에 두어야 한다. 조폭 보스처럼 폭력적으로 할 것인가, 아니면 왕처럼 할 것인가, 그것도 아니면 맥아더처럼 할 것인가를 선택해야 한다. 역사에 이름을 남긴 탁월한 리더들은 하나같이 자신이 가진, 또 가지게 될 힘의 원천이 무엇인지 잘 알았고, 그 힘을 만들어내는 데 탁월했다. 이들의 행적을 더듬어보면 몇 가지 특징을 발견할 수 있다.

보통 하수는 입으로 과시한다. 중간 정도 되는 이들은 장식물로 과시하고, 고수는 남들이 할 수 없는 세련된 행동과 장치를 활용한다. 몸으로 하는 과시는 비싸고 고급스러운 겉치레를 하는 것이다. 벼락부자들이 하는 과시나 욕망에서 나오는 화려한 과시가 대표적이다.

고수들은 한 발 더 나아간다. 우리 안의 저 깊은 곳에 있는 심리를 활용한다. 눈이 누군가를 우러르면 무심결에 마음도 그렇게 되는 심리를 이용, 자신을 가능한 한 높은 곳에 두는 게 좋은 예다. '높은 곳에 있는 사람=높은 사람'이라는 본능을 무의식적으로 가동시키는 것이다. 많은 리더들이 단상을 좋아하는 이유가 여기에 있다. 단상이 없으면 다 앉게 하고 자신은 선다. 다 앉아야 한다면 자신을 더 높은 곳에 위치시킨다. 사실 세상의 모든 신들도 저 높은 하늘에 있지 않은가. 그래서 신을 대신하여 세상을 다스린다고 강조했던 왕들은 언제나 높은 옥좌나 용상에 앉았다. 우리 생활에서도 마찬가지다. 누군가를 업신여길 때 우리는 그 사람을 '깔본다'. 깔본다는 내려다본다는 뜻이다.

트럼프 전 미국 대통령은 재임 시절 지식인들로부터 냉대를 받았다. 왜 그랬을까? 이유 중의 하나는 자기 입으로 자신이 잘났다고 했기 때문이다. 그만이 아니다. 예전 미국 정치계의 거물이었던 밥 돌 전 상원의원이 1988년 공화당 대통령 후보 지명전에서 예상과 다르게 실패했던 적이 있다. 리더십 전문가인 존 어데어에 의하면 지명전을 위한 TV 방송에서 스스로를 리더라고 말했기 때문이었다. 리더로 불리는 건 사람들이 결정하는 것이지 본인이 결정하는 게 아닌데 말이다. 어데어는 이렇게 말했다.[1]

"누구도 자신을 리더라고 불러서는 안 된다."

"내가 누군지 알아?"하는
사람들의 정체

맥아더가 그랬던 것처럼 급박한 상황에서 신중하고 품위 있는 행동을 하는 것 또한 한 차원 높은 과시다. 남다른 강심장을 가지고 있다는 뜻이니 말이다.

영국 총리를 지낸 마거릿 대처가 이런 말을 한 적이 있다.

"만약 사람들에게 '나는 이런 권력이 있다'고 말해야 하는 처지라면 당신은 진짜 권력을 갖고 있는 게 아니다."

애플의 스티브 잡스도 생전에 부사장으로 승진한 이들에게 비슷한 말을 했다.

"일일이 자기 능력을 설명하면 리더가 아니다. 리더는 몸으로 성과로 보여주어 그들이 스스로 따르게 하는 사람이다. 무엇보다 자유의지로 따르게 할 때 최고의 성과가 나온다."

---

1 존 어데어, 리더의 탄생, 이윤성 옮김, 미래의창, 2008년.

이렇게 보면 가끔 뉴스에 나오는 "내가 누군지 알아?"라고 하는 이들은 별 볼 일 없는 사람이 틀림없다. 진짜 권력은 말로 하는 게 아니니 말이다. 고수들은 누군가로 하여금 하게 한다. 독재자들은 아부자들에게 그렇게 하게 하고, 탁월한 리더들은 구성원의 마음을 움직여 그렇게 하게 한다.

사실 진짜 고수들은 남을 치켜세우면서 자신을 자랑한다. 2020년 영화 '기생충'으로 아카데미를 휩쓴 봉준호 감독은 감독상 수상 소감에서 이제는 유명해진 말을 했다.

"어릴 적부터 영화를 공부하며 가슴에 새겼던 말이 있습니다. '가장 개인적인 것이 가장 창의적인 것'이란 말인데, 그 말을 한 분이 바로 우리의 위대한 감독 마틴 스코세이지입니다."

마침 스코세이지는 '아이리시맨' 감독으로 함께 감독상 후보에 올라 시상식장에 앉아 있었다. 봉 감독의 소감에 시선이 객석의 스코세이지에게 쏠렸고, 그를 위한 뜨거운 기립박수가 쏟아졌다. 봉 감독은 영화만 잘 만드는 게 아니라 존경할 만한 사람을 존경할 줄 아는 사람으로 또 다른 호평을 받았다. 일만 잘하는 게 아니라 인간성도 훌륭하다는 말들이 쏟아졌다. 남을 칭찬했는데 자신이 더 칭찬받은 것이다. 모름지기 리더는 이래야 한다. 남을 칭찬할 줄 알기에 추앙받는 사람이어야 한다.

과시를 잘하는 또 다른 방법은 선택과 집중에 충실하는 것이다. 우선 가장 두드러지거나 자신 있는 것 하나에 초점을 맞춰 '저 사람은 이런 사람'이라는 이미지를 만드는 게 필요하다. 그런 다음,

이걸 기반으로 확산시킨다. 얼굴 중 한 곳을 강조하는 '포인트 화장'처럼 말이다. 재미있는 일화가 있다.

코믹한 연기로 유명한 채플린이 한창 인기 있을 때 '채플린 흉내 내기 대회'가 열렸다. 호기심 많은 채플린도 몰래 참가했다. 가짜 채플린들이 모인 곳에 진짜 채플린이 간 것이다. 채플린은 몇 등을 했을까?

놀라지 마시라. 겨우 20등을 했다. 진짜가 왜 이렇게 밀렸을까? 진짜 채플린보다 높은 등수에 오른 이들은 사람들이 '이게 채플린이다'라고 느끼는 포인트를 정확하게 짚은 다음, 이걸 과장해 표현했다. 사람들은 보통 다른 사람을 볼 때 몇몇 포인트만 기억하는데 가짜들의 흉내 내기가 사람들의 이런 성향을 잘 공략했던 것이다. 성대모사를 잘하는 이들이 그렇듯이 말이다.

절제하는 과시가 매력적이다

또 하나, 높은 지위에 오르는 이들이 알아두면 좋을 게 있다. 부풀리는 것만이 과시가 아니라는 것이다. 대체로 과시는 더 강한 척, 더 센 척하는 것인데 어디에나 그렇듯 여기에도 역설이 있다. 지위가 높아질수록 반대로 하는 게 더 효과적이다. 예를 들어 일반인이 허름한 옷을 입고 다니면 가난함을 증명하는 것이지만 똑같은 옷을 왕이나 대통령이 입으면 달라진다. 지극히 검소하고 겸손한 사람으로 여겨진다.

옷차림만이 아니다. 지위가 높아질수록 절제하는 과시가 잘 먹힌다. 품위 있는 어휘와 필요한 말만 하는 것도 그중 하나다. 수다스럽다는 인상을 주는 순간 따르려는 마음은 눈 녹듯 사라진다.

행동 또한 군더더기가 없고 부산스럽지 않아야 한다. 호주머니에 손을 넣고 있는 행동은 사람들에게 흐트러진 마음을 갖고 있으며 진지하지 못한 것으로 비쳐진다. 반면 손을 뒤로 하고(일종의 열중쉬어 자세) 턱을 올리면 위협적이지 않는 권위를 풍긴다. 그래서 미국 FBI는 보안대원들에게 이렇게 하도록 교육한다.[2] 탁월한 리더들이 공식적인 자리에서 호주머니에 손을 넣은 걸 본 적이 있는가? 손은 뭔가를 하라고 있는 것이지 호주머니에 넣으라고 있는 게 아니다.

가장 좋은 과시는 하고 싶은 것의 80%만 하는 것이다. 아름다움을 연구하는 학자들이 이구동성으로 하는 말이 있다.

"너무 완벽한 얼굴은 진짜 아름답다고 여겨지지 않는다. 아름답되 너무 아름답지 않은 얼굴이 진짜 아름다운 것이다."

과시도 마찬가지다. 외모에 지나치게 신경을 쓰는 사람이 언제나 자신에게 부족한 것만 보듯, 과시에 빠진 사람은 자신에게 모자란 것만 본다. 똑똑하게 보여야 하기에 '모른다'고 하지 않고, 항상 실수하지 않아야 하기에 실수하고서도 사과할 줄 모른다. 문제가 생기면 그럴듯한 핑계나 책임 회피로 빠져나가기 바쁘다. 자신을

---

2 조 내버로, 마빈 칼린스, FBI 행동의 심리학, 박정길 옮김, 리더스북, 2010년.

드러내려고만 하고 인정받으려고만 하지 상대로부터 배우려 하지 않기에 새로운 것을 학습하지 못한다. 갈수록 고집불통 허풍선이가 되어 간다.

다른 사람들에게 어떻게 보여지느냐가 자신의 존재 이유가 되면 결국 그들에게 끌려다니게 된다. 그들이 인정해주어야 하니 자신이 할 수 있는 것에 한계가 있을 수밖에 없기 때문이다. 그러다 보니 결국 무리수를 써서 자신의 삶을 낭떠러지로 몰고 간다. 과시는 능력과 성과에 기반한 자기실현이어야 한다. 욕구에 기반한 자기실현은 땅에서 발을 떼는 것과 같다. 진짜 날개가 없는데 자꾸 날아오르는 이들의 결과는 예정되어 있다.

자신의 생각을 표현하려는 성향이
얼마나 도움이 될까?

우리는 모두 더 나은 사람, 아니 매력적인 사람이 되고 싶어 한다. 그렇게 보이기 위해 노력한다.

어떤 사람은 자신이 알고 있는 걸 일단 말하는 경향이 있다. 말이 앞서다 보니 시쳇말로 잘난 척할 때가 많다. 자기가 한 말에 대해서도 '아니면 말고'라는 식이다. 이런 외향적인 이들을 내향적인 사람들은 이해할 수 없다. 그래서 무시한다. 속으로 '체' 하며 반응하지 않는다. 실력도 별로 없으면서 그렇다고 여기기 때문이다.

하지만 결과는 반대로 나타날 때가 많다. 대체로 자신을 드러낸 이들이 기회를 더 많이 얻는다. 이들이 실수하면 내향적인 이들에게도 기회가 돌아오지만, 그렇지 않으면 기회가 물 건너간 것이나 마찬가지다. 내향적인 이들이 늘 속 터져 하는 일이다.

자기 자랑도 하지 않지만 상대방 칭찬도 하지 않고,
남의 능력이나 공을 흔쾌하게 인정하지 않는 문화.
이런 문화는, 자기 PR도 잘하지만
상대방의 능력도 쿨하게 인정하는 서양인들과는 다르다.
잘못하면 남을 끌어내리는 건 잘하지만,
치켜세우지는 못하는 '물귀신 문화'와도 비슷하다.
밖으로는 조용하지만 속으로는 치열하게 경쟁하고,
공식적으로는 말이 없어도 뒤에서는 이런저런 말도 많다.

PART 2

우리 회사는 왜 이럴까?

한국 조직에
내부 분열이
성행하는 이유

김 과장과 이 과장은 같은 회사를 다니는 입사 동기다. 두 사람은 최근 사내의 부러움을 한 몸에 받고 있다. 얼마 전 결혼한 김 과장은 배우자 집안이 생각 이상으로 알부자여서 회사를 굳이 다니지 않아도 될 정도라는 소문이 파다하다. 이 과장은 자신이 진행한 신제품 프로젝트 성공 과정을 책으로 냈는데 기대 이상으로 잘 팔리는 데다 벌써 몇몇 케이블 TV에 '전문가'로 출연했다. 덕분에 모두가 알아보는 스타가 됐다.

모두들 "한턱 쏘라"는 성화에 요즘 두 사람은 정신이 없다. 김 과장이야 월급이 없어도 되는 상황이니 별일이 없겠지만 이 과장은 걱정이 태산이다. 책 인세는 몇 개월 뒤에나 나오고, TV 출연료는 고작 몇만 원인데 다들 한턱을 요구하니 월급을 다 털어야 할 지경이다. 그렇다고 안 할 수도 없는 일, 그랬다가는 '혼자 잘난 체하는 덜 된 인간'으로 찍힐 것이다. 소소하게 쏠 수도 없다. 돈은 돈대로 쓰고 '쫌생이'가 될 것이다. 죽는소리를 해보지만 사람들은 행복한 비명이라며 열심히 먹어주고 마셔주는 통에 '한턱'은 늘 '큰턱'이 되고 만다.

그런데 얼마 전부터 뭔가 이상한 느낌을 지울 수 없다. 정확하게는 모르겠지만, 김 과장에게 향하는 부러움과 자신에게 향하는 부러움에 차이가 있다는 느낌이다. 김 과장에게는 그야말로 순수한 부러움을 표하는데 자신에게는 보이지 않는 가시가 있는 것 같다. 아니나 다를까, 친한 후배 하나가 퇴근길에 쓱 지나치면서 "요즘 이런저런 말들이 많으니 조심하라"고 하는 게 아닌가.

무슨 말인가 싶었는데 '다 같이 일했는데 마치 자기가 다 한 것처럼 책을 냈다'는 말들이 공공연히 흘러 다닌다는 것이다. 팀원들에게 사전에 양해를 구하기도 했지만, 사실 회사 측에서 회사 PR이 될 것 같으니 써보라고 해서 한 것인데 그런 내용은 쏙 빠진 채 말이다.

사실 이런 일이 있을까 봐 사내에서는 자신이 이룬 성과에 대해 입도 뻥끗하지 않는 데다 월급까지 털어가며 한턱을 쏘고 있지 않은가. 정작 밖에서는 그를 전문가로 인정해주는데 안에서는 왠지 찬밥 신세인 것 같아 서운했는데 이제는 억울하기까지 하다.

한국 회사와 외국계 회사의 차이

왜 이렇게 말들이 많을까? 친하게 지내는 학교 선배를 만나 하소연을 했다. 그 선배는 국내 대기업에 다니다가 몇 년 전 미국에 본사가 있는 다국적 기업의 한국 지사로 자리를 옮겼다.

"거기서도 그래요?"

그가 그렇게 물었을 때 선배는 "사실 여기 와서 놀란 게 몇 가지 있는데, 여기도 물론 뒷말이 있기는 하지만 비교할 수 없을 정도로 훨씬 적더라"고 했다.

"미국 문화와 한국 문화가 정말 달라. 전에 있던 회사에서는 공식적인 말은 적은데 뒷담화가 얼마나 많은지 나도 그런 거 숱하게 겪었어. 여기는 반대야. 할 말이 있으면 공식적으로 하고 뒷말하면 찍혀. 전에 있던 회사에서는 회식 때 회사 얘기를 하는 게 당연했지. 회식은 회의의 연장이었는데 여기서는 그러면 당장 눈초리들이 이상해지고, '회의할 때 말하지 왜 여기서 하느냐'고 해. 완전히 다르더라고."

"여기 문화에 적응하느라고 고생한 게 또 하나 있는데, 외국인들은 자기 PR을 정말 뻔뻔스러울 정도로 많이 하고 잘해. '아니 어떻게 저런 얘기를 별일 아니라는 듯이 하지?' 이런 생각이 들 정도야. 내 눈으로 보면서도 감탄스러울 정도라니까. 나는 그게 안 되거든. 아니 나만 그런 게 아니라 한국인들이 비슷해. 다행히 상사를 잘 만나서 '당신 생각은 뭐냐?'고 매일 다그치는 통에 빨리 적응할 수 있었지. 전에 있던 회사에서 그러면 자기주장만 한다고 못된 놈 취급을 받았는데 말이야."

'이참에 회사를 옮겨볼까?'

선배의 말을 들은 이 과장은 마음이 흔들렸다. 사실 얼마 전 회사에서 본 일 때문에 더 그렇다. 한 부장이 협력업체에 거나한 불법 접대를 요구한 걸 안 다른 부장이 문제를 제기했는데, 접대를 받은 부장은 3개월 감봉 처분을 받은 반면 용감하게 문제를 제기한 부장은 지방 공장으로 좌천됐다. 회사 측의 정확한 해명도 없었다. 좌천된 부장도 황당해했다.

들리는 소문으로는 괜한 문제를 일으켜 회사 이미지를 실추시킨 '죄'라고 했다. '이런 회사를 계속 다녀야 해?' 요즘 그의 머릿속에서 점차 커져가는 생각이다(1장에서 말한 내부고발자의 전형적인 사례다).

어느 회사에서나 뭘 좀 해보려는 이들은 이 과장 같은 경험을 한다. 수많은 말들이 물귀신처럼 발목을 잡는 통에 맥이 탁 풀리는 일이 한두 번이 아니다. '우리 회사는 도대체 왜 이러지?' 하는 생각이 밑도 끝도 없는 한숨을 만들고, 좌절감이 가슴에 쌓인다. 회사에 대한 애정이 뚝 떨어진다. 외국계 회사는 그렇지 않다니 우리나라만의 특성일까, 아니면 이 과장의 회사가 망해가는 전조를 보이는 걸까?

어느 농촌공동체의 풍경
....

오래전 조지 포스터라는 문화인류학자가 멕시코 중부에 있는 한 농촌공동체로 들어가 관찰 연구를 했다. 1940년대부터 20여 년 동안 친춘찬(Tzintzuntzan)이라는 이름의 마을 사람들을 관찰한 그는 몇 가지 묘한 패턴을 발견했다.[1]

우선, 실제로 생활을 해보니 거주하기 전 외지인으로 본 것과 많이 달랐다. 외부 사람이 보기에 그 마을은 여느 마을이 그렇듯 평화롭고 다들 서로 친했다. 하지만 표면 아래에는 다른 모습이 있었다. 보이지 않는 경쟁 심리가 생각 이상으로 강했다. 마음속에 혼자 간직해야 할 경쟁 심리가 끊임없는 소문과 험담, 비방이라는 형태로 마을 곳곳을 보이지 않게 흘러 다녔다. 당연히 사람들 눈에 튀는 행동은 입방아에 오르는 지름길이었고 그래서 그 무엇보다 다른 사람의 눈길에 신경을 썼다. 지극히 공동체주의적인 것처럼 보였지만 관찰을 하면 할수록 자기중심주의적이고 개인적인 성향이 강했다.

이상한 게 또 있었다. 보통 자기중심주의적이면 자신이 잘났다는 걸 인정받으려 한다. 하지만 이곳에서는 반대였다. 누군가 농사를 잘한다고 칭찬하면 자랑스러워하기보다는 몸을 사렸다. 칭찬받을 이유가 없다거나 "하다 보니 잘된 것"이라는 식으로 겸손해했다. 사실은 겸손이라기보다 사람들의 주목을 받지 않으려는 행

---

1 George M. Foster,Tzintzuntzan, Little Brown & Company, 1967. 한국문화인류학회, 낯선 곳에서 나를 만나다, 일조각, 2008년.

동이었다.

　자신만 그러는 게 아니라, 다른 누군가가 두드러지는 것도 반가워하지 않았고, 더 나아가 뒤처지거나 이탈하는 것도 마찬가지였다. 한마디로 현재의 테두리를 벗어나는 일, 그러니까 주목받거나 앞으로 나서는 걸 꺼렸다. 당연히 리더 역할을 해보겠다고 나서는 사람도, 새로운 일을 해보겠다고 나서는 사람도 없었다. 튀면 주저앉히는 분위기 때문이었다. 함께 살아가기는 하지만 현재 상태를 벗어나지 않도록 서로가 서로를 묶고 억제하고 견제하고 있었다. 변화보다 안정, 그러니까 지금까지 살아온 그대로를 유지하려고 했다.

　왜 이런 문화가 형성되었을까?

'한턱 내는 문화'의 기원

　　　　　　　　　　　　　이 모든 것의 출발점에는 땅이 있었다. 그들이 경작하는 땅은 정해져 있어, 분할되거나 이전되기는 해도 늘어나지는 않는다. 이 때문에 이곳에서 변화는 좋은 일이 아닐 가능성이 많다. 누군가의 땅이 늘어난다는 건 다른 누군가의 땅이 그만큼 줄어든다는 것이고, 누군가의 지위가 올라간다는 건 다른 누군가가 그만큼 내려간다는 것이기 때문이다. 이런 변화가 많을수록 공동체는 분열되기 쉽다. 심각한 위협이 되는 것이다.

　이런 파국을 막으려면 어떻게 해야 할까?

누군가가 공동체에 좋지 않은 일을 일으키지 않도록 미리 막는 게 중요하다. 그러려면 누가 무엇을 하고 있는지 서로 부지런히 정보를 교환, '공공의 적'을 가능한 한 빨리 파악해서 그가 일을 만들지 않도록 하는 게 좋다. 가장 효과적인 건 신뢰도를 떨어뜨리는 것이다. 신뢰도가 떨어지면 사람들이 그를 믿지 않을 것이고 그러면 일을 벌이지 못할 것이다. 마을은 비극을 미연에 방지할 수 있다.

물론 부작용이 있을 수밖에 없다. 말이 많아진다. 누군가 사심을 슬쩍 끼워 넣으면 정보 교환은 누군가에 대한 성토가 되고 당사자는 엉뚱한 피해를 입을 수 있다. 하지만 마을에 분란이 일어나지 않게끔 하는 순기능이 더 중요하다.

이런 과정이 일상에서 치열하게 이루어지다 보니 사람들의 관심 1순위는 처신이었다. 처신이란 다른 게 아니었다. 남들의 입방아에 올라 질시를 받지 않으려면 능력이 있어도 눈에 띄지 않아야 하고, 눈에 띄게 되면 겸손해야 하고, 무엇보다 함부로 나서지 않는 것이다.

나는 나서지 않고 있는데 다른 사람이 나서면 어떨까? 반가운 일이 아니니 이런저런 말들을 섞고 보태 끌어내린다. 내 능력을 드러내지 않듯 남이 잘하는 것도 인정하지 않는다. 친하지만 의심과 상호 불신이 깔려 있고, 평화로워 보이지만 보이지 않는 경쟁이 치열하다.

이러니 어떤 일로 커다란 이익을 얻거나 부자가 되거나 우월한 지위를 얻으면 응당 해야 하는 일이 있다. 자신이 공동체에 해가 되는 존재가 아니라는 걸 증명해야 한다. 무엇으로 증명할 수 있을까?

혼자만 떵떵거리고 살지 않겠다는, 그러니까 자신이 얻은 이익이나 재산을 가능한 한 많이 사람들에게 돌려주는 제스처가 필요하다. 그렇다고 그냥 줄 수 없으니 떠들썩한 잔치나 의례로 '상다리가 휘어지도록' 성대하게 자신의 재산을 줄이는 게 필요하다. 그럴수록 '좋은 사람'이라는 평판을 얻는다.

그래서 마을 축제나 결혼, 장례식에 필요한 것보다 훨씬 많은 비용을 쓴다. 경제적 부에 의한 계급 격차가 등장하는 것을 막는 일종의 재분배 메커니즘이고, 폐쇄적인 농촌공동체에 맞는 평준화 시스템이다.

공동체가 잘 되는 사람에게 경계의 눈길을 보내는 것이 아니라 박수를 쳐주는, 그래서 그 사람이 부자가 되는 방법은 없을까?

있다. 이 모든 건 공동체 안에서 일어나는 좋지 않은 변화를 막기 위한 것이니 공동체 밖에서 이익을 가져오면 된다. 누군가의 것을 빼앗는 게 아니기 때문이다. 물론 이때에도 자신의 부가 밖에서 온 것이라는 걸 널리 알리는 건 필수다.

조지 포스터에 의하면 이 모든 건 '좋은 것은 양이 제한되어 있다'는 생각, 다시 말해 재화가 한정되어 있다는 이미지(image of limited good)가 그들의 머리와 마음속에 깊숙하게 박혀 있기에 일어나는 일이다.

왜 한국 조직엔 '물귀신'이 유난히 많을까

왠지 낯익다는 생각이 들지 않는가? 조지 포스터가 관찰한 이 멕시코 마을은 우리와 멀리 떨어져 있어 어떤 관련성도 없지만 묘하게 앞에서 말한 이 과장의 회사를 떠올리게 한다. 아니 사실은 우리나라 회사 문화는 물론 농촌 문화와도 놀랍도록 비슷하다.

혹시 이 마을이 한국과 어떤 유전적 관계가 있는 걸까? 아마 그렇지 않을 것이다. 그보다는 폐쇄적 농촌공동체라는 사회 구조에서 생겨나는 특성일 가능성이 많다. 우리 역시 얼마 전까지 오랫동안 농촌공동체에서 살아왔기에 이런 문화가 몸에 배어 있는 것이다.

자기 자랑도 하지 않지만 상대방 칭찬도 하지 않는 게 그렇고, 남의 능력이나 공을 흔쾌하게 인정하지 않는 문화도 그렇다. 이런 문화는, 자기 PR도 잘하지만 상대방의 능력도 쿨하게 인정하는 서양인들과 달리 잘못하면 남 끌어내리는 건 잘하지만, 치켜세우지는 못하는 '물귀신 문화'가 되기도 한다. 밖으로는 조용하지만 속으로는 치열하게 경쟁하고, 공식적으로는 말이 없지만 뒤에서는 이런저런 말이 많은 것도 닮았다. 재산이나 지위를 얻으면 의무적으로 '한턱 쏘아야' 하고, 크게 쏠수록 좋은 사람이 되는 것도 같다.

내부가 아니라 밖에서 가져온 재산에 질시를 보내지 않는 것도 마찬가지다. 앞에서 왜 능력 있는 이 과장보다 결혼 잘한 김 과장이 선망의 대상이 됐을까?

이 과장의 능력은 내게 별로 좋은 일이 아닐 가능성이 많다. 하지만 결혼 잘한 김 과장은 그저 부러울 뿐이다. 알고 보면 우리의 전통 설화에도 이런 심리가 깊숙하게 배어 있다.

《흥부전》에서 흥부는 누군가의 땅을 가져와 부자가 되지 않는다. 저 먼 남쪽 나라에서 날아온 제비가 준 씨앗을 심었더니 호박이 열리고 그 안에서 진귀한 보물이 나온다.《심청전》에서도 심청이 잘되는 이유는 용왕의 배려에서다. 다들 밖에서 들어온다.

외부 침략에는 강하지만
내부 협력에는 약한 이유

앞에서 말했듯 이런 생활방식은 원래 나쁜 게 아니었다. 농촌공동체 환경에서는 순기능적이었고 공동체가 무너지는 걸 막기 위한 최선의 생존전략이었다. 문제는 시대가 바뀌었다는 것이다. 무엇보다 이런 방식은 협력 수준이 낮다는 게 단점이다. 작은 협력이 잘 이루어지는 편이라 대규모 협력도 쉬울 것 같지만 반대다.

기본적으로 '좋은 것은 제한되어 있다'는 생각이 '해봐야 별게 있겠어? 나한테 돌아오는 것도 없을 텐데'라는 마음으로 나타나기 때문이다. 여기에 상대에 대한 불신과 변화에 대한 불안이 예상치 못한 뭔가를 만들어내는 일에 선뜻 나서지 못하게 한다. 연구를 진행한 포스터는 이렇게 말했다.

"삶에 '좋은 것'이 제한되어 있고, 더 많아지지 않으며, (그 '좋은 것'을) 행운이 아닌 다른 사람들의 희생에 의해서만 얻을 수 있다면, 새로운 사업을 다 같이 추진한다고 뭘 얻을 수 있겠는가?"

그래서 이런 곳에서의 "협조는 공동체 전체의 복리를 위한다기보다는 상호 간의 의무를 다하는 것"에 머무르게 된다. 이웃끼리는 잘 협력하지만 전체를 바꾸는 협력에는 부정적인 생각을 먼저 하는 까닭이다. 언젠가 귀농해서 뭔가를 해보려 했던 사람이 했던 말도 똑같았다.

"농촌에서는 뭐 좀 새로운 걸 해보자고 하면 무조건 반대부터 해요."

농촌만 그런 게 아니다. 이런 심리적 문화는 우리가 다니는 회사의 문화에도 짙게 배어 있다. 농경 문화가 전승되고 있기 때문이다. 외부 위협이 있을 땐 공동체를 지키기 위해 일치단결하지만 사안이 공동체 내부에 한정되면 얘기가 달라진다. 사촌이 땅을 사면 배가 아픈 심리가 가동된다. 물밑 경쟁이 치열하거나 훼방꾼이 있으면 더 그렇다. 뭘 좀 하자고 하면 무슨 말이 그렇게 많아지는지 알다가도 모를 일이 벌어진다. 여기저기서 수군대는 말들이 넘쳐난다. 되는 일도 없고 안 되는 일도 없는 상황이 된다. 걸출한 리더가 강력하게 이끌지 않으면 지리멸렬해진다. 반대로 말하면, 강력한 리더가 이끌어야 대규모 협력이 이루어진다는 의미다. 한국에 오너 사업가가 많은 이유일 것이고, 한국인의 리더 의존도가 다른 나라에 비해 유난히 높은 이유일 것이다.

문제를 지적하면 '나쁜 놈'이 된다

또 다른 부작용은 튀는 사람에 대한 강한 반작용이다. 한마디로 튀면 죽는다. 당연히 개인이 어느 이상 성장할 수 없다. 자꾸 끌어내리기 때문이다. 한국에 영웅이 없는 이유 역시 여기에 있지 않나 싶다.

세 번째는 과도한 명예 중시 성향의 발현이다. 남에게 어떻게 보이는지가 중요하고, 그러면서 자기 영역을 지켜야 하니 다른 사람들에게 밀리거나 눌리지 않아야 한다는 압박감이 강하고, 이게 크게 작용하다 보니 명예를 중시하게 된다. 포스터는 '마초(macho)'라는 말이 여기서 나왔다고 한다. 원래 마초는 언제나 싸움에 이기고, 공정하고, 약자를 돕기에 존경의 대상이 되는 대단한 용기를 가진 남자를 의미했는데 뜻이 변했다. 우리나라의 체면문화가 왜 이렇게 강한지 짐작이 가는 대목이다.

마지막으로 이런 사회 구조는 도덕을 강조하는 성향을 발달시킨다. 능력보다 도덕을 우선한다. 능력 있는 사람보다 도덕적인 사람을 인정한다. 여기서 도덕적이란 원래 공동체를 위하는 사람을 지칭했지만 갈수록 뜻이 바뀐다. 질서를 어지럽히지 않는 사람, 더 나아가 인간성이 좋은 사람으로 말이다.

이런 곳에서는 어떤 사건이 일어나면 원인에 관계없이 질서를 깬 사람을 처벌하는 경향이 있다. 이 과장의 회사에서 부정을 저지른 사람이 아니라 문제를 제기한 부장이 좌천당한 이유다.

이러다 보니 '옳고 그름(是非)'보다 '좋고 나쁨(善惡)'이 행동의 기준이 된다. 어떤 문제를 해결하려고 할 때나 새로운 프로젝트를 추진할 땐 '저것이 옳은가, 그른가' 차원에서 보고 논의해야 하는데, '(공동체, 특히 나에게) 좋은가 나쁜가'로 판단한다. '저 사람의 말이 옳은가, 그른가'로 따져야 하는데, '저 사람이 (나에게) 좋은가, 나쁜가'로 치환해 따진다. 이런 경향이 가속화되면 능력보다 학연, 지연이라는 출신을 우선하게 된다. 우리 편이면 무조건 좋고, 저쪽 편이면 무조건 나쁘게 생각한다.

개인보다 구조가 문제다

이런 부작용 많은 문화를 해결할 방법은 없을까? 이런 조직에서는 어떻게 동기부여를 해야 할까?

모든 현상이 여기서 시작되니 이 단단한 마음의 구조를 깨뜨려야 새로운 시작을 할 수 있다. 무엇보다 변화를 저해하는 것은 심리적 요인이 아니라 사회적 요인이기에 조직의 구조를 바꾸는 게 필요하다.

안 되는 조직일수록 개인에게 책임을 묻는 경향이 있다. 구조의 문제인데도 개인에게 책임을 물어 그를 희생양으로 삼아 문제를 해결하려고 한다. 당장은 해결한 듯 보이지만 미봉책이기에 곪고 곪았다가 나중에 더 크게 터진다. 호미로 막을 일을 삽으로도 못 막는 일이 벌어진다.

포스터는 '좋은 것'이 제한되어 있는 게 아니라 누구에게든 기회가 있다는 인식을 갖(게 하)는 게 중요하다고 했다. 오랜 시간 공고하게 편향되어 있는 인식의 틀을 바꿔주어야 한다는 것이다. 우선 내 몫, 내 자리가 불안해질 것이라는 마음이 들지 않도록 하는 게 필요하고, 다음으로는 변화하자, 열심히 하자 같은 말보다 변화가 자신에게 손해가 아니라는 것을 보여주는 게 필요하다.

요즘 성장이 정체되면서 많은 회사에서 이런 '옛날 옛적 성향'이 고개를 들고 있다. 성장의 정체가 한정된 땅에서 살아가던 예전 농촌과 같은 상황을 재현시키고 있기 때문일 것이다. '현대판 땅'이라고 할 수 있는 자리가 정해져 있거나 줄어들다 보니 오랜 기간 몸에 밴 좋지 않은 성향이 나타나고 있는 것이다. 혁신적인 기술만 추구할 게 아니라 조직의 구조에도 신경을 써야 하는 이유다.

왜 무능해
보이는 사람이
승진할까?

회사를 다니다 보면 도대체 이해할 수 없는 일들이 벌어신다. 일하고 싶은 마음을 꺾어 놓고 맥 빠지게 하는 그런 일들이 심심찮게 생긴다. 아무리 봐도 무능한 (것만 같은) 이들이 무난하게 승진해 팀장이 되고 임원이 되는 일도 그중 하나다. 그 사람만 보면 다들 속이 부글부글 끓을 정도로 원성이 자자한데 왜 윗사람들과 회사는 모를까? 진짜 모르는 걸까, 아니면 아는데도 모르는 척하는 걸까? 그것도 아니면 알고도 놔둘 수밖에 없는 다른 이유가 있는 걸까?

우리나라만의 일이 아니다. 미국에서 직원들에게 "가장 화나게 하는 경영 관행이 뭐냐?"고 묻자 이구동성으로 나온 대답이 있었다. '경영진으로 승진한 멍청이'. 미국에서는 이런 사람이 승진하는 걸 '딜버트의 법칙'이라 부른다.

여기 나오는 딜버트는 1990년대 미국 직장인들에게 큰 인기를 끌었던 '딜버트(Dilbert)'라는 만화의 주인공 이름인데, 전 세계 65개국 2000여 개 신문에 연재됐을 정도로 호응이 좋았고 덕분에 뉴스위크, 포춘 같은 잡지의 표지 모델로 등장하기도 했다. '딜버트의 법칙'이라는 말은 이 만화를 그린 스콧 애덤스가 같은 이름의 책을 출간하면서 나온 것으로 이 책은 경영학계의 오스카상으로 불리는 '싱커스 50(thinkers 50)'에서 3회 연속 순위에 올랐고 100만 부 이상 팔렸다. 그에게 한 기자가 단도직입적으로 물었다. 왜 무능해 보이는 사람이 승진하느냐고 말이다. 그도 한마디로 답했다.[1]

"사실 그들은 무능한 것이 아니라 승진의 법칙을 정확하게 알고 있는 겁니다."

그리고 덧붙였다.

"경영학 교수들에게 비즈니스 커뮤니케이션의 목적을 물어보면 누구나 '명확한 정보 전달'이라고 말할 거예요. 그렇기 때문에 교수가 사업에서 성공하는 경우가 거의 없는 거죠. 성공한 경영자라면 비즈니스 커뮤니케이션이란 '나는 승진할 만하다'는 메시지를 상사에게 끊임없이 전달하는 것이라고 말할 거예요. 딜버트는 입

---

1 이혜운, 조선일보 2016년 3월 19일 자, 딜버트의 아버지 스콧 애덤스가 말하는 성공법칙

이 없어요. 사실 처음엔 실수였어요. 그런데 회사 생활에 대해 알면 알수록 현실과 맞아떨어지는 포인트라는 생각이 들더군요. 경영진의 거짓말도 잘 구분해야 해요. 상사가 '저는 마음을 활짝 열어놓고 있는 사람입니다' 한다고 쪼르르 달려가 다 말해버리면 그 직원은 어떻게 될까요?"

그가 하는 말은 하나였다. 이른바 '법칙'을 알고 있는 것과 모르고 있는 것의 차이가 생각 이상으로 크다는 것이다. 그렇다면 이런 법칙을 알고 있는 사람들은 어떤 사람들일까?

일 잘하는 것과 승진은 별개다

직장 생활 몇 년 해보면 알게 되는 게 있다. 일을 잘하는 것과 승진은 별개라는 것이다. 이 둘의 인과관계가 밀접할수록 좋은 회사이지만 좋은 회사라고 이런 일이 일어나지 않는 건 아니다. 애덤스가 말했듯 일을 잘하는 것보다 중요한 게 효과적인 커뮤니케이션이라는 건 현실이 증명한다. 안타깝고 슬픈 일이지만, 그리고 전부는 아니지만 상당 부분 그렇다. 조직에는 딜버트의 법칙에 능통한 몇몇 유형이 있다.

일이 아니라 은밀한 커뮤니케이션에 능통한 '전문가'들은 약속이나 한 듯 공통적인 능력을 갖고 있다(인정받고 승진까지 하니 '능력'이기는 하다). 회사와 상사가 무엇을 필요로 하는지 잘 안다. 그들이 '지금, 당장' 필요한 게 뭔지 잘 파악해 가려운 곳을 긁어준다.

예를 들면 어느 회사의 오너인 회장은 모든 걸 다 알고 있을 것 같지만 사실 그에게 올라오는 보고는 상당히 제한적이다. 올라오는 동안 거르고 걸러서 온다. 대체로 전문경영인인 사장과 두세 명의 임원을 만나는 게 전부라고 해도 과언이 아니다. 요즘처럼 불확실성이 높아지면 조직이 어떻게 돌아가는지, 공식 보고 이외의 것들을 알고 싶은 마음이 굴뚝같지만 알 수가 없다. 그렇다고 이 사람 저 사람을 불러 시시콜콜 물어볼 수도 없고 이곳저곳을 다닐 수도 없다. 결국 사람을 '심는' 수밖에 없다. 비공식 라인을 두는 것이다.

수요가 있으면 공급은 존재하는 법, 윗분의 이런 마음을 읽는 이들이 조용히 나타나 채널을 개척하고 담당한다. 공식 보고에 없는 '저간의 상황'을 보고한다. 이들이 일을 통해 실적을 쌓으려 할까? 사서 고생하지 않을 것이다. 더 쉽고 잘할 수 있으며 인정받는 일이 있는데 왜 땀을 흘리겠는가?

이들은 일 아닌 관계에 집중하고, 앞으로 나아가는 것보다 뒤에서 무슨 일이 일어나는가 하는 것을 우선한다. 일은 큰 사고만 나지 않을 정도로 관리한다. 제대로 일하지 않는데도 자리보전 하나는 잘하는 사람들이다.

회장도 안다. 이런 관계가 별로 생산적이지 않고 부작용이 상당하다는 걸. 하지만 돌아가는 상황 파악이 그에게는 더 우선이다. 이런 역할을 하는 당사자들도 자신의 부하 직원들이 자신을 어떻게 보는지 알기에 불평불만이 퍼지게끔 놔두지 않는다. 따르게 할 수 없으니 따를 수밖에 없게끔 압력을 가한다. 자신의 힘을 증명하기 위해 힘없는 사람을 몰아세운다. 자신이 힘 있는 사람이라는 걸 알려야 하니 더 넓고 화려한 사무실을 중시하고 고급 자동차나 비싼 시계 같은 물리적 표지에 갈수록 예민해진다. 일을 통해 자신의 능력을 증명하기보다 물리적인 힘과 과시로 자신을 증명하려 노력한다. 이들이 화려한 주인공이 될수록 부하들은 그늘에 묻힌다.

무능한 상사일수록
부하들을 더 괴롭힌다

이들과 비슷하면서도 다른 유형도 있다. 넘쳐흐르는 자신감으로 상사들을 매료시키지만 바로 그 자신감 때문에 같이 일하는 부하들이 익사하곤 하는 사람들이다.

이들은 자기표현에 능한 면전(面前) 전문가들이라 처음 만나는 사람에게 자신을 호감형으로 인식시키는 데 뛰어나다. 앞서 말한 이들이 그들 상사의 마음의 빈 곳을 채워주는 전문가라면, 이들은 자신이 얼마나 능력 있고 카리스마가 있는지를 보여줄 줄 안다. 워낙 자신감 있게 행동하고 말을 잘해 자신을 대단한 인물로 여기게끔 한다. 자신의 부족한 점을 사회적 기술로 가릴 줄 아는 발군의 능력으로 상사의 눈을 가리고 그들의 마음속으로 들어간다. 이들이 승진하면 어떤 일이 벌어질까? 미국 컬럼비아대 토마스 차모로-프레무지크 교수는 《왜 무능한 남자들이 리더가 되는 걸까》라는 책에서 이렇게 말한다.

"이런 부류는 좋은 상사가 되지 못한다. 부하를 괴롭히고 애먹이는 경향이 있다. 자신이 잘못한 걸 남 탓으로 돌리고, 성과가 생기면 자기 공으로 만든다."

자기 이익에 밝은 이런 사람들은 장기적인 미래 같은 것에는 별 관심이 없다. 말은 그럴듯하게 하지만 사실은 눈앞의 이익에 전력투구한다. 일단 이익이 확실하다 싶으면 앞뒤 가리지 않고 뛰어들어 수단, 방법 가리지 않고 수중에 넣으려 한다. 뒷담화를 통해 뭐든 만들어내고 어떻게든 태클을 건다. 바람직한 성과를 만들어내는 일에는 무능하지만 자기 이익을 취하는 일에는 굉장히 유능하다.

이들이 달려들면 상황은 진흙탕 싸움으로 진행될 수밖에 없고, 그러면 이성적인 이들은 험한 꼴 보기 싫다며 물러나기 십상이다. 덕분에 손쉽게 원하는 걸 얻는다. 이들이 노리는 일종의 공식이며, 이런저런 의혹을 받는 이들이 비중 있는 자리에 앉는 '전략'이기도 하다.

문제는 자기 과시에는 뛰어나지만 일에서 성과를 내는 능력은 턱없이 부족하다는 점이다. 하지만 욕심이 넘치기에 자신이 무능하지 않다는 걸 증명하고 싶어 한다. 어떤 프로젝트가 괜찮다 싶으면 호언장담하며 일단 뛰어들지만 진흙탕 싸움에서나 통하는 성공 방식이 일에서 통할 리 없다. 열심히 하지 말아야 할 것을 열심히 하니 성과는 없고 부하들만 죽어난다. 인지신경학자 이안 로버트슨 교수(아일랜드 트리니티칼리지)가 한 말 그대로다.

"지위에 대한 자신감은 있는데 능력이 부족한 사람은 자기 자아가 공개적으로 모욕당할지 모른다는 위협을 느낀다. (…) (그래서) 방어 차원에서 공격적으로 대응한다. 자신의 무능함이 사람들에게 드러날지 모른다는 심리적 위협에 (…) 공격적으로 반응하는 것이다."

시작한 일이 성과가 없다 싶으면 공격 방향을 바꾼다. 그들이 향하는 대상은 말할 것도 없이 힘없는 부하들이다. 미국 서던캘리포니아대 너새니얼 패스트 교수의 말처럼 상사 역할에 적합하지 않(다고 느끼)는 사람일수록 악당 골목대장이 된다. 그의 연구에 의하면 능력이 없는 상사일수록 부하 직원을 도와주지는 못할망정 드러나지 않게 방해했다. 무능할수록 아랫사람들을 더 괴롭힌다는 뜻이다. 욕심이 넘치기에 무능하다고 알려지는 걸 더 두려워하고, 그래서 사람들을 '쥐고 흔들려고' 하는 성향도 강하다. 모든 걸 자신의 손안에 두려 한다.

더 큰 문제는 이런 욕심과 자신의 지리가 위험하다고 느끼는 불안이 만나면 만족을 모르게 된다는 것이다. 끝날 때까지 끝없이 상승을 추구한다. 잘되면 자신이 잘해서 그런 것이고, 안 되면 남 탓을 하는, 어디서나 볼 수 있는 일을 만든다. 고과 평가 등을 미끼로 삼아 사람을 흔들고 상대의 약점을 힘의 동력으로 활용한다. 잘 보여야 하는 사람 앞에서는 자기 과시에 열중하지만 책임져야 할 일이 생기거나 위기 상황이 되면 어디론가 사라지는 능력을 발휘한다. 평소엔 면전 전문가이지만 이럴 땐 책임을 회피하는 면피 전문가로 재빨리 변신한다. 자신의 무능이 드러날 때까지 승진한다는 피터의 원리를 그대로 보여주는 전형이다. 피터의 원리는 미국 컬럼비아대 로렌스 피터 교수가 1969년에 발표한 것으로 무능한 사람들이 조직을 채우는 현상을 말한다.

아래에서는 보이지만
위에선 안 보인다

무능해 보이는 사람이 승진하고, 이런 이들이 설치는 데도 가만 놔두는 세 번째 이유는 그의 '활약상'을 윗사람들이 모를 수도 있기 때문이다.

사실 단위 조직을 이끌게 되는 지위를 가지면 그 윗사람들과 한 공간에서 같이 일하는 경우가 많지 않다. 일이 있을 때나 보고할 때 대면하는 정도다. 같이 일을 해봐야 면면을 파악할 수 있는데 그러지 못하고 그가 보여주는 것만 보게 되니 그가 어떻게 행동하는지 모를 수 있다. 앞에서 말하는 사람들처럼 감추고 덧칠하는 능력이 있다면 말할 것도 없다.

예전 한 인사 전문가에게서 이런 말을 들은 적이 있다.

"어떤 사람의 아래에서 보면 그의 '항문'이 잘 보입니다. 하지만 위에서 보면 하나도 안 보여요."

여기서 '항문'은 그가 숨기고 싶어 하는 그의 단점이다. 아랫사람들에게는 그의 못난 면이 다 드러나지만 위에서는 보기 힘들다는 뜻이다.

물리적 거리가 있다 보니 아래에서 당하는 고통의 정도를 가볍게 여기는 측면이 있기도 하고, 잘하지 못한다는 건 어렴풋하게 알지만 무능하다고까지는 생각하지 않기도 한다.

이렇듯 실상을 위에서 제대로 모를 수도 있지만 안다고 해도 함부로 바꿀 수 없는 사정도 있다. 인사를 손바닥 뒤집듯 하면 당장은 좋을지 몰라도 여기저기서 불만이 터져 나올 수 있고 팀장들의 불안이 높아질 수 있기 때문이다. 아랫사람들 입장에서야 '못된 암덩어리'를 제거하는 게 왜 조직의 불안을 야기한다는 건지 알다가도 모를 일이지만 어쨌든 윗사람들은 대체로 그렇게 생각한다.

자리가 악역을 만들 수도 있다

잊을 만하면 나오는 직장인 대상 조사에서 빠지지 않는 항목이 있다.

'회사 발전을 가로막는 사람은?'

답은 거의 정해져 있다. 부장이나 팀장이다. 조사 결과로만 보면 당장 쳐내야 할 사람이다. 이상한 건 회사마다 시스템이 다르고 업종이 다르고 사람이 다른데 부장이나 팀장만 욕을 먹는다는 것이다.

시간이 지나서도 마찬가지다. 이 '꼰대'들이 승진해 고위 경영진이 되고, 팀장을 괴물로 지목했던 사람들이 그 자리에 앉으면 지목하는 대상이 변해야 하는데 이번에도 역시 결과는 마찬가지다. 언제나 부장이나 팀장이 발전의 장애물이다.

아니 땐 굴뚝에 연기가 나지는 않을 것이다. 하지만 그 자리가 그 사람을 그렇게 만들 수도 있다. 팀장이라는 자리가 경영진의 의사나 결정 사항을 실행 조직에 전달해야 하는 역할인 까닭이다. 전달 사항이 직원들의 호응을 얻는 것이면 무슨 문제가 있겠는가마는 그러지 않을 때가 많다는 게 문제다. 하고 싶은 일은 못 하게 하고 하기 싫은 일만 골라서 하라고 하니 어떻게 밉상이지 않을 수 있겠는가. 한 회사의 사장은 이런 말을 했다.

"팀원들이 보는 팀장과 그 팀장의 상사들이 보는 팀장은 다를 수 있어요. 팀원들이 바라는 팀장의 역할과 회사에서 바라는 팀장의 역할이 다를 수 있다는 겁니다. 회사에서 바라는 역할에 치중하느라 팀원들의 뜻대로 하지 못할 수도 있죠."

실제로 리더가 된 팀장은 직원들 입장보다 조직의 입장에 서야 하고 조직의 요구에 따라야 한다. 위에서 시키면 시키는 대로 해야 한다. 냉혹한 말 같지만 팀장이라는 자리 자체가 위에서 시키는 걸 잘하라고 주는 것이기 때문이다. 지위가 높아질수록 조직에 대한 의존성 또한 높아지다 보니 위에서 결정한 걸 직원들에게 강제할 수밖에 없다. 이러니 직원들에게는 현실적이지도 않은 걸 밀어붙이는 팀장이 억압적이고 무능해 보일 수 있다.

예나 지금이나 군대에서 맨 꼭대기에 있는 장군을 욕하는 병사는 거의 없다. 진격 명령을 내린 건 장군이지만 총알이 쏟아지는 전투에서 "왜 뛰어나가지 않느냐"고 닦달하는 건 소대장, 중대장이다. 원성도 이들이 가장 많이 받는다. 팀장이라는 자리가 딱 그렇다. 볼멘소리를 가장 많이 들을 수밖에 없다. 요즘처럼 경영진과 직원들의 사이가 세대 격차라는 이름으로 멀어지면 멀어질수록 이 괴리를 감당해야 하는 팀장의 어려움은 가중된다. 위에서는 "이것도 못 하느냐"고 하고 아래에서는 "왜 이걸 해야 하느냐"고 한다.

잘 살려면 부모 복 다음으로 필요한 게 상사 복이다. 하지만 부모도 그렇고 상사도 내 마음대로 선택할 수 없다는 게 문제다. 여론조사 기관인 갤럽이 여러 나라에서 조사해보니 직장인의 65%나 되는 사람들이 임금 인상보다 상사 교체를 원했다. 마음에 안 맞는 상사들 때문에 속 터지는 사람이 숱하게 많다는 뜻이다.

왜 못된

상사가

잘나갈까?

김 팀장은 1년 전 이맘때 일을 생각할 때마다 가슴을 쓸어내린다. 주말이라 집에서 쉬고 있는데 같은 회사에 근무하는 정 팀장에게서 전화가 왔다. "집 앞 카페에 있으니 잠깐 보자"고 했다. "회사에서 하면 안 되느냐"고 했더니 "마침 근처에 오기도 했고 긴히 할 말도 있다"고 했다.

주말에 굳이 보자는 이유가 뭘까 하고 나간 그에게 정 팀장은 밑도 끝도 없는 제안을 했다. 김 팀장이 모르는 회사 상황을 두루두루 얘기해주며 "O팀장이 요즘 사장과 단둘이 만나는 일이 많다"며 "이러다간 우리가 밀리니 둘이 힘을 합쳐 잘 해보자"는 것이었다.

갑작스러운 말이라 "생각해보겠다"고 하고 헤어졌지만 그가 왜 그런 말을 했는지 이해할 수 없었다. 팀장 회의가 열릴 때 그가 하는 말에 동의를 해달라는 건지, 아니면 같이할 아이템이 있다는 건지, 만일 동의하지 않으면 어떻게 되는지 알 수가 없었다.

이후 회사에서 만날 때마다 그는 친한 척했지만 더 이상 말이 없었다. 그렇게 한 달쯤 지났을까. 그가 다른 회사로, 그것도 한 직급이나 높여 옮겨 갔다. 그런데 그가 떠난 후 회사가 발칵 뒤집혔다.

그는 팀장 이상들끼리 모이면 "도대체 일을 시킬 사람이 없다", "O대리는 그렇게 좋은 학교를 나왔는데 왜 그렇게 굼뜬지 모르겠다"는 푸념을 하곤 했다. 그래서 팀장들은 그가 혼자 고군분투하는 줄 알았다. 그런데 그게 아니었다. 반대였다. 팀원들이 한 일을 혼자 독차지해왔는데 누구도 모르고 있었다. 그가 했다는 성과들을 다시 조사해보니 대부분 없는 걸 만들어낸 것이었다.

더구나 그는 가는 곳마다 없는 말을 했다. 팀원들에게는 자신의 상사인 이사가 사사건건 자기를 견제하고 발목을 잡는 바람에 팀원들이 고생한 게 위로 전해지지 않는다고 했다. 그래서 팀원들은 그런 줄 알았다. 알고 보니 그는 여기서는 이 말 하고, 저기서는 저말 하는 줄타기의 명수였다. 협력업체를 얼마나 닦달하고 대가를 요구했는지 그들의 불만도 무성했다. 혹시나 하고 인사팀이 그의 이력서를 확인해봤다. 사실인 게 더 적었다. 그런 그가 어떻게 입사를 했을까?

그가 입사한 건 1년 반 전, 유력한 사장 후보로 여겨지는 전무가 인재라면서 그를 데리고 왔다. 당연히 별 절차 없이 순조롭게 진입

했고 전무를 등에 업고 빠르게 정착했다. 나중에 들으니 전무는 자전거 동호회에서 그를 만났다고 했다. 조회해보니 이전 회사에서 했다는 성과도 대부분 거짓이었다. 완전히 속았던 것이다. 아마 옮겨 간 회사에도 똑같이 했을 것이다.

김 팀장이 가슴을 쓸어내렸던 것은 이런 소란이 한바탕 지나간 후였다. 우연히 O팀장과 술 한잔 하게 됐을 때 그가 자신을 찾아왔다는 말을 하자, O팀장이 깜짝 놀라며 "내게도 왔었다"고 했던 것이다. 하마터면 그에게 끌려 들어가 무슨 일에 연루될지 몰랐을 뻔했다.

못된 상사들의 재능

세상엔 별의별 사람들이 다 있지만 이상하게도 '못된 사람', '못된 상사'들이 잘나가는 일이 드물지 않다. 못된 사람이 분명한데도 이상하게 잘나가는 이들은 몇 가지 특징이 있다.

우선 경쟁심이 유난히 강하다. 이런 이들이 주변에 있거나 상사가 되면 하루하루가 피곤해진다. 무엇 하나 지지 않으려고 하기 때문이다. 남이 잘되는 걸 눈 뜨고 못 본다.

더구나 이들은 대체로 적극적이고 사교적이어서 발이 넓다. 사람 사귀는 데에도 일가견이 있어 필요하다 싶으면 금세 가까운 사이로 만든다. 호감형에 말솜씨까지 좋아 소문에 빠르다. 동에 번쩍, 서에 번쩍 한다. 특히 경영진이 참석한 회의에서 혹할 만한 뭔가를 보이는 솜씨는 따라 하기 힘들 정도다. 당연히 경영진의 눈길을 사로잡아 유능한 인재로 인정받는다.

물론 그의 눈에 들지 못하면 찬밥이 따로 없다. 앞에서 말한 정 팀장의 직원들처럼 영문도 모른 채 '의문의 1패'를 당하는 일이 허다하다. 여기저기에 험담을 퍼뜨려 본인도 모르는 사이에 모든 사람들에게 찍혀 있을 수 있다. 묘하게 옴짝달싹 못 하게 만든다. 이런 사람에게 찍혔다가는 큰일이니 다들 몸조심을 하게 되고, 그럴수록 그의 목소리가 더 커진다.

어떤 이들은 상사의 상사와 친해지는 재능이 있다. 사람들은 보통 상사만 만나도 긴장하는데 이들은 어떻게 된 일인지 상사의 상사에게도 스스럼없이 다가가 금방 친해진다. 그들의 사무실을 사촌 집 안방 드나들 듯하며 이런저런 소식을 전해준다. 이런 과정을 통해 사내 알짜 정보가 그들을 통해 흐르니 주위에 사람들이 모일수밖에. 이를 이용해 자연스럽게 자기 자랑을 하는 능력 또한 대단하다. 보면서도 감탄할 정도다. 엘리베이터에서 높은 분을 만날 때도 마찬가지다. 보통은 어색한 침묵이 흐르게 마련인데 이들은 자연스럽게 자기소개까지 한다. 그러면 또 높은 분들은 기다렸다는 듯 호의적으로 대해준다.

이들이 사람을 만나는 걸 보면 일정한 패턴이 있다. 가능한 한 여럿이서 같이 만나지 않는다. 일대일로 만나 회사 소식을 전해주고 마음이 가는 제안을 한다. 윗사람들에게도 마찬가지다. 높은 사람과 안면을 트고, 회사의 실세를 알아내는 일은 이들의 주 업무, 그런 다음 그들이 듣고 싶어 하는 말을 슬쩍 흘려 귀를 잡아챈다. "언제 한번 사무실로 찾아오라"는 초대의 말이 나오게끔 한 다음, 그들이 좋아할 만한 선물을 들고 찾아간다. 눈도장 찍는 데는 거의 프로 선수급이다.

이들의 진짜 능력은 이때부터 나타난다. 일은 입으로 하고, 성과는 관계로 낸다. 묵묵히 일하는 것으로 성과를 내는 건 '바보'나 하는 것이다. 이뿐인가. 일을 하다 어려움이 생기면 어느 틈엔가 조용히 사라진다. 하지만 누군가가 자기 앞길을 막는다 싶으면 수단, 방법을 가리지 않고 그 '장애물'을 결국 제거한다. 그 사람이 회사에 필요한 사람인가, 아닌가는 관심 밖이다. 자신에게 필요한 사람인가 아닌가가 유일한 관심거리다. 말은 회사를 위한다고 하면서 잇속을 있는 대로 다 차린다.

장애물을 제거할 땐 잊지 않고 무능이나 파렴치와 연관시켜 다시 일어설 수 없게끔 '생매장'시키는 것도 똑같다. 앞에서 말했듯 우리 사회가 도덕을 중시하는 문화가 있기에 이들의 작전은 언제나 효과 만점이다. 더구나 이 두 가지는 수익을 목표로 하는 조직이 가장 경계하는 것이라, 일단 이 멍에가 씌워지면 나중에 결백이 드러나도 후유증에 시달릴 수밖에 없다.

일 전문가가 아니라 관계 전문가이다 보니, 자신의 힘을 이용해 동료나 아랫사람들을 하인 부리듯 하기도 한다. 너무나 자연스럽게 시키기에 하지 않으면 왠지 어색한 느낌까지 들 정도로 교묘하다. 물론 그렇게 해서 만들어진 성과는 모두 자신이 한 것으로 여긴다. 으레 그런 줄 안다.

못된 상사가 조직을 장악하는 수법

못된 상사들은 팀원들을 잡아 흔드는 걸 즐긴다. 평소에도 그렇지만 높은 분들이 있을 때면 어김없이 대뜸 호통을 치며 팀원들을 사정없이 다그친다. 영문을 모르는 팀원들이 꿀 먹은 벙어리가 되면 "자, 자, 잘 좀 하자고, 제발" 하면서 달랜다. 마치 팀원들이 큰 잘못이라도 한 것처럼 말이다. 자신이 얼마나 고생하면서 팀을 이끌어가고 있는지 보여주려는 일종의 '활극'이다. 동시에 팀원들에게는 자신의 힘을 확인시키고 말이다. 이럴 때 반기를 드는 사람은? 즉시 '장애물'이 되어 제거 대상에 오른다.

이들이 팀원을 흔드는 주요 무기 중 하나는 '대뜸 화내기'다. 갑자기 화산이 폭발하는 것처럼 화를 냈다가 금방 언제 그랬느냐는 듯 웃는 얼굴을 한다. 어느 장단에 춤을 추어야 할지 종잡을 수 없게 한다. 목마에 태워 놓고 흔드는 것 같다. 그렇게 할수록 팀원들이 전전긍긍하며 자신의 말을 무조건 따른다는 걸 안다. 아니 즐긴다.

걸림돌은 어떻게 제거시킬까? 가장 흔히 쓰는 방법은 평소에는 투명 인간인 것처럼, 가끔은 말 안 듣는 하인처럼 대하는 것이다. 도저히 할 수 없는 일을 지시하고, 그 외에는 아무것도 알려주지 않는다. 그런 다음 무능하다고 험담한다. "왜 그에게 ○○을 알려주지 않았느냐"고 하면 "말을 해도 쇠귀에 경 읽기라서"라고 하거나 "무슨 말만 하면 따지고 훼방을 놓아 일을 못 하게 하니 어쩔 수 없다"고 오리발을 내민다. 당사자들을 문제나 바보로 만들어 버린다.

이러니 자신을 둘러싼 말들이 사실처럼 흘러 다니는데도 당사자는 까맣게 모른다. 아무도 당사자에게 확인하지 않기 때문에 당사자 혼자 조용히 매몰된다. 정보의 소외를 통해 관계의 소외를 만들어낸다.

묘하게도 이런 상사들은 팀원이었을 때부터 본색이 완연하다. 좀 약하다 싶은 팀장이면 사사건건 트집을 잡아 물고 늘어진다. "회의하자"고 하면 "시간 낭비하지 말고 그냥 팀장님이 결정하라"고 해놓고, 나중에는 "혼자 다 한다"고 다른 말을 한다. "왜 회의에 늦었느냐"고 하면 "굳이 이런 회의가 필요 있을까 싶어 늦었다"고 한다.

회의에 들어와서는 엉뚱한 문제를 제기해 일을 못 하게 한다. 팀을 흔들어 놓는다. 그러다가 높은 분이 볼라치면 언제 그랬느냐는 듯 적극적으로 나선다. 높은 분이 들으라는 듯 "우리 팀은 이러저러한 방향으로 일을 해야 한다"며 열변을 토한다. 팀장이 멀쩡하게 있는데 자신이 팀의 비전을 설명한다. 그렇게 해서 팀장을 꿰찬다. 팀장이 되면 아래로는 공포와 채찍을, 위로는 호감 가는 행동이라는 이중 플레이를 한다. 시작한 일을 끝내기보다는 자꾸 새로운 일을 벌인다.

그들은 사이코패스다

어느 조직에나 이런 사람들이 한두 명 쯤 있다. 이런 이들이 하나만 있어도 회사 생활이 힘들어진다. 두 가지 특징을 가진 이가 있으면 골치가 아파지고, 그 이상을 가진 사람을 만나면 출근할 때마다 지옥을 스스로 찾아가는 것 같은 나날이 된다. 자신을 지킬 수가 없어 괴로워지고, 어떻게 처신해야 할지 모르니 불안해진다. 수렁 같은 무력감에 빠진다. 이런 특성을 많이 가질수록 '특별한 사람'일 가능성이 높으니 당연하다. 어떤 특별한 사람일까?

이들은 가끔 공포영화에서 보는 사이코패스의 일종일 가능성이 높다! 영화에서만큼 지독하거나 악랄하지는 않지만, 힘겨운 하루를 만드는 비상한 재주를 가진 것만큼은 틀림없다. 알다시피 사이코패스는 10가지의 인격 장애 중 가장 위험한 축에 속하는, 한마디로 마음 자체가 왜곡되어 있는 사람이다. 영화 '양들의 침묵'에 나오는 한니발처럼 무시무시하지 않고 상대적으로 '가벼운 증상'을 가진, 그러니까 일부 특성을 가진 부분 사이코패스들이지만 '조직의 뜨거운 맛'이 뭔지 뼈저리게 알 수 있게 하는, 생각만 해도 소름 끼치는 악당들이다.

이들의 가장 큰 특징은 감정이 없다는 것이다. 감정이 없기에 '쉽게, 별 생각 없이' 무서운 사람이 된다. 좋은 감정은 없지만 분노라는 감정은 있기에 더 그렇다. 이들의 뇌를 촬영해보면 감정을 담당하는 곳이 활성화되지 않는다. 감정을 느끼지 못하니 양심의 가책 또한 느끼지 못한다.

우리는 어떤 일을 할 때 아무리 마음을 굳게 먹었어도 흔들리는 일이 많다. 인간인 이상, 또는 양심이라는 게 작동하기 때문이다. 그러나 이들은 감정이 없기에 냉정하다 못해 냉혹하고, 그렇기에 자신이 해야 하는 일에 강력하게 집중할 수 있으며, 방해물이 나타나면 무자비하게 제거한다. 후회 또한 당연히 없다. 이런저런 감정에 흔들리지 않기에 상대의 감정을 마치 기계처럼 조작하려 한다. 모든 걸 게임처럼 여기며 즉각적이고 자극적인 만족을 위해 아무렇지도 않게 무자비를 실행한다.

더 안 좋은 건, 감정은 없지만 평균 이상의 지능을 갖고 있는 경우가 많다는 것이다. 그래서 없는 감정을 흉내 내는 데 능하다. 그래야 사람들에게서 인정받고 다가설 수 있기 때문이다. 어릴 때부터 말솜씨를 익혀 매력적으로 다가선 다음, 약점을 잡아 상대를 쥐락펴락하는 재능을 일찌감치 터득한다.

이를 위해 필요한 거짓말이란 거짓말은 다 꾸며낸다. 영화 '캐치 미 이프 유 캔'에 나오는 레오나르도 디카프리오처럼 어떤 양심의 가책도 없이 으레 그런 것처럼 둘러댄다. 그러다 들키면 또 다른 거짓말로 덮으며 이런저런 핑계를 댄다. 결코 책임지는 법이 없다. 사회적 물의를 일으키는 사기꾼들이 이런 사람들이다(영화 제목이 아주 적절하다. '잡을 테면 잡아 봐'이다).

대신 자신에 대한 우월감은 대단해 부하들을 하인처럼 부리고, 생각만큼 일을 못 하면 대놓고 무시한다. 자신은 살고 다른 사람은 죽인다. 자신을 위해 조직과 구성원들을 망가뜨린다. 사람들이 자신에게 무조건 복종하고 존경을 표해야 한다고 여긴다.

이상한 건 세상이 심각한 불경기나 불확실성에 휩싸일 때 이들이 더 잘나간다는 것이다. 이유가 있다. 불확실성과 불안이 높아질수록 구성원들이 몸을 사리기에 이들의 영향력이 자연스럽게 더 세지고 큰소리치는 능력 덕분에 최고경영진의 눈에 띄기 쉽다.

'악당들'의 성공 비결
어떻게 이런 사람들이 승승장구할 수 있을까?

우리 주변의 '그들'은 앞에서도 말했듯 '가벼운 증상'을 장점으로 활용해 성공 가도를 달린다. 심리학자인 벨린다 보드와 카타리나 프리츠존이 영국의 경영자들(39명)과 미국의 한 정신병원 범죄 수감자들(1000명)이 가진 특성을 비교 연구해보니 놀라울 정도로 비슷했다. 비슷한 성향을 가졌는데 왜 경영자는 대명천지에서 성공한 사람으로 살고, 수감자들은 위험인물이 되어 철저하게 격리 수용되고 있을까?

가벼운 증상을 가진 이들은 극단적인 사이코패스들이 가지지 못한, 욕구를 뒤로 미룰 수 있는 절제력을 갖고 있는 게 달랐다. 인내할 줄 아는 것이다. 여기에 자기중심적인 성격, 완고한 고집, 위압적이고 독재적인 경향, 상대의 약점을 동물적으로 간파해 공격하는 성향 같은 것들이 장점으로 작용했다. 가벼운 증상에 절제력, 이것이 그들의 무기다. 심리학자이자 컨설턴트인 폴 바비악과 범죄심리학자인 로버트 헤어가 기업에서 장차 이사로 승진할 가능성이 높은 200명 가까운 사람들을 대상으로 사이코패스 진단을 해본 결과 3.5%가 사이코패스였다.

이뿐만이 아니다. 이들은 누구보다 노력한다. 단, 일이 아니라 오로지 사람에 대한 노력이라는 게 다르다. 이들은 상대의 강점과 약점을 파악하는 데 힘을 쏟고 그 덕분에 사람에 관한 한 전문가가 된다.

예를 들어 어떤 회사에 들어가면 누구보다 많은 사람을 만나 강한 첫인상을 심어주며 정보를 모으는 데 최선을 다한다. 누군가를 만나면 그가 조직에서 어떤 역할을 맡고 있고, 어떤 능력과 정보, 그리고 권한을 갖고 있는지, 그러니까 이용 가치가 있는지 파악하기 위해 부지런히 움직인다. 발이 넓은 게 이 때문이다(앞에서 말한 정 팀장은 전무가 자전거 동호회에 활동한다는 걸 알고 의도적으로 접근했을 가능성이 높다. 다양한 연구에 의하면 사이코패스들은 마치 포식자가 먹잇감에게 접근하듯 그렇게 한다). 특히 불평불만을 가진 이들은 좋은 '먹잇감'이다. 온갖 위로와 공감을 통해 그들의 불평불만에 불을 붙여 속내를 털어놓게 한 다음, 이걸 다른 사람에게 퍼트려 또 다른 정보를 얻는다. 전문가들도 인정하는 노력이자 재능이다.

앞에서 말한 폴 바비악과 로버트 헤어는 이들에게는 또 다른 능력이 있다고 한다. 이들은 그렇고 그런 거짓말을 하지 않는다. 만나는 사람에게 맞는 맞춤형 거짓말을 하고 그에 맞는 가면을 쓴다. 도저히 거짓말이라고 믿기 어려울 정도로 그럴듯한 거짓말을 만들어낸다. 더구나 모든 걸 거짓말로 하지 않고 사실을 적당히 섞는다. 누가 의심이라도 하면 이 사실을 내보이며 화를 버럭 낸다. 물론 감정이 없다는 장점을 마음껏 활용한다.

"들키면 어떻게 하지? 이런 불안, 걱정, 두려움은 물론 죄책감 같은 게 전혀 없기에 (…) 유쾌하고 창조적으로 (…) 그것도 대놓고 거짓말을 한다."[1]

이러다 보니 제대로 알고 있는 사람도 자기가 잘못 알고 있다고 생각할 정도다. 만약 거짓말이 들통 나면? 우리 회사나 사회에서 '잘나가는 그들'이 코너에 몰렸을 때 하는 말을 그들도 똑같이 한다. 회사를 위해 어쩔 수 없었다고 말이다.

이들은 자신의 정체가 드러나지 않게 하기 위해 사람들을 모래알처럼 흩어놓는다. 이른바 분할통치(divide and rule) 수법이다. "인간의 심리를 깊이 이해하고 다른 사람들이 가진 약점을 파악하고 이용하는 데 달인"(바비악과 헤어)이라 이렇게 하면 문제가 심각해지기 전까지는 제대로 드러나지 않는다. 사람 간, 부서 간 갈등을 조장하는 것도 이런 상황일수록 여기서는 이 말 하고, 저기서는 저 말 하는 자신이 그 사이에서 활동하기 쉽기 때문이다.

---

1 폴 바비악, 로버트 헤어, 직장으로 간 사이코패스, 이정식 옮김, 랜덤하우스코리아, 2007년.

경영진은 왜 이들의
'발톱'을 못 볼까?

경험 많고 똑똑한 경영진들은 왜 이들의 행각을 모를까?

모를 수도 있지만, 대체로 오해한다. 이들이 워낙 호감 있고 친근감 있게 접근하다 보니 '보여주는 매력'에 넘어가 인재라고 여긴다. 더구나 외롭고 지치게 마련인 경영자들이 듣고 싶어 하는 말을 해주니 마음이 가지 않을 수 없고 특히 진취적인 태도와 추진력, 뛰어난 평정심을 가지고 있다고 생각해 점수를 후하게 준다. 예를 들어 감원을 한다거나 노조에 대한 대응을 할 때 보통 사람이라면 망설이거나 우유부단할 수 있지만 이들은 그런 게 없다. 흔들림 없이 밀고 나간다. 인정사정없이 불도저처럼 밀어붙여 아무나 할 수 없는 능력을 보인다. 사실 감정이 없어서 그러는 것인데 이걸 능력으로 보는 것이다(이런 이들이 테러리스트가 되는 일도 심심찮다. 물론 유능한 테러리스트는 되지 못한다. 충동적이고 꼼꼼함이 부족하기 때문이다).

더구나 회사는 회사의 이익을 위해 그랬다고 하면 대체로 넘어간다. 일이 커지면 좋지 않다며 묵인하기도 하고, 당사자가 강력하게 자신의 책임이 아니라 다른 누군가의 잘못이라고 증거를 들이대면 역시 수용하기도 한다. 이 역시 또 다른 거짓말일 때가 많지만 워낙 강력하게 주장하니 넘어간다. 친분관계를 통해 유야무야 넘어가는 일도 부지기수다. 좋은 게 좋은 것이라면서 말이다. 이들은 절대 자신이 책임지는 법이 없다.

일단 이들이 단위 조직의 리더가 되면 사람들을 모래알처럼 흩어놓은 후 따로따로 컨트롤하는 분할통치를 즐겨 구사하니 현실이 위로 전달되기도 힘들다. 누군가 용기 있게 악행을 들추어내거나 문제를 제기해도 작은 파문에 그치고, 오히려 문제를 제기한 사람이 질책을 받거나 퇴출당하는 일이 벌어진다. 이들이 커뮤니케이션 채널은 물론 윗사람의 마음까지 장악하고 있기 때문이다. 그렇게 봉합한 다음 자신에게 도전한 이들을 반드시 보복, 도태시킨다.

이들을 진심으로 지지하고 후원해준 상사들도 결국 이들에게 희생당한다. 이솝우화에 나오는 뱀처럼 얼어가는 자신을 품에 안아 구해준 바로 그 사람을 해친다. 상사의 상사와 친분을 만들어 상사의 자리를 차지하는 것이다. 물론 상사가 된 상사의 상사도 조금 있으면 마찬가지 신세가 된다. 그 순간까지 깨닫지 못할 뿐이다. 가벼운 증상이 아니라 중증인 이들은 기생충과 똑같은 전략으로 살아간다. 한 숙주에 파고든 다음, 숙주를 징검다리로 이용해 다른 숙주로 옮겨간다. 경영진이 무능하면 어떤 일이 벌어지는지 이들을 통해 알 수 있다.

로버트 서튼 미국 스탠퍼드대 경영대학원 교수는 "악행은 선행보다 전염력이 5배는 강하기 때문에 악질 주위에 있으면 악질이 될 가능성이 크다"고 말한다. 악질이 하나만 있어도 주변 모두가 엄청난 폐해를 입는 것이다. 실제로 이런 이들이 상사가 되면 하루하루가 암울해진다. 회사가 지옥이 된다.

혹시 이런 이들과 함께 있게 된다면 어떻게 해야 할까?

모든 전문가들이 말하는 방법은 두 가지다. 일단 찍히지 말라. 그런 다음 가능한 한 신속하게 피하라. 떠나려 할 때 간혹 이들이 잡는 경우도 있다. 그에게 필요한 쓸 만한 능력이 있기 때문이다. 하지만 미끼에 혹해 남게 되면 후회할 일을 시작하게 된다. 알맹이를 빼먹은 다음 신속하게 버릴 테니 말이다.

폴 바비악과 로버트 헤어에 의하면 이들은 변하지 않는다.[2]

"지금까지 어떤 치료나 관리 프로그램이 이들의 상태를 호전시켰다는 사례나 증거가 단 하나도 없다."

사이코패스에게서도 배울 게 있다?

···

누군가를 속이고 희생시키며 자신의 잇속을 차리는 건 결코 좋은 일이 아니다. 그러나 그런 그들을 단순히 그냥 나쁘다고 치부해버리기 전에 생각해볼 게 있다. 그들에게도 분명 장점이 있으니 말이다. 방향이 달라서 그렇지 자세히 들여다보면 배울 만한 '교훈'도 있다.

우선, 그들은 앞에서 말했듯 끊임없이, 그것도 최선을 다해 노력한다.

두 번째는 준비하는 태도다. '못된 사람'들은 높은 분을 우연히

---

2 폴 바비악, 로버트 헤어, 앞의 책.

만났을 때 그 짧은 시간을 기회로 활용할 줄 안다. 우리가 어색함을 이기지 못해 우물쭈물, 쭈뼛쭈뼛하며 기회를 구겨버리고 있을 때 그들은 평소에 준비한 아부를 한다.

그러면 우리도 아부를 해야 하는 걸까? 그렇기보다 이런 우연한 만남에 대비해, 평소에 괜찮은 질문 하나쯤 마련해두는 게 좋다. 예를 들면 신제품에 대해 높은 분이 접하지 못했을 현장의 이야기나 높은 분들이 했던 공식적 활동("저번에 하신 말씀, 너무 재미있었습니다"…) 등을 언급하는 게 좋다.

물론 길지 않고 짧아야 한다. 또 그 주제에 대해 내가 '좀' 알고 있다는 메시지가 들어 있어야 한다. 높은 분들이 다시 물었을 때 대답할 수 있으려면 말이다. 물론 이 질문에 대한 대답도 짧아야 한다. 길수록 상대의 호기심은 사라진다.

이런 게 효과가 있을까? 앞에서 말한 폴 바비악과 로버트 헤어는 이렇게 말한다.

"이런 말을 한 뒤 그 높은 분들이 보여주는 호의적인 태도에 깜짝 놀랄 것이다."

가벼운 증상의 사이코패스들은 이런 호의를 엄청나게 누리고 있다. 그러니 비상금처럼 진지한 질문 하나 정도는 준비하라.

마지막으로, 세상의 사기꾼 전문가들이 공통적으로 하는 말이 있다. 사기꾼들에게 장점이 하나 있다면, 그것은 세상의 모든 일에 모든 가능성을 열어놓는 것이다. 가능성이란 어디에 존재하는 게 아니라 만드는 것이라는 걸 그들은 잘 알고 있다.

왜

우리 회사는

변하지 않을까?

얼마전 박 과장이 담당하던 거래처가 제안 겸 약간의 컴플레인을 해왔다. 자신들이 구입하고 있는 제품에 불편한 점이 있으니 이러저러하게 바꿔주면 좋겠다고 했다. 들어보니 단순한 불만이 아니라 상당히 생산적이었다. 다른 거래처에서도 환영할 것 같았다. 팀장 생각도 마찬가지여서 정식으로 기안을 올렸다.

며칠 후 재무팀과 개발팀장이 연락을 했다. 빙 둘러서 얘기했지만 그들의 말을 한마디로 하자면 이랬다.

"도대체 정신이 있는 거냐?"

재무팀장은 비용 때문에 안 된다고 하고, 개발팀은 지금 하는 일만으로도 바쁘다고 했다. 그렇지 않아도 경기가 안 좋은데 왜 그런 것까지 들고 오느냐며 거래처를 잘 설득하라는 거다. 세상에, 요즘 같은 시대에 고객을 설득하라니. 억지 부리는 것도 아니고 괜찮은 아이디어 같은데. 불경기이니 더 좋은 제품을 만들어야 하는 거 아닌가? 하지만 쇠귀에 경 읽기다.

한두 번이 아니니 익숙해질 만도 하련만 그럴 수도 없는 게 날마다 들려오는 소식들 때문이다. 다른 회사들은 인사 시스템을 확 바꾼다, 거주지 근처에 이동 사무실을 연다 등등 하루가 다르게 미래를 위한 변신을 하고 있는데 우리 회사는 도대체 뭘 하고 있는지 알 수가 없다. 다들 그저 위에서 시키는 일이나 하고 있고, 맨 꼭대기는 뭘 하고 있는지 알 수도 없다. 워낙 세상이 요동치니 가끔 뭔가 한다고 법석을 떨긴 하는데 그때뿐이다. 한두 달 하고 나면 언제 그랬느냐는 듯 유야무야되고 만다.

박 과장의 이런 답답한 마음이 얼마 전부터 심란해지고 있다. 1년 반 전 유망하다는 스타트업으로 간 대학 선배가 "혹시 올 생각 없느냐"고 했던 것이다.

"연봉이 조금 적긴 하지만 성장 중이니 아마 몇 년 일하면 스톡옵션도 받을 수 있을 것이고, 무엇보다 일하는 분위기 하나는 비교할 수 없어."

저번에 만날 때도 비슷한 얘기를 했다.

"처음엔 너무 자유스러워서 '이래도 되나?' 싶은 생각이 들 정도였다니까."

그 선배도 알 만한 대기업을 다니다 그곳으로 갔기에 왜 그 말을 하는지 알 수 있었다. '괜히 속 끓이지 말고 이리 와서 마음껏 일해 보라'는 것 아닌가. "생각해보겠다"고 했지만 듣는 순간 가슴이 뛰는 걸 느꼈다. 이번에 확 바꿔 봐?

하지만 겁도 난다. 낯선 곳에서 잘할 수 있을까? 아무 생각 없이 갔다가 낙동강 오리알 되는 거 아냐? 어렸을 적 할머니가 자주 하시던 말씀이 생각났다. 그가 공부하기 싫다고 할 때마다 할머니는 이런 말씀을 하셨다.

"호랑이 가죽은 갖고 싶은데 호랑이는 무섭지?"

그땐 그게 무슨 말인지 몰랐는데, 자신이 지금 딱 그런 상황이다.

마음이야 10년 가까이 다니고 있고 일도 익숙한 이곳에 있고 싶다. 하지만 서른 중반이 넘어가니 이런저런 생각이 든다. 회사가 내리막길을 걸으면 다른 회사들처럼 명퇴 바람이 불 것이고 그러면 나도 그 대상이 될 수 있는데, 40세 넘으면 다른 곳으로 가기도 힘들잖아? 지금 오라고 할 때 가야 하는 거 아닌가? 있자니 답답하다 못해 불안하고, 가자니 두렵다.

다 바꿔주세요! 나만 빼놓고…

회사 다니면서 이런 고민 한 번 해보지 않은 사람은 없을 것이다. 나이가 들어가고 과장 중후반쯤 되면, 성장기 때 사춘기를 겪는 것처럼 다들 한 번씩 겪는다. 다른 곳에 가서 그나마 적응할 수 있는 한계선쯤 되는 나이이기 때문일 것이다. 박 과장처럼 다니는 회사에 미래가 보이지 않으면 고민은 깊어지고 일에 집중하기가 힘들어진다.

회사 다니는 사람들을 개인적으로 만나 보면 다들 자신이 다니는 회사에 같은 생각을 갖고 있다는 걸 느낀다. 모두들 이대로는 안 된다며 변해야 한다고 이구동성으로 말한다. 이상한 건 모두들 한목소리를 내는데도 말만 무성할 뿐, 변하는 것도, 나서는 사람도 없다는 것이다. 그래서 다들 답답해한다. 도대체 왜 우리 회사만 변하지 않고 있는지 알 수가 없다.

물론 셀 수도 없는 이유가 있을 것이다. 낚시꾼이 고기 못 잡는 이유보다 많았으면 많았지 적지는 않을 것이다(혹시 주변에 '도시 어부'를 자처하는 사람이 있으면 물어보라. 수도 없는 이유를 들을 수 있을 것이다. 어쩌면 물고기 숫자보다 많을지도 모른다). 그러니 여기서는 이 가운데 주요한 세 가지만 알아보도록 하자. 제대로 알아야 올바른 판단과 결정을 내릴 수 있으니 말이다. '고(go)'를 하든, '스톱(stop)'을 하든 후회하지 않을 수 있다.

예전 적자투성이 회사에 구원투수로 투입된 한 CEO의 이야기다. 가서 보니 바꿔야 할 게 한두 가지가 아니었다. 완전히 바꿔야겠다고 결심하고 면담과 설문조사를 했더니 기가 막힌 대답들이 나왔다. 대답을 종합해보면 이랬다.

'맞다. 완전히 모든 걸 뜯어고쳐야 한다. 하지만 나는 잘하고 있으니 건드리지 말고.'

거의 모든 구성원들이 이런 생각을 갖고 있었다. 박 과장 회사 사람들이 사석에서는 모두들 변화를 외치지만, 현실에서는 아무 것도 바뀌지 않는 게 이 때문일 것이다. 나를 빼놓고 다 바꾸라니 누가, 무엇이 바뀔 수 있을까(자기중심주의 성향이 여기까지 영향을 미치고 있다. 이후에도 마찬가지다).

생명체는 일단 자신의 생존이 안정화되면 위기가 아닌 이상 바꾸려 하지 않는다. 바꾸는 데 에너지가 많이 드는 데다, 바꾼다고 성공할 수 있을지 없을지 모르기 때문이다. 그래서 가능한 한, 아니 사실은 웬만한 위기가 닥치지 않으면 바꾸지 않고 버틴다. 총론으로는 변화에 찬성하면서도, 그 변화가 자기에게는 미치지 않았으면 한다. 애써 안정시켜 놓은 삶이 불확실해지는 걸 바라지 않는다. 마치 널뛰는 부동산을 잡는다는 정부 정책에는 찬성하지만 그 때문에 내가 내야 할 세금이 올라가거나 내가 집을 사고파는 것에 영향을 미치지 않기를 바라는 것처럼 말이다. 많은 연구가 밝혀내고 있다시피 우리 인간은 기회보다 손해에 더 민감하다. 뭔가 바꾸려 할 때 손해는 눈에 보이지만 기회는 저 멀리에 있기 때문이다.

페이스북 저커버그의 수모

여기에 우리 안에 있는 또 하나의 뿌리 깊은 성향이 이 무의식적인 저항을 지원한다. 얼마 전 방한한 미국 스탠퍼드대 윌리엄 바넷 교수가 들려준 에피소드가 있다.

한참 전 실리콘밸리에서 일하는 한 제자가 괜찮은 스타트업 창업자가 있다고 해서 강의에 초대했다. 학생들에게 특강을 해달라고 했더니 흔쾌히 수락, 캐주얼한 옷차림에 배낭을 메고 와서 자신이 창업한 얘기를 들려주었다. 반응이 어땠을까?

학생들은 바넷 교수의 수업 중 가장 형편없었다고 평가했다.

'들을 가치도 없다.'

'저런 사람이 기업가라고?'

다들 이랬다. 그런데 2년이 지난 후엔 완전히 달랐다. 같은 창업자가 와서 특강을 하겠다고 했는데도 서로 듣겠다고 아우성을 쳤다. 왜 그랬을까? 그 창업자가 페이스북을 창업한 마크 저커버그였던 것이다. 그런데 2년 전에는 왜 그렇게 혹평을 했을까? 그때는 유명하지 않았기 때문이다. 학생들은 그의 잠재력을 본 게 아니라 눈앞에 있는, 대학생 같은 옷차림에 배낭을 멘 저커버그의 모습만 봤다.[1]

대니얼 길버트 하버드대 교수는 사람들이 이러는 게 이유가 있다고 한다. '현재주의' 성향이 그것이다. 세상과 사람을 평가할 때 오늘, 지금, 현재를 기준으로 한다는 것이다. 저커버그의 얘기를 듣고 그의 가능성을 평가해야 하는데 그의 옷차림만 보고 평가하는 것처럼 말이다.

우리라고 다를까? 자, 대형마트에 쇼핑을 하러 갔는데 배가 고프

---

[1] 이방실, Dong-A Business Review No. 288, 윌리엄 바넷 교수: 디지털 시대의 리더의 역할

다. 이럴 때 우리는 둘 중 하나를 선택한다. 밥을 먼저 든든하게 먹고 쇼핑을 하든가, 아니면 눈 꼭 감고 참으며 쇼핑을 한 다음 밥을 먹는 것이다. 혹시 이 두 상태가 쇼핑에 영향을 미칠까?

대부분은 그렇지 않다고 대답한다. 어차피 사야 할 걸 사는 것이니 말이다. 하지만 실제는 다르다. 등 따습고 배부른 상태에서 쇼핑을 하면 상대적으로 적게 사고, 배고픈 상태에서는 많이 산다. 역시 현재 기준으로 판단하기 때문이다.[2]

조직을 변화시킬 때도 마찬가지다. 현재 기준으로 판단, 손해 가능성부터 떠올리니 부정적인 공감대가 쉽게 형성되어 보이지 않는 심리적 저항을 하게 된다. "그렇게 한다고 되겠어?" 이런 말이 나온다. 전력투구를 해도 모자랄 판에 이러면 변화는 산 넘어 산이 되고 만다.

유능했던 상사가
회사의 앞길을 막는다

인(人)의 장벽은 이것만이 아니다. 조직에는 변화를 원치 않는 이들이 있다. 현재 상태가 자신들에게 더 이익이기 때문에 바꾸고 싶어 하지 않는 이들이다.

예전 미국과 영국에서 아동 노동이 일상적인 때가 있었다. 이걸

---

2 대니얼 길버트, 행복에 걸려 비틀거리다, 서은국 · 최인철 · 김미정 옮김, 김영사, 2013년.

하지 못하도록 법을 정하려 하자 국가 경제가 망할 것이라고 목소리를 높인 사람들이 있었다. 다름 아닌 아동 노동의 혜택을 보고 있던 기득권자들이었다.《21세기 자본》의 저자로 유명한 토마 피케티 파리경제대 교수가 최근 신작《자본과 이데올로기》를 펴내며 한 말이 있다.

"지배 세력은 지금과 다른 사회 구조가 가능하지 않고 불평등은 자연스럽고 당연한 거라고 말하고 싶어 한다."

조직에서도 이들은 아주 낯익은 말을 한다.

"시기가 좋지 않다."

"그렇지 않아도 불경기인데 우리끼리 총질을 하면 안 된다."

이처럼 부정적인 면을 침소봉대해 변화를 하지 못하게 막는다. 물론 평소 말하는 건 다르다.

"우리도 바꾸자. 회식도 적당히 하고, 억지로 술 권하지 말고, 입조심 손조심 하자…."

하지만 자신들은 정작 변하지 않는다. 앞에서 말한 것처럼, 자기만 제외하고 다 바꿔야 한다고 생각한다. 그래서 회사에서 실시하는 교육에도 참석하지 않는다. 들어야 할 사람은 듣지 않고 애먼 사원들만 듣는다. 여기에 변화를 강력하게 이끌어갈 리더가 없으면 힘이 분산되고 분열되어 변화는 난망한 상태가 되고 만다. 말만 무성할 뿐 되는 것도 없고 안 되는 것도 없게 된다.

자신의 이권에 눈이 어두운 기득권자들만 그러는 게 아니다. 의도치 않게 변화를 막는 이들이 있다.

디지털카메라(디카)를 개발해 놓고도 시장에 출시하지 않았다가 폭삭 주저앉은 코닥 경영진은 사리사욕이 가득한 사람들이었을까? 유능한 덕분에 고위직에 오른 그들은 자신의 생각이 옳다고 믿었다. 디카가 없어도 잘나가고 있으니 천천히 출시해도 괜찮다고 생각했다.

요즘 우리 주변에서도 비슷한 사례를 자주 볼 수 있다. 유능한 덕분에 고위직이 된 이들이 자신들의 일하는 방식이나 사고방식을 고집해 변화를 정체시키는 것이다. 예를 들어 한 지상파 방송의 '복면가왕' 프로그램은 몇 년째 인기를 얻고 있는데, 사실 이 아이디어는 사장될 뻔했다. "그게 되겠냐"는 '높은 분'의 생각에 막혀 3년이나 묵혀졌던 것이다. 그런데 한 번만 해보고 안 되면 접자고 했는데 그게 대박이 났다.

코로나19 사태에서도 이런 일이 있었다. 알다시피 우리나라가 코로나19 초기 대응에 성공적이었던 건 차에 탄 채 검사를 받는 드라이브 스루 같은 신속한 대응책들 덕분이었다. 세계적인 히트 사례가 된 드라이브 스루 아이디어를 낸 사람은 국내 코로나19 환자 1호 주치의 김진용(인천의료원 감염내과 과장) 씨인데, 그는 한 기자의 질문에 이런 말을 했다.[3]

"전통적인 감염병에는 경험 많은 원로가 대응을 잘하지만, 신종 감염병은 경험치가 통하지 않아요. (이번에는) 497(40대, 90년대 학

---

3 김미리, 조선일보 2020년 5월 2일 자. 김진용 인천의료원 감염내과 과장: 새벽 4시, 아이디어를 단톡방에 올렸다 '드라이브 스루' 진단법은 그렇게 시작됐다.

번, 1970년대생) 세대 의료진의 역발상과 순발력이 통했어요. (…) 사태 초반 위원회 윗사람들은 회의실에서 도시락 먹으면서 대책 회의를 하자고 했습니다. 40대 의사들은 한시가 급하다고 생각해 줌, 스카이프, 카톡방으로 실시간 대응을 했어요. 자택 자가 격리 매뉴얼도 단독으로 소통하며 몇 시간 만에 만들었고요."

'높은 분'들의 방식으로 대응했으면 어땠을까? 생각만 해도 끔찍하다.

이런 일들이 수많은 조직에서 일어나고 있다. '그때는 맞았지만 지금은 틀린' 것들이 한둘이 아니고, 새로운 시대에는 새로운 방식이 필요한데 자신들에게 익숙한 방식을 고수한다. '높은 분'들이 이럴수록 변화는 강 건너 남의 일이 되고 만다.

사실은 사장님이
진짜 걸림돌일 수 있다

조직의 변화가 더딘 또 다른 이유 중의 하나는 최고경영자들의 관심이 조직보다는 기술에 있기 때문이다.

이 역시 과거의 성공 경험에 갇힌 경우라 할 수 있는데, 알다시피 우리는 추격자 전략, 그러니까 선진국을 따라잡는 전략으로 지금의 성공을 이루었다. 그들의 기술을 획득하고 개발하는 게 최고의 지름길이었다. 그래서 지금도 기술이 성공의 전부라고 여기는 경영자들이 한둘이 아니고, 조직 시스템도 여기에 맞춰져 있다. 기술이 중요하지 않은 건 아니지만, 요즘 잘나가는 세계적인 회사들은 하나같이 조직의 변화를 통해 성장을 추구하고 있는데 여전히 과거 방식에 머물러 있는 것이다. 한 중견기업 사장이 한 말이 있다.

"기술은 눈에 보여요. (…) 하지만 조직 변화는 답이 없어요."

이런 조직으로는 안 되겠다는 걸 느끼고는 있지만 기술 우선 성향이 뿌리 깊은 데다 조직을 통해 성장해본 적이 없어 어떻게 해야 할지 모르겠다고 했다. 잘못했다간 조직이 망가질 수도 있으니 더 그렇다. 젊은 세대들이 답답해할 수밖에 없는 구조적 문제가 중첩되어 있다.

조직 변화에 성공하거나 실패한 곳을 보면 공통점이 있다. 관건은 언제나 사람이다. 어떤 방식으로든 사람을 넘어설 때 성공하고 그렇지 못하면 실패한다. 변해야 할 때 변하지 못한 조직은 젊은 세대를 압박, 숨을 못 쉬게 하는 것으로 등을 떠밀어 떠나게 한다. 젊은 피가 사라지니 미래도 사라진다.

인사,

그거 꼭 해야

해요?

1963년 7월 모스크바 영화제가 끝나던 날, 파리행 특급열차가 영화제에 참석한 귀빈들을 태우고 모스크바를 출발하고 있었다. 당시 아르헨티나에서 온 여배우 로리타 토레는 떠나는 열차에서 플랫폼에 있는 모스크바 시민들을 향해 손을 흔들었다. 헤어질 때 흔히 그러듯 손을 좌우로 흔들며 아쉬움을 나타냈다. 그런데 이 모습을 본 시민들과 TV를 보던 수많은 러시아인들은 고개를 갸우뚱했다.

"왜 저러지?"

러시아인들은 이별을 할 때 손을 위에서 아래로 흔드는데 그녀는 좌우로 흔들었던 것이다. 다른 나라의 문화를 알고 있던 이들은

'그럴 수 있다'고 생각했지만, 당시 많은 러시아인들은 그들과 다른 인사법이 있다는 걸 잘 몰랐다.

문화권마다 다른 언어가 있듯 인사도 그렇다. 지금도 수렵ㆍ채집으로 살아가는 아마존 지역의 몇몇 전통 부족은 오랜만에 만나는 사람이 다가오면 그를 향해 화살을 쏜다. 처음 본 이들은 기겁을 하지만 맞히려는 게 아니다. 예포가 그렇듯 그들 앞에 떨어지도록 쏘는 '화살 인사'일 뿐이다.

뉴질랜드의 마오리족은 만나면 서로 코를 비빈다. 아프리카의 닐로토하미트족은 상대의 얼굴이나 발 앞에 침을 뱉는 인사를 하고, 파푸아뉴기니 섬에 사는 파푸아족은 방문자를 환영할 때 부족장의 부인이 가슴을 내미는데, 방문자가 그 가슴에 살짝 키스를 한다. 에스키모들도 침을 뱉어 손바닥에 문지른 다음 상대의 얼굴에 비빈다.[1]

별의별 인사법들이 있지만 인사 자체가 없는 곳은 없다. 세상 어느 곳에나 인사가 있다는 건 그만큼 필요하다는 뜻이다. 너무 흔해 그 중요성을 잘 인식하지 못하는 산소처럼 인사도 그렇게 생각하지만, 인사는 우리가 생각하는 이상으로 중요하다.

특히 우리나라처럼 권력 거리가 큰 문화권은 인사를 중시한다. 인사를 하지 않으면 당사자에게 상당한 손해가 가해진다. 권력 거리란 사회적 지위 간의 거리를 말하는데, 예를 들어 거의 반말 투

---

1 아이블 아이베스펠트, 야수인간, 이경식 옮김, human & books, 2005년.

로 친근하게 지내는 아빠와 딸은 권력 거리가 가까운 것이고, 반대라면 권력 거리가 먼 것이다. 다가가기 어려울수록 거리가 멀다. 대체로 가족 사이는 권력 거리가 가깝고, 층층시하 지위로 가득 찬 조직은 멀다. 명령과 지시로 상징되는 군대는 권력 거리가 아주 멀기에 인사는 필수다. 상관을 만났는데 경례를 하지 않는 군인은 당장 처벌감이다. 그러나 같은 군대라도 문화권에 따라 인사 사용방식이 다르다.

2차 대전 중 일본군에 포로로 잡힌 미군은, 미군에 잡힌 일본군 포로보다 훨씬 많은 고통을 겪었다. 포로들에게 우호적이지 않은 문화도 한몫했지만, 더 큰 이유는 인사에서 비롯되었다.

일본군은 미군 포로들보다 자신들의 지위가 높으니 당연히 합당한 예우, 그러니까 공손한 인사를 해야 한다고 생각했지만 미군 포로들은 그렇게 하지 않았다. 요구해도 거절했다. 일본군은 미군들이 저항 이상의 행동을 하고 있다고 여겨 혹독하게 대했다. 하지만 미군들이 생각하기에 일본군의 요구는 자신들의 존엄성을 해치는 일이었다. 이 때문에 문화인류학자 에드워드 홀이 말했던 것처럼, 상대방의 문화와 사고방식을 알았다면 하지 않았을 불필요한 고통을 주고받아야 했다.[2]

---

2 에드워드 홀, 침묵의 언어, 최효선 옮김, 한길사, 2013년.

인사하는 게 곤욕인 요즘 세대들

이 정도까지는 아니지만, 비슷한 일이 우리나라에서도 일어나고 있다. 문화의 차이가 세대 간의 마찰과 갈등으로 나타나고 있다. '꼰대'라는 신조어도 그중 하나다. 대부분 '민주화되어' 권력 거리가 가까운 가정에서 자란 젊은 세대들에게 권력 거리가 먼 회사는 적응하기 어려운 곳이다.

특히 갓 입사한 신입사원들이 애를 먹는다. 그렇지 않아도 낯선 일, 낯선 사람들이 많아 어색하고 쑥스러운데 인사까지 하려니 죽을 맛이라 아예 사람을 피해 다닌다. 그들에게 인사는 해야 한다고 하기에 어쩔 수 없이 하는 것이고, '도대체 왜 이런 걸 해야 하는지 모르겠다'고 푸념하게 하는 애물단지다. 잘 모르는 사이인데도 해야 하는 게 의아스럽고, 아침에 한 번 했는데 같은 사람을 다시 만나면 또 인사를 해야 하는지, 아니면 하지 않아도 되는지 헷갈린다. 인사를 어떻게 해야 하는지 가르쳐주는 곳도 없고, 그런 사람도 없다. 머리로 아는 건 많은데 정작 직장 생활에 꼭 필요한 무형의 지식은 거의 없다시피 하니 이래저래 직장 생활이 어려울 수밖에 없다.

더구나 이들은 어릴 적부터 온라인 세상에서 살아왔기에 오프라인에서의 만남과 경험은 낯설고 두려울 때가 많다. '방가' 같은 글자나 이모티콘으로 간단하게 인사하거나 그냥 고개만 숙이면 되는 게 아니라 '온몸으로' 표현해야 하기에 더 그렇다. 온라인에서 이들 세대는 '좋아요', '싫어요'를 마음대로 표현하는 등 호불호가 강하지만 오프라인에서는 그럴 수도 없다. 더 큰 문제는 이걸 윗사람들이 인사성 없고 무례한 태도로 생각한다는 점이다.

입사한 지 몇 개월 됐다는 한 젊은 사원이 이런 말을 했다.

"이렇게 불편하고 어색한 인사라는 게 왜 생겼을까요? 안 하면 안 되는 건가요?"

정말이지 인사는 왜 생겨났을까? 모든 문화권에 있는 필수적인 것이라면 대단히 중요하다는 것인데 말이다. 일을 해야 할 이유를 알면 마음의 부담이 훨씬 덜하듯 인사를 해야 하는 이유를 알면 마음의 저항이 줄어들 수 있다(고개와 허리를 좀 더 가볍게(?) 굽힐 수 있다).

서양은 어떨까? 우리보다 정도가 훨씬 덜하긴 하지만 그곳도 사람 사는 곳이라 마찬가지다. 인사가 없는 것도 아니고 중요하지 않은 것도 아니다. 덜 강조될 뿐이다. 겉으로 보기엔 상당히 개방적인 듯하지만, 위로 올라갈수록 인사를 비롯한 매너를 중시한다. 영화에서 자주 볼 수 있듯 왕족이나 귀족 사이에서는 상황에 따라 인사하는 법이 다를 만큼 필수다. 앞에서 언급한 것처럼 문명과는 거리가 먼 생활을 하는 전통 부족들에서도 마찬가지다.

인사의 두 가지 기원
....

인사는 사람들이 만나거나 헤어질 때 하는 말이나 행동이다. 인사는 크게 두 가지 유형으로 나뉜다. 상하

간 지위 사이에서 이루어지는 인사와 친하거나 애정이 있는 사이에서 이루어지는 인사다. 앞의 것은 자신보다 지위가 높은 사람에게 하는 것이고, 뒤의 것은 친구나 가족 같은 이들에게 한다. 두 인사는 기원이 다르다.

먼저, 친구나 친한 동료, 가족 같은 가까운 사이에서 이루어지는 인사는 엄마와 아기 사이의 관계에서 생겨났다는 게 학자들의 대체적인 의견이다. 지금도 그러하듯 엄마와 아기 사이에는 끊임없는 소통이 필요하고 또 이루어진다. 엄마가 "까꿍!" 하며 '인사'를 건네면, 아기는 방글방글 웃는 미소로 답한다. 좀 더 지나면 까르르 웃기도 한다. 그러면 엄마는 눈웃음을 치고, 쓰다듬어주고, 안아주고 뽀뽀를 하며 사랑하는 감정을 표현한다. 이렇듯 사이를 도탑게 하는 행동을 통해 감정적으로 서로를 연결하는 게 인사다.

우리는 크면서 이런 행동을 다른 사람에게로 확대, 적용한다. 친하거나 친해지고 싶을 때 우리는 "안녕"이라고 말하고, 웃어주고(무표정한 건 인사가 아니다), 윙크 같은 눈웃음을 보내기도 한다. 사랑하는 연인 사이라면 쓰다듬어주고, 안아주고 키스한다.

오랜만에 친구들을 만났는데 조용히 눈길만 건넨다면 어떨까? 친한 친구 사이가 아닌 게 틀림없을 것이다. 하이파이브를 하고 소리 높여 "잘 있었느냐"고 묻고, 어깨도 한 번 치고 해야 소원했던 친근함을 복원시킬 수 있다. 우리는 이렇듯 엄마와 아기 사이에 행해진 행위를 유대감을 높이는 장치로 쓰고 있다. 먹을 것을 주거나 선물을 교환하는 인사도 여기에 기반한다.

유대감을 높이는 인사는 친한 사이에서만 통용되는 게 아니다. 이걸 높일 수 있는 매개체가 있으면 잘 모르는 사이에서도 가능하다.

버스를 운전하는 운전기사들은 운행 중 반대편에서 자신과 같은 회사에 소속된 버스가 지나가면 서로 손을 들어 인사한다. 엄청나게 비싼 모터사이클 할리데이비슨을 타는 이들은 완전히 모르는 사이인데도 길에서 만나면 손을 흔든다. 이들이 하는 인사도 유대감의 일종이다. 세상에 흔치 않은 멋진 물건을 갖고 있다는 '우리'라는 연대의식에서 나오는 유대감이다. 어마어마하게 비싸고 희귀한 자동차를 타는 이들도 서로 묘한 동질감을 느낀다고 한다.

개와 고양이가 벌렁 눕는 이유
....

또 다른 인사는 지위 간의 차이에 바탕을 두고 있다. 모든 동물에게서 볼 수 있듯 집단생활을 하면 지위 차이가 생긴다. 우두머리와 부하가 생기고, 넘버 2와 넘버 3가 생긴다. 짝짓기를 위한 경쟁에서 생기는 차이일 수도 있고, 생존 자체를 위해 집단생활을 하다 보니 생겨난 차이일 수도 있다. 지위가 높을수록 권한이 많아지고 그러면 더 잘살 수 있으니 지위 간의 경쟁 또한 당연히 생겨난다.

그런데 허구한 날 누가 더 센가를 두고 대결을 벌인다면 어떻게 될까? 개체는 물론 집단에게도 손해다. 외부에서 공격이 가해지면 힘을 모을 수 없다. 평상시 힘을 소모하지 않을 질서가 필요하다. 그래서 생긴 게 사다리 구조의 위계서열이고 이 서열을 표면화한 게 인사라는 의례다. 이 인사는 보통 지위가 낮은 쪽이 높은 쪽에게 하는데, 한마디로 '당신이 나보다 높다는 걸 인정한다'는 뜻이다. 대체로 고개와 허리를 숙이는데, 왜 그 많은 행동 중 하필 이런 행동이 인사가 되었을까?

경쟁적이거나 적대적인 상대와 맞닥뜨렸을 때 필요한 첫 번째 요건은 상대를 관찰하는 것이다. 상대의 움직임을 잘 알아야 하기에 눈은 긴장으로 가득 찬다. 대결하는 당사자들의 눈빛이 서로를 뚫을 듯 강한 이유다. 고개를 숙인다는 건 이렇게 중요한 시선을 포기한다는 의미다. 공격과 방어에 필요한 탐색을 하지 않겠으며 상대에게 모든 걸 맡긴다는 뜻이다. 흔히 말하는 존대 행동(또는 복종 행동)이다. 이런 행동은 시선을 중시하면서 집단생활을 하는 동물들에게 흔하다. 개와 고양이들도 마찬가지다.

녀석들은 자신들이 심한 잘못을 했거나 항복을 표시할 때, 또는 주인이 화가 단단히 났다 싶으면 바닥에 등을 대고 벌렁 누워 배를 보인다. 배는 녀석들에게 가장 중요하면서도 약한 부위인데 이걸 상대에게 보인다는 건, 처분을 맡길 테니 알아서 하라는 의미다.

권력 거리가 멀수록 존대 행동은 강화된다. 무릎을 꿇거나 몸을 완전히 땅바닥에 대는 절이 대표적이다. 시각 포기는 물론이고 '내가 너보다 더 덩치가 크다'고 과시하는 공격행위와 반대되는, 몸을 작게 보이는 행위다. 공격할 의사가 '1'도 없다는 몸짓이다.

지금도 그렇지만 예전 권위주의적인 시절, 왕에게 다가갈 때 특히 이런 행동이 많았다. 1636년 조선의 인조가 남한산성에서 나와 청나라 황제에게 항복할 때도 마찬가지였다. 인조는 그 추운 겨울날, 세 번 절하고 차디찬 땅바닥에 머리를 부딪칠 정도로 아홉 번을 조아리는 삼배구고두(三拜九叩頭)를 했다.

손을 흔드는 인사나 악수도 같은 뿌리를 갖고 있다. 둘 다 '당신을 해칠 어떤 무기도 들고 있지 않다'는 걸 보이는 행위다. 보통 악수를 서양식 인사로 알고 있지만 세계 각지에 같은 인사법이 있다. 파푸아족도 그렇게 하고, 아프리카의 마사이족, 반투족, 부시먼들도 악수로 인사한다. 서로 인사를 할 때 시선을 상대에게 고정시키지 않고 고개를 끄덕끄덕하는 것도 비슷한 맥락이다. 전 세계 문화권에서 공통적으로 볼 수 있는 이 행동은 동의한다는 뜻을 담고 있다.[3]

대체로 존대 인사는 수직적이고, 친근함을 위한 인사는 수평적이다. 존대 인사는 신체 접촉이 많지 않지만, 친근함을 위한 인사는 신체 접촉이 많다. 인류행태학자 아이블 아이베스펠트에 의하면 신체 접촉을 통해 "용기와 격려를 주고받을 수 있기" 때문이다.

우리가 흔히 하는 시선 접촉도 그렇다. 예를 들어 갑자기 사람들 앞에 나가서 발표를 하게 되는 사람은 자기도 모르게 옆에 있는 친한 사람들을 보게 된다. 엄청나게 떨리고 두려우니 용기와 격려를

---

3 아이블 아이베스펠트, 앞의 책

달라는 의미다. 그러면 친한 이들이 팔을 들어 '파이팅'을 외치거나 어떤 행동으로 '힘내'라는 신호를 보낸다.

존대 행동에는 이런 게 없긴 하지만, 두 유형의 인사가 공통적으로 갖고 있는 가장 중요한 본질이 있다. 우호를 증진하는 기능이다. 질서를 높여 집단의 안정을 도모하고, 유대감을 통해 결속을 강화한다.

이것이 전 세계 모든 문화권에서 인사가 중시되는 이유다. 더 나은 공동체를 만들려는 노력이 인사에 들어 있다. 그래서 존대 인사를 소홀하게 하면 질서를 존중하지 않는다는 소리를 듣게 된다. '버릇없다', '건방지다'는 말이 당장 나돈다. 친근함을 위한 인사에 무신경하면 '무시한다'는 볼멘소리를 듣는다. 함께 '우리'가 되고자 하는 사람들의 노력을 거부한 것에 대한 반발 작용이다.

퇴사할 사람은 인사부터 달라진다

우리가 회사에서 하는 인사도 마찬가지다. 윗사람에게 하는 인사는 상대의 지위를 인정하는 존대 행동을 통해 조직 내 질서에 부응하는 것이고, 친한 사람이나 동료들에게 하는 인사는 친근함을 확인하면서 더 가까워지기 위한 커뮤니케이션 수단이다. 두 가지 인사 모두 즐거운 직장 생활에 꼭 필요하지만 이 둘 중 굳이 더 중요한 걸 꼽으라면?

당연히 존대 행동 인사다. 이유는 간단하다. 상사에게 인사권이 있으니까! 그들의 눈 밖에 나서 좋을 일이 없으니까! 하지만 즐거운 생활을 하려면 후자에도 신경을 써야 한다.

어떤 기원을 가졌든, 인사는 사람과 사람 사이를 이어주는 연결고리 역할을 한다. 우리는 인사를 통해 우리 자신과 상대방을 연결하고, 더 나아가 조직 네트워크에 접속한다. 와이파이에 접속해 수많은 네트워크와 연결되듯 그렇게 인사는 우리 자신을 세상과 연결한다. 인사를 했을 때 상대가 즐겁게 받아주면 서로의 마음이 연결된다. 싫은 사람에게는 인사를 하기도 싫고, 받기도 싫은 이유가 여기에 있다. 연결 자체가 싫은 것이다.

인사 담당(HR)을 오래 한 이들에 의하면 사표를 낼 사람은 인사부터 달라진다고 한다. 곧 퇴사할 것이라 연결을 하지 않으려 하고, 있던 연결도 끊으려 한다.

왜 뛰어난 영업사원들이 고객에게 인사하는 걸 최우선으로 할까? 둘을 연결하는 무형의 선이기 때문이다. 그들은 안다. 고객이 인사를 받아주면 드디어 그 고객의 마음속으로 들어가는 데 성공했다는 것을. 그리고 그게 관계의 시작이라는 것을.

인사에 서툰 것과 인사를 하지 않는 것은 큰 차이가 있다. 인사를 하지 않으면 사람들은 그 사람이 '우리'라는 네트워크를 거부하거나 곧 빠져나갈 사람이라고 오해한다. 나는 그저 어색하고 낯설어서 그럴 뿐인데 사람들은 다르게 생각한다. 성과가 좋아도 인정받지 못할 수 있다.

인사(人事)는 말 그대로 사람이(라면) 해야 하는 일이다. 그래서 인사는 만사다. 전 세계 어디서나 인사를 하지 않아서 피해를 본 사람은 많아도, 인사를 잘해서 손해 본 사람은 없다. 그러니 어색해도 해야 한다. 다행히도 어색함은 하면 할수록 사라진다. 그러면 이렇게 중요한 인사, 어떻게 하는 게 좋을까?

왜 실력보다
태도를
중시할까?

예전에 식당을 운영한 적이 있었다. 월급쟁이 생활을 하다 처음으로, 그것도 급하게 시작하다 보니 모든 게 낯설었고, 그러다 보니 힘든 게 한둘이 아니었다.

그중에서도 생각지도 않았던 어려움이 있었다. 손님들에게 "어서 오세요!"라고 큰소리로 인사하는 것이었다. 그게 뭐 어려울까 싶은데, 막상 하려고 하니 이상하게 입안에서만 맴돌 뿐 입 밖으로 나오지 않았다. 어어, 하다 타이밍을 놓쳐버리고 혼자 꿀꺽 삼켜야 하는 어색함이란…. 2주쯤 되어서야 조금씩, 그것도 모기만 한 소리가 나오기 시작했고 하다 보니 익숙해졌다. 지금 생각해도 참 곤혹스러웠던 경험이었다.

나중에 알고 보니 나만 그런 게 아니었다. 나처럼 월급쟁이 생활을 하다 가게 창업을 한 이들은 대부분 그런 경험을 갖고 있었다. 낯선 상황에서 낯선 이들에게 큰소리로, 마치 친한 것처럼 인사하는 게 생각처럼 쉬운 일이 아니었던 것이다. 아마 요즘 젊은 세대들이 인사와 관련해 회사 내에서 겪는 어려움도 이와 비슷하지 않을까 싶다.

이런 거추장스러운 인사, 없으면 어떨까? 예를 들어 식당에 들어갔는데 그곳에서 일하는 사람들이 본 체 만 체 하면 서로 부담스럽지 않아서 좋을까? 아마 기가 막힌 맛집이라면 모를까 손님들로 북적대는 가게가 되기는 힘들 것이다. 환영받지 못한다고 느낄 것이기 때문이다.

옛날 고려시대 전국 상권을 아우르던 개성상인들은 점원을 뽑을 때 큰소리로 인사 잘하는 사람을 우선했다. 선발한 후에도 큰소리로 밝게 인사하는 법을 따로 교육시켰는데 들어오는 손님의 기분을 바꿔주는, 환영한다는 뜻이기 때문이다. 묘한 건 일본의 개성상인이라고 해도 좋을 교토 상인들도 그랬다는 점이다. 지금도 남아있는 교토 상인들의 오래된 점포를 가보면 여전히 큰소리로 씩씩하게 손님에게 인사한다. 사람과 사람 사이를 이어주는 접착제 역할을 하는 게 인사라는 걸 여기서도 알 수 있다.

조용한 선풍기와 '죽은 빵도 살린다'는 토스터로 유명한 일본의 발뮤다도 신입사원을 뽑을 때 목소리 큰 사람을 제1조건으로 한다. 목소리가 작으면 그냥 탈락이다. 창업자인 데라오 겐 사장의 원칙인데, 이유는 작은 목소리는 듣는 사람의 귀 근육을 많이 쓰게 하기 때문이다. 상대를 편안하게 하고 기분 좋게 해야 하는데 신경을 많이 쓰게 하는 건 상대에 대한 배려가 없다고 생각한다.

잘못한 게 없는데 왜 미운털이 박혔지?

이름만 대면 누구나 아는 회사에 아주 똑똑한 사람이 있었다. 무슨 일이든 시키면 똑 부러지게 잘했다. 당연히 신입사원 시절부터 두드러진 존재가 되었는데, 딱 한 가지 흠이 있었다. 시쳇말로 '말이 짧고' 인사성이 없었다. 모르는 사람이라도 두세 번만 만나면 반말과 존댓말이 묘하게 섞인 말을 했고, 웬만큼 높은 분이 아니면 고개 같은 건 숙일 줄 몰랐다. 그래도 별일이 없었다. 그 정도로 일을 잘했다.

문제는 부장급이 되면서부터였다. 그의 능력을 필요로 한 상사들이 있을 때는 혼자 북 치고 장구 쳐도 괜찮았지만 어디서나 그렇듯 부장급부터는 일의 성격이 달라진다. 자신이 일을 한다기보다 부하들이 일을 잘하게끔 해야 하는데 그는 함께 일할 줄 몰랐다. 목에 깁스를 한 듯 인사를 잘하지 않는 이들이 그렇듯 그도 혼자 일했고 부하들이 인사를 해도 받아줄 줄 몰랐다. 남들 위에 군림하는 행동이 없어서 그나마 다행이었지만 부하들과의 관계는 물론이고 타 부서와의 관계가 좋을 리 없었으니 성과 또한 마찬가지였다. 당연히 그 자리에 오래 있을 수도 없었다.

인사는 단순히 친해지거나 존대의 표시를 하는 것에 그치지 않는다. 사실은 우리가 살아가는 데 가장 중요하다고 할 수 있는 관계의 시작이라고 할 수 있다.

우리는 보통 친한 사이를 '두터운 관계'라고 하는데 무엇이 이 관계를 두텁게 할까? 비즈니스 같은 이성적인 것일까? 그럴 수도 있지만 이성적인 건 미미하다. 사무적인 관계가 친한 사이로 발전하는 건 많지도 않고 쉽지도 않다. 관계를 결정하는 건 의외로 감정이다. 우리는 감정을 별거 아니라고 생각하지만 사실 감정은 우리 삶의 바탕을 이룬다. 누군가를 좋아하거나 싫어하는 마음, 행복한 느낌과 공포, 슬픔과 기쁨…. 우리는 이런 감정들을 '위해' 살고, 이런 감정들에 '의해' 좌우된다. 우리가 웃고 즐거워하고 고민하고 슬퍼하는 것들이 다 감정 때문이다. 뇌과학 연구에 따르면 의사결정에 감정이 미치는 영향력 또한 70~80%나 될 정도로 막대하다.

이뿐인가. 사람들이 어떤 사람에게 갖는 감정은 그 사람의 인생을 좌우할 수도 있다. 예를 들어 사람들이 나에게 호감을 가지고 있다면 웬만한 실수쯤은 그냥 넘어간다. '그럴 수도 있지 뭐'라고 하면서 말이다. 하지만 나쁜 감정을 가지고 있다면 상황은 완전히 달라진다. '그럴 줄 알았어', '그러니 매번 그 모양이지'라는 말이 나온다. 몇 사람이 하는 말 한마디에 다른 모든 사람들의 평가가 한쪽으로 쏠린다. 평소 그 사람에 대한 감정이 어떠하냐에 따라 결과가 완전히 달라질 수 있다.

중요한 건 이런 감정이 인사에서 시작되는 일이 많다는 점이다. 저 사람이 나에게 어떤 생각을 갖고 있는지, 나를 어떻게 보고 있는지 알 수 있는 말 없는 언어가 바로 인사이기 때문이다.

우리도 날마다 누군가의 태도를 보고 품성을 판단한다. 보이는 것으로 보이지 않는 것을 추정한다. 그가 하는 행동이 그가 품고 있는 마음이라고 여긴다. 밝고 상냥하게 인사하는 이들에게는 호감을 갖게 되고, 만날 때마다 알아도 모른 척, 몰라도 모른 척 지나치는 사람에게는 그 반대의 감정을 갖는다. 이성에 철저하고 감정이 없는 사람에게는 '일은 잘하는데 비인간적'이라는 딱지를 붙인다. 말 한마디 교환하지 않고도 몸짓이라는 비언어적 채널, 그러니까 태도만으로 어떤 사람에 대한 감정을 만든다. 잘못한 것 하나 없는데도 미운털이 콱 박힐 수 있다.

특히 요즘 같은 저성장 시대에 이런 일이 두드러지게 나타난다. 어느 집단에서나 외부의 위험이 사라지면 사람들의 관심은 내부로 향한다. 요즘처럼 저성장이 길어지고 깊어지면서 자리가 줄어드는 내부의 위험이 고조될 때 사람들은 무엇으로 다른 사람을 판단하게 될까? 자신에게 우호적으로 대하는 사람과 그렇지 않은 사람을 똑같이 대할까? 당장 생존을 걱정해야 하는 마음이 강할수록 집단은 '신분 의식'을 강화하는 경향이 있다. '이 자리는 내 것이니 건드리지 마라'는 마음을 자신의 지위를 강하게 표현하는 것으로 나타낸다. 물론 직접적으로 표현하는 '바보'는 없다. 보통 '매너'라고 하는 사회적 예절을 강조한다.

한때 잘나가다 기울어지는 조직을 가보면 흔히 들을 수 있는 말이 있다. "버릇없다", "기본이 안 되어 있다"는 말들이 그것이다. 위계와 서열을 강조하는 마음에서 나오는 말이다. 흔들리는 자신의 지위와 생존을 이런 질서를 통해서라도 부여잡고 싶은, 그래서 무너지지 않겠다는 마음이 상대에게 '예절'을 강조하게 한다. 왜 '실력보다 태도가 중요하다'는 말이 중시될까? 이런 마음이 저변에 깔려 있기 때문이다.

상사들이 가장 싫어하는 후배

인사가 중요한 지극히 현실적인 이유가 하나 더 있다. 지위가 높아질수록 사람들은 그에 맞는 대우를 받고 싶어 한다. 드러내 놓고 말하지 않아서 그렇지 알아서 대우해주기를 바라는 마음은 태산만큼 높다. 진화심리학적으로 말하자면 우리 안에 흐르는 오래된 마음에는 위계질서의 피가 흐른다. 다들 절대 그렇지 않다고 하지만 말만 그럴 뿐, 존중받고 싶은 마음은 누구나 같다. 드러낼 수 없어서 더 그럴지도 모른다.

마음으로만 그럴까? 결코 그렇지 않다. 누구나 자신이 인정받는 사람이며 그만한 대우를 받을 만한 존재라는 걸 자신의 눈으로 확인받고 싶어 한다. 어느 역사에서나 아부와 아첨 때문에 신세 망친 사람들이 가득하지만 이것들이 지금도 횡행하는 이유가 무엇이겠는가? 수요가 있기에 공급이 있는 것이다. 선거철이면 항상 면

저 인사하기 바쁜 국회의원들의 허리가 선거가 끝나는 순간 달라지는 이유가 여기에 있다. 자신들이 더 높다고 생각하기에 90도까지 굽혔던 허리를 꼿꼿이 세운다. 동물행동학자인 프란스 드 발의 표현대로 하자면 그들은 "지위를 나타내는 물리적 표지에 민감하다." 그래서 비싼 차를 타고 고급 레스토랑을 예약한다. 절대 권력을 가졌던 왕들이 동서고금을 막론하고 거대한 궁전을 지은 것도 이런 마음에서였다. 자신의 권력을 표현할 만한 뭔가가 필요했던 것이다. 요즘 유행하는 클럽에서 골든 벨을 울리며 모든 술값을 내겠다고 호기를 부리는 이들도 마찬가지다. '나 이런 사람이야!'라는 걸 그런 식으로 과시하는 것이다.

잊을 만하면 가끔씩 하는 직장인 대상 설문조사에서 상사들이 가장 싫어하는 후배는 언제나 같다. 어떤 후배일까?

말할 것도 없이 매너 없는 후배다. 말이 매너이고 예절이지, 좀 더 구체적으로 표현하자면 자신을 상사로 존대해주지 않는 후배다. 자신을 존대하지 않는다는 건 자신을 인정하지 않는다는 뜻이기 때문이다. 그들의 마음속에는 부하가 자신에게 해야 할 행동이 있다. 그 첫 번째 항목에 있는 게 바로 인사다.

인사의 중요성을 이렇게 누누이 강조하는 건 인사를 해야 할 이유를 아는 것이 인사를 잘하게 되는 첫 번째 방법인 까닭이다. 공부를 해야 하는 이유, 일을 해야 하는 이유를 알면 더 잘하게 되듯이 말이다. 그렇다면 이렇듯 중요한 인사를 하는 좋은 방법이 있을까?

사장님을 다시 만날 때 인사하는 법

입사한 지 얼마 되지 않는 신입사원들이 가장 힘들어 하는 것 중의 하나가, 아침에 만날 때 인사했는데 다시 윗사람을 만나면 인사를 또 해야 하는가 하는 것이다. 한 번 했으니 그걸로 된 걸까?

예를 하나 들어보자. 왕을 알현해야 하는 신하는 왕에게 각별한 예를 갖춰야 한다. 그런데 한두 시간 후에 다시 왕을 알현해야 할 일이 생겼다. 방금 전에 했으니 이번에는 하지 않아도 될까? 사안도 급하고 하니 곧장 본론부터 말하면 되지 않을까?

이럴 땐 인사를 받는 사람 입장에서 생각해보면 문제를 풀기 쉽다. 내가 누군가를 백 번 존대하기는 어려워도, 백 번 존대 받는 건 쉽다. 쉬울 뿐만 아니라 기분까지 좋다. 만날 때마다 해야 한다는 말이다. 고민할 필요 없이 원래 그런 것이려니, 하는 생각으로 하면 된다. 단, 조심할 게 있다. 두 번째 인사부터는 좀 더 가볍게 해도 되지만 지나가는 바람처럼 건성으로 하는 것처럼 보이지 않도록 해야 한다. 가벼운 인사와 성의가 없는 인사는 다르다. 성의 없는 인사는 '불량품'으로 인식된다. 우리가 산 물건이 불량품일 때 기분이 나쁘듯 '불량 인사'를 받는 것도 마찬가지다.

성의 있는 인사라는 느낌을 주려면 시선과 몸의 중심축을 인사를 받는 사람에게로 향하는 게 좋다. 시선을 맞출 필요까지는 없지만 시선이 상대를 향해야 한다. 눈은 마음의 창이라는 말처럼 마음을 향해야 인사를 받는 상대가 좋은 느낌을 받는다. 시선과 몸의 중심축이 숙이는 고개의 각도와 다르면 '별로 하고 싶지 않다'는 걸 몸으로 말하는 것이나 다름없다. 인사는 인사대로 하고 욕은 욕대로 먹기 좋은 방법이다. 카페에 갔을 때 노트북을 그 카페의 와이파이에 접속한다는 생각으로 하면 된다.

문화인류학자 에드워드 홀은 모든 커뮤니케이션 시스템은 세 가지로 이루어진다고 했다. 전체 구조와 구성요소, 그리고 메시지다. 예를 들어 우리가 하는 통화는 연결망(전체 구조)과 나와 상대의 휴대폰(구성요소)이 있기에 하고 싶은 말(메시지)을 할 수 있다. 인사도 마찬가지다. 인사는 우리 회사(전체 구조) 내의 어떤 사람과 나(구성요소)가 주고받는 우호적이고 친근함을 위한 몸짓(메시지)이다.

메시지는 다양하다. 몸짓일 수도 있고 "안녕하세요?"라는 단순한 말을 곁들일 수도 있다. 인사로 감정 점수를 잘 따는 사람들은 인사에 곁들이는 '메시지'가 일품이다. "넥타이 멋진데요", "어제 발표는 아주 인상 깊었어요"라는 말들을 넉살 좋게 잘한다. 하지만 어색하고 힘들면 꼭 할 필요는 없다. 더 어색해질 수 있고 쓸데없는 격식을 차린다는 인상을 줄 수도 있다. 차라리 좋은 표정을 짓는, 그러니까 표정이 있는 인사가 훨씬 낫다. 인사는 친해지고 싶거나 적대적이지 않다는 마음을 전하고 받는 것이다. 테니스나 탁구로 치면 성의 있게 공을 상대에게 보내는 것이다. 밝고 씩씩한 얼굴을 보내는 것과, 무뚝뚝하거나 찡그린 인상을 보내는 것은 받는 사람의 감정에 영향을 끼칠 수밖에 없다. 마음이 가지 않는다면 태도라도 정중하게 해야 한다. '당신과 적대적인 관계가 되고 싶지 않다'는 인사의 본질에 충실하는 것이다.

탁월한 CEO가 복도를 걸어가는 노하우

인사는 아랫사람만 하는 게 아니다. 어떤 회사에 갔을 때 그 회사가 성장성을 가졌는지 아닌지 알아보는 방법 중의 하나는 인사가 상호적인가 하는 것을 보는 것이다. 좋은 조직은 인사가 상호적이지만 나쁜 조직은 일방적이다. 자기중심적이고 권위적인 조직이나 그런 사람일수록 인사를 하지 않고 받기만 한다. 고개를 숙이는 걸 복종의 개념으로만 본다. 사이좋은 부부가 서로 눈길을 보내듯, 좋은 조직은 좋은 감정을 서로 주고받는다.

얼마 전 타계한 미국 사우스웨스트항공 창업자 허브 캘러허는 경영 사례에 빠지지 않고 나오는 단골이다. 그만큼 경영을 잘했다. 도대체 어떻게 했길래 구성원들의 신망을 그렇게 듬뿍, 그리고 오랫동안 받았을까?

궁금증을 가진 한 방송사가 그의 일거수일투족을 영상에 담아 분석했다. 가장 인상적인 장면은 그가 복도를 걸어가는 장면이었다. 그는 복도를 찬바람이 아니라 봄바람처럼 걸어갔다. 만나는 사람들마다 먼저 인사하고 악수를 청하고 따뜻하게 포옹했다. 직원들이 '우리를 진짜 가족처럼 생각하는구나' 하고 느낄 수밖에 없는 모습이었다.

행태학자들의 연구에 따르면 대화를 할 때 고개를 끄덕이는 것도 넓은 범주의 인사다. 상대가 하는 말에 수긍하는 모습을 보여주는 것이다. 찬성하지 않더라도 열심히 들어주는 모습을 보이면 상대와 가까워진다. 미국의 델컴퓨터를 창업한 마이클 델을 코칭하게 된 사람이 직원들에게 델에 대해 물었더니 이런 반응이 나왔다.

'냉담하고 급하다. 고맙다는 표현을 거의 하지 않는다.'

피드백을 받은 델이 어떻게 했을까? 공개 사과를 하면서 개선하겠다고 약속했다. 직원들도 CEO의 답례 인사를 받지 않으면 서운한 것이다.

만났을 때 서로 인사하는 것만이 상호적인 건 아니다. 도움을 받았다면 반드시 감사 인사를 이른 시간 안에, 직접, 성의를 담아 표현하는 게 좋다. 그래야 또 다른 도움이 이어진다. 이걸 지켜보는 사람들도 좋은 평가를 내린다. '저 사람은 자신이 받을 걸 보답할 줄 아는구나.' 이런 생각이 또 다른 도움을 주게 한다.

불확실성이 높아질수록 사람과 사람 사이가 중요해질 것이다. 무엇을 아는가 하는 것도 중요하지만, 어떤 사람인가 하는 게 더 중요해질 것이다. 일만 잘해서는 잘 살아갈 수 없다. '사람이 됐다', '괜찮은 사람'이라는 말을 들어야 한다. 인사는 그런 '사람됨'을 평가하는 시작점이다.

상사를 싫어할 수 있다.

그래도 티를 내지 말아야 하는 게 직장 생활이다.

자신도 모르게 속마음을 드러내 상사와 깊은 골을 만들고 만다.

한 번의 실수가 회복하기 힘든 상처가 된다.

상사는 꼰대가 되고 자신은 밉상이 된다.

일이 힘들면 돌파하면 된다.

하지만 관계가 힘들면 회사가 지옥이 된다.

사소하지만 중요한 행동들이

알게 모르게 '슬기로운 회사 생활'을 만든다.

PART 3

상사, 다룰 수 없으면 괴물, 다룰 수 있다면 선물

왜 사장실에
들어갈 때마다
움츠러들지?

2차 대전 때 연합군 최고사령관을 지낸 드와이트 아이젠하워가 대통령에 출마했을 때의 일이다. 맥아더가 그에 대해 한 말이 사람들 사이에 회자되었다.

"그는 내가 경험한 부하들 중 최고였다."

아이젠하워는 1930년대 필리핀에 주둔했던 맥아더 휘하에서 복무한 적이 있었는데 그때 경험을 두고 한 말이었다. 얼마나 능력이 뛰어났길래 '최고'라는 수식어를 썼을까?

그 경험은 사소한 것에서 시작되었다. 맥아더의 집무실을 드나들 때마다 상관인 그에게 허리를 굽혀 예를 표했는데 바로 그 모습이 맥아더의 마음에 들었던 것이다. 웬만해서는 허리를 굽히지 않는 서양 문화에서는 흔히 볼 수 없는 것이기에 그랬을 것이고, 아부가 아니라 공손한 마음을 표현한 것이었기에 더 그랬을 것이다. 자존심 세고 과시 성향이 있던 맥아더에게 그런 모습은 최고의 부하로 꼽기에 손색이 없었다.[1]

앞에서도 말했지만 지위는 항상 더 높이 오르려 하고 대우받고 싶어 하는 속성이 있다. 언제 어디서나 그렇다.

러시아를 압제에서 해방시켜 평등한 세상을 만들겠다고 1917년 세계 최초로 일으킨 사회주의 혁명이 10월 혁명이다. 이 혁명의 주역 중 하나가 레온 트로츠키였는데 그가 군사령관으로 있을 때였다.

무장 혁명을 일으킬 때 그는 니콜라이 마르킨이라는 수병(水兵)의 결정적인 도움을 받았다. 마르킨은 지휘관은 아니었지만 수병을 실질적으로 이끄는 리더였다. 덕분에 혁명이 성공하고 트로츠키가 군사령관이 되자 마르킨의 행동 폭도 늘어났다. 그런 그가 어느 날 술병을 든 채 트로츠키 앞에 나타났다. 트로츠키는 군사회의를 하면서 부하를 질책하고 있던 참이었다. 이미 술에 취해 상황 파악을 하지 못한 그는 존경하면서도 친근하게 여겼던 트로츠키의 어깨에 손을 얹으며 친근한 척 했다. 둘 사이가 막역하다는 걸 사람들 앞에서 표현하고 싶었을 것이다.

하지만 그건 돌이킬 수 없는 실수였다. 혁명을 성공시키는 데 결

---

1 조 내버로, 마빈 칼린스, 앞의 책.

정적인 역할을 한 공헌을 그는 그렇게 술김에 날려버렸다. 화가 난 트로츠키가 마르킨을 치열한 전투가 벌어지는 전선으로 보내 죽게 했던 것이다. 러시아에서 제작한 드라마 '트로츠키'에서 마르킨은 죽은 영혼으로 나와 억울한 듯 '왜 그랬느냐'고 묻는다. 왜 그랬을까?

"자네는 내 인생 최악의 시기에 날 불쌍하게 봤어. 날 겁먹은 화이트칼라 얼간이로 기억한 거야. (…) 건방지게 어깨를 툭 쳐도 되는 사람으로 봤고 말이지. 난 혁명군사위원회의 의장이었는데. 신성한 우상 말이야. (그런데) 자네만 나를 두려워하지 않았어."

혁명에 성공하기 전 트로츠키는 근근이 살아가던 존재였고, 마르킨은 수병 대장 노릇을 하며 잘살고 있었는데, 트로츠키는 그때의 일을 기억하고 있었다. 그런데다 다들 신성한 우상으로 보는 그를 그렇게 하지 않았으니 가만 놔둘 수 없었다는 것이다.

"그게 그렇게 중요한가요? 난 당신 친구였어요."

"아니 자네는 나를 (신성한 우상에서) 사람으로 바꿔 놓았어. 하지 말았어야 했어."

그들은 대우받고 싶어 한다. 그것도 지극히!

조직은 대체로 서열 시스템으로 움직이고, 서열에 따라 권력이 주어진다. 다양한 연구들이 밝히듯 권력은 사람을 바꿔 놓는다. 권력이 생기면 사람을 수단으로 보고, 자기 마음대로 사람을 움직이려 하며 자신의 권위에 대들거나 저항하는 이들을 힘으로 누르려 한다. 권력을 통해 더 큰 권력을 얻으려 한다. 러시아는 서유럽보다는 덜해도 우리나라보다 상하 간 위계가 좀 더 자유스러울 듯한데 어깨에 손 한 번 얹은 게 그렇게 위험한 일이었을까?

신체 언어에 관한 심리학에서 어깨에 손을 얹는 건 머리에 손을 얹는 것보다는 덜하지만, '당신과 나는 동급'이라는 뜻이다(머리를 쓰다듬는 건 아주 친한 사이거나 절대적인 지위를 가져야 용인되는 행동이다). 트로츠키의 말마따나 하늘 높이 솟아오르던 신성한 우상의 날개를 잡아 땅으로 끌어내린 것이었다. 더구나 부하들이 보는 앞에서 말이다. 그건 권력자에게 신성모독이나 다름없는 일. 신성모독은 용서할 수 없는 것이다. 트로츠키에게 그건 죽어 마땅한 행동이었다.

신성모독까지 가지 않더라도 그들의 대우받고 싶어 하는 마음에 생채기를 내는 것도 마찬가지다. 일단 지위를 가지면, 더구나 그 지위가 높아지게 되면 될수록 지위를 나타내는 물리적 표지에 민감해진다. 높은 분이 좋아하는 물건에 손을 댄다거나 그들이 좋아하는 의자에 앉는 건 그들의 지위가 높을수록 단순한 괘씸죄 이상의 것이 된다. 그 의자가 왕이 앉는 자리라면 역적이 될 수도 있다. 그러니 가능한 한 건드리지 않는 게 신상에 좋다.

다행히 예절을 강조하는 우리 사회에서는 이것이 신성모독에 가깝다는 걸 어릴 적부터 배우지만 가끔 술기운에 마르킨처럼 행동하는 이들이 있다. 술은 면죄부를 줄 듯 우리에게 용기를 내게 하지만 술이 면죄부를 주는 일은 거의 없다. 그 자리에서는 웃어넘길지라도 마음의 '상처'는 남는다. 지위가 높을수록 다른 건 잊어도 그런 건 잊지 않는다. 머리로 하는 생각은 잊힐 수 있지만 몸이 기억하는 감정은 잘 잊히지 않는 법이다. 대체로 다음 날, 또는 이후 어떻게 행동하느냐에 따라 신성모독 여부가 결정된다.

어느 회사에서나 볼 수 있는 모습이 있다. 사장실에 들어가는 사람들은 사장과 사장보다 높은 사람을 제외하고는 모두 몸을 움츠린다. 자기도 모르게 몸을 작게 한다. 모습만 봐도 그가 어느 직급인지 대체로 알 수 있을 정도다. 사장과 직급이 가까운 사람은 덜 움츠리고, 먼 사람일수록 더 움츠린다. 잘못한 일이 있어 호출당한 사람이나 영문 모르고 사장실에 혼자 불려 들어가는 말단 사원은 말할 것도 없다. 이미 콩알만 해져 있는 그들의 간만큼 그들의 몸도 작을 대로 작아진다.

우리는 왜 사장실에 들어갈 때 주눅 든듯 우리도 모르게 움츠러들까?

이유는 우리 유전자에 깊숙하게 새겨져 있다. 우리는 일상적으로 하는 행동의 95% 정도를 우리도 모르게 무의식적으로 하는데 여기에 관여하는 유전자는 우리가 대하는 세상을 딱 두 가지로 판단한다. 나에게 좋은가, 나쁜가? 또는 위험한가, 안전한가? 안전하고 좋으면 마음을 놓고 그렇지 않으면 긴장하거나 그 자리를 피하려 한다. 이런 우리에게 사장실은 어떤 곳일까?

어떤 일이 일어날지 알 수 없는 곳이다. 말단 직원일수록 높은 분의 뜻을 헤아릴 수 없기에 더 그렇다. 하지만 오랜 경험을 축적한 우리 유전자는 지위 차이가 많이 나는 사람 앞으로 가는 게 그리 좋은 일이 아니라는 걸 안다. 지금이야 세상이 많이 변했지만 불과 얼마 전까지만 해도 좋은 일보다 좋지 않은 일이 확실히 많았다. 자주 보는 사람이 아닌 한, 왕을 직접 보거나 가장 높은 사람을 직접 만나 무슨 좋은 일이 있었겠는가?

권력을 휘두르는 사람의 눈에는 가능한 한 띄지 않는 게 좋은 일이었으니 몸을 작게 하는 게 좋았을 것이다. 이런 건 공격할 뜻이 조금도 없다는 걸 보여주는 행동이기에 생존에 조금이라도 유리했을 것이다. 무엇보다 언행을 조심해야 했기에 미리미리 조심하는 게 최선이었다. 이런 게 오랜 시간 축적되다 보니 본능화된 것이다(백화점 같은 곳에서 조용히 활동하는 좀도둑들도 마찬가지인데, 이들은 자신의 존재를 감추기 위해서 그렇게 한다).

동물 사회의 '높은 분' 대하기

이런 모습은 하물며 서열이 존재하는 어느 동물 집단에서나 흔히 볼 수 있다. 닭들의 세상에서부터 사자나 늑대처럼 생태계 꼭대기에 있는 집단까지 예외가 없다.

특히 조직적으로 움직이는 늑대 무리에서 이런 모습을 잘 볼 수 있는데, 녀석들 세상은 넘버 1에서 최하위까지 서열이 확실하게 정해져 있고, 해야 할 행동과 하지 말아야 할 행동 또한 마찬가지다. 위 서열에게 해야 할 행동은 '깍듯한 예우'다. 예우란 지위가 낮은 쪽이 높은 쪽에게 하는 특별한 행동이다. 인사 편에서 말한 이런 존대 행동은 '당신이 나보다 위입니다'라는 걸 행동으로 보이는 것이다(동물에게 적용할 때는 복종 행동이라는 표현을 많이 쓴다).

대체로 대결에서 진 패자의 행동에서 온 이 행동들은 고개를 상대보다 낮게 숙이고 시선을 아래로 까는 게 기본이다. 앞에서 말한 것처럼 시선을 아래로 하는 건 대결을 벌이지 않겠다는 뜻인데, 대결을 벌이려면 상대를 뚫어지게 봐야 하기 때문이다. '높은 분'의 심기가 심히 불편한 것 같거나 대결에서 졌을 때는 누워서 배를 드러낸다. 배는 발톱이나 이빨을 살짝만 가해도 치명상을 입기 쉬운 곳이기에 이곳을 상대의 처분에 맡기는 건 목숨을 맡긴다는 뜻이다.

집단생활을 하는 개코원숭이들은 우리와 유전적으로 좀 더 가까워서인지 비슷한 점이 더 많다.

이 녀석들 역시 대결을 통해 우두머리 자리를 쟁취하는데, 새로운 우두머리가 등장하면 이 존재를 예우하는 행동들이 줄지어 나타난다. 가만히 앉아 있는 우두머리에게 다가와 '인사'를 하는 행렬이 생긴다. 이들은 한결같이 시선을 아래로 깐 채 조용히 다가왔다가 지나가거나 옆에 가만히 앉는다. 뒤로 돌아 자신의 생식기를 보여주기도 하는데 이건 사자나 늑대들이 상대에게 배를 보여주는 것과 같은 의미다. 가장 중요한 부위를 숨기지 않고 보여주는 건 '당신의 처분대로 하겠다'는 뜻이고, 쓰다듬어 달라거나 털 고르기를 해달라고 하는 건 '당신의 어루만짐이 필요하다'는 것이 다. 사장이 등을 두드려주기를 바라는 것과 비슷하다. 접촉은 유대 감을 쌓을 수 있는 방법인 까닭이다.

이 과정을 자세히 보면 지위가 높은 존재에게 다가갈 때 지켜야 하는 행동이 있다는 걸 알 수 있다.

우선, 절대 우두머리보다 몸을 크게 하지 않아야 한다. 몸을 크게 하는 건 '내가 당신보다 더 크다'는 뜻을 전달하는 과시 행위다. 이 런 과시 행위는 대체로 결투 전에 나타나는데 '나는 이렇게 크니 빨리 포기하고 도망가라'는 뜻이다. 덩치가 커야 싸움에 유리하기 에 덩치를 크게 해서 상대를 기선제압하려는 것이다. 수사자들이 싸울 때 갈기를 세우고, 우리가 누군가와 싸우려고 할 때 양쪽 허 리에 손을 척 얹는 이유도 마찬가지다. 군인들이 어깨에 계급장을, 그것도 두드러지게 다는 건 잘 보이게끔 하는 것이기도 하지만 어 깨를 높여 덩치를 더 크게 보일 수 있기 때문이다. 이런 중요한 곳 에 마르킨이 함부로 손을 얹었으니 괘씸죄를 면치 못할 수밖에(심 지어 여성들도 마찬가지다. 어깨에 뭔가를 넣는다).

우두머리를 똑바로 쳐다보지 않는 것 역시 중요하다. 뚫어지게 쳐다보는 응시는 역시 '너와 한판 겨루겠다'는 신호다. 이걸 피하 기 위해 녀석들은 정면에서 다가가지 않고, 빠르게 다가가지 않는 다. 마치 우리가 사장실에 들어가는 것처럼 그렇게 접근한다. 침팬 지들 역시 만날 때마다 이런 식으로 '인사'를 교환한다. 아프리카

곰베 지역에서 침팬지를 지금까지 관찰하고 있는 제인 구달은 이렇게 말한다.[2]

"그들이 의사소통에 사용하는 몸짓과 자세가 인간의 것과 매우 비슷하다. 실제 자세와 몸동작뿐 아니라 그런 몸짓을 사용하는 상황까지 유사하다."

새로운 우두머리 역시 귀찮아하거나 거부하지 않는다. 점잖고 강한 모습으로 앉아 다가오는 녀석들을 슬쩍 어루만져주기도 하고 등을 쓰다듬어주기도 하며, 툭툭 쳐주기도 한다.

그러니까 요즘 같은 첨단 시대에 이런 케케묵고 낡아 빠진 구식 관습이 살아 숨 쉰단 말인가? 회사의 말단일수록 이렇게 생각하지만 이런 말단도 지위를 가지게 되면 그 오래된 마음이 살아나 복종 행동을 은근히, 그리고 당연하게 원한다(시간이 지나면 알게 된다!). 자신이 힘을 갖고 있다는 걸 부하들에게 하는 행동만이 아니라 부하들이 자신에게 하는 행동을 통해 확인하고자 하는 마음이 위로 올라갈수록 강렬해진다. 조직은 서열을 근간으로 하고, 서열은 힘을 기반으로 하며, 행동을 통해 힘이 나타나는 까닭이다.

왜 의전이 이토록 성할까? 의전이라는 이름을 통해 자신의 힘을 인정받고 싶은 것이다. 이 세상의 모든 상사는 정도의 차이는 있겠지만 복종을 원한다. 앞에서 다룬 인사는 이런 복종 행동의 기본이다. 인사 잘하는 사람치고 욕먹는 사람이 없는 이유다.

---

2 제인 구달, 인간의 그늘에서, 박순영 옮김, 사이언스북스, 2006년.

세상의 모든 상사가 기본적으로 이렇다면 말은 물론 몸으로도 잘 대응해야 하루라도 무난한 회사 생활을 할 수 있다. 룰을 알고 경기를 하는 것과 모르고 하는 것에는 엄청난 차이가 있다. 반칙을 한 뒤 레드카드를 받고 나서야 "나는 몰랐다", "그럴 수 있느냐"고 해봐야 무슨 소용이 있겠는가? 미리 알고 행동하는 게 중요하다.

관계가 힘들면 회사가 지옥이 된다

우리는 입으로만 뜻을 전하는 게 아니라 몸으로도 전한다. 역시 앞에서 말했듯 우리가 하는 의사소통에서 말(메시지)이 차지하는 비중은 7%에 불과한 반면 몸짓 같은 비언어적 요소는 무려 93%나 차지한다. 상사에게 어떤 말을 할 때, 상사는 우리가 하는 말에서 7%의 정보를 얻고, 나머지 93%를 우리 몸이 하는 말에서 얻는다는 뜻이다.

우리가 말에 집중하는 동안 상사는 우리의 몸짓과 목소리에 집중한다. 우리가 논리적으로 말하려고 식은땀을 흘리는 동안 상사들은 우리 몸이 말하는 걸 읽는다. 나도 모르게 하는 행동이라 나는 모르지만 상사는 안다. 이러니 왜 그가 알다가도 모를 언행을 하는지 우리로서는 도통 알 수 없을 때가 많다.

더구나 요즘 젊은 세대는 이렇게 영향력이 큰 상사를 어떻게 대해야 하는지 제대로 배운 적이 없다. 대가족 시대에는 가정에서 배우기라도 했지만, 핵가족 시대에는 배울 곳도 없다.

직장 생활을 자세히 관찰하면, 일보다 서로를 대하는 과정에서 사이가 틀어지는 일이 훨씬 많다. 누구나 실수를 할 수 있지만 이 실수에 어떻게 대처하느냐에 따라 이후 상황이 결정되는데 젊은 세대는 이런 상황에 익숙지 못하다. 상사와 실수라는 예민하면서도 난감하기 짝이 없는 장애물을 어떻게 대해야 할지 경험해본 적이 많지 않기에 실수가 또 다른 실수로 이어진다.

상사를 싫어할 수 있다. 그래도 티를 내지 말아야 하는 게 직장 생활이다. 하지만 말(의식)로는 그렇지 않다고 하면서도 몸(무의식)은 자신도 모르게 속마음을 드러내 상사와 깊은 골을 만들고 만다. 한 번의 실수가 회복하기 힘든 상처가 된다. 상사와의 관계가 물 건너가고 만다. 상사는 꼰대가 되고 자신은 밉상이 된다. 스트레스 호르몬이 날마다 온몸을 가득 채우지만 왜 이런 회복 불능 상태까지 왔는지 모른다.

일이 힘들면 돌파하면 된다. 하지만 관계가 힘들면 회사가 지옥이 된다. 어렵게 들어온 회사를 떠나야 하는 일이 생긴다. 상사를 대하는 자세를 알아야 하는 이유다. 다음에 알아보겠지만 사소하지만 중요한 행동들이 알게 모르게 '슬기로운 회사 생활'을 만든다.

'높은 분'들은
왜 주의가
산만할까?

    사장이나 임원들에게 직접 보고를 해본 이들이 한결같이 경험하는 게 있다. 보고를 하려고 하거나, 하는 도중에 들려오는 소리가 있다.

"짧게, 본론만 얘기해봐."

아니, 두 달 가까이 밤샘하다시피 해서 작성한 내용을 어떻게 짧게 얘기하란 말인가? 중요한 내용이라 전후좌우 배경 설명이 필요하다는 걸 본인이 잘 알면서. 당황스러운 마음에 잠시 멈칫하고 있으면, 다시 들리는 목소리가 있다.

"그래 알았어. 대신 좀 빠르게 해봐."

최대한 간단하게 할 생각으로 설명을 시작하지만 5분쯤 지나면

'그분들'의 몸은 자동적으로 뒤로 젖혀지며 의자에 등을 기댄다. 그와 함께 나오는 말이 있다.

"그래서 요점이 뭐야? 된다는 거야, 안 된다는 거야?"

이제 막 배경 설명을 시작했는데 요점을 말하라고? 앞이 캄캄해진다. 할 수 없이 주마간산 격으로 보고를 마칠 수밖에 없다. 그렇게 정신없이 보고를 하고 물러나오면 마음이 황량해진다. 엄벙덤벙했다 싶어서다. 갈수록 얘기 못 한 게 생각난다. '아, 그걸 말했어야 했는데….' 긴장한 탓에 뭘 보고했는지, 제대로 했는지 생각이 나지 않을 때도 있다. 그렇다고 확인해볼 수도 없는 일, 하루 내내 기분이 찝찝하고 멍하다.

결재를 받을 때도 마찬가지다. 질문을 해놓고 별로 들으려 하지 않는다. 뭘 좀 얘기하려고 하면 싹둑 자른다.

"그럼, 그게 이기라는 거지?"

"예? 아, 예."

"그래. 알았어. 어쨌든 제대로 했겠지?"

제대로 보지도 않고, 제대로 했느냐고 묻는다. 제대로 보면 알 텐데. 무 자르듯 보고하는 사람의 말을 툭툭 잘라버리는 사장이 있는가 하면, 무슨 말이든 귓등으로 흘리는 사장도 있다. 말해보라고 해놓고 다른 서류를 보고 있거나, 휴대폰 진동이 울리면 그걸 다 확인한다. 걸려오는 전화도 다 받고, 문자도 주고받는다. 그러면서 계속 얘기하라고 한다. 듣는 사람이 산만해지면 말하는 사람은 어느 장단에 맞춰야 할지 헷갈릴 수밖에 없는 법. 제대로 듣지 않는데 어떻게 제대로 말할 수 있겠는가. 보고 한 번 하고 나면 시쳇말로 '멘털이 탈탈 털린 듯' 하다.

더구나 이런 상사들은 꼭 뒤탈을 일으킨다. 한참 시간이 흐른 후, 으레 나오는 말이 있다.

"이거 누가 이렇게 하라고 했어?"

설명할 때는 분명 고개를 끄덕끄덕하며 "그래그래 알았어"라고 해놓고, 왜 그렇게 했느냐니. "저번에 설명드릴 때 그렇게 하라고 하셨지 않습니까"라고 하면, 또 으레 나오는 말이 있다.

"내가 그랬다고? 언제?"

다시 성심껏 설명하면 "그래, 그렇게 얘기했어야지. 대충 설명하니까 나도 그냥 넘어갔지"라고 한다. 기가 찰 노릇이다. 본인 탓은 하나도 없고 무조건 보고한 사람을 탓한다. 이상한 건 직원들에게 주의가 산만하다는 평을 듣는 임원들도, 사장에게 똑같은 불만을 가진다는 것이다.

"도대체 제대로 보고를 할 수 없어. 우리 사장님은 왜 저렇게 산만하지?"

정말이지 '저 높은 곳에 계신' 분들은 도대체 왜 그럴까?

상사가 되기만 하면 걸리는 병, 주의 산만

다양한 게 사람이지만 원래 성향 자체가 '주의 산만'인 사람이 있다. 스스로는 멀티플레이어라고 하지만, 본인만 그렇게 생각할 뿐, 사실은 주변 사람들을 동시에 '멀티(multi)로' 괴롭히는 유형이다. 또 마음 가득한 권위 의식으로 아랫사람을 하인인 듯 부리는 이들도 있다. 하지만 이런 성향이 아니어도 높은 자리에만 가면 주의가 산만해지는 임원이나 사장들이 한둘이 아니다. 그들은 또 왜 그럴까?

회사가 클수록 수도 없는 이유가 있지만, 한마디로 '그들은 바쁘다'. 임원이 되면 보통 하나의 사업 단위를 맡게 되는데, 주요 프로젝트만 해도 5~6개, IT업체는 8~10개나 된다. 요즘 같은 시장 상황에 발등에 불 떨어지지 않은 곳이 있을까? 기다렸다는 듯이 일은 터지고, 가야 할 곳은 많고, 참석해야 할 회의가 수두룩하다. 오라는 곳은 많은데 시간이 없다.

임원이 이런 상황이니 완전히 업무 내용이 다른 부서들을 이끌어야 하는 사장의 하루는 말할 필요도 없다. 하루가 멀다 하고 가져오는 안건을 해결하다 보면 아침은 금방 저녁이 된다. 사안도 가지각색, 천차만별이니 내용을 이해하는 시간도 부족하기 십상이다.

더구나 조직은 결정하기 애매하거나 책임을 져야 하는 일이 있으면 거의 무조건 위로 올리는 속성이 있다. "중요한 일이기에 사장님이 직접 결정하셔야 합니다"라고 하면서 결재안에 담는다. 말이 좋아 '중요한 일'이지 사실은 사장에게 미루는 것이나 다름없다. 중요한 사람이 중요한 결정을 해달라는 말로 결정과 책임이라는 멍에를 사장에게 씌우는 것이다. 그러니 뭐 하나 쉬운 일이 없고 허투루 넘어갈 일이 없다.

오래전이지만, GE의 제프리 이멜트 전 회장이 한국에 왔을 때 그의 하루 일정표를 본 일이 있다. 물론 보안 문제로 하루가 지나서 본 것이지만, 그의 하루 일정은 오전 7시 15분부터 오후 9시까지 30분 단위로 빽빽했다. 고만고만한 일들이 아니었다. 장관을 만난 다음에는 세미나에 참석해야 하고, 공장을 방문한 다음에는 한국에 몇백만 달러를 투자하는 결정을 해야 했다. 세 끼 식사 또한 모두 공식적인 행사라 마음 편한 시간이 아니었다. 도대체 생각할 시간이나 있는지 궁금했다. 휴식시간은 오후 6시 30분에서 7시까지 단 30분이었다.

세계적인 규모의 회사를 이끄는 회장이니 그렇겠지만, 사실 중소기업 사장이라고 해도 바쁜 건 매한가지다. 큰 회사의 사장, 회장은 분야별로 맡아서 해줄 사람이 많은 반면, 중소기업 사장은 모든 걸 다 혼자 뛰어야 한다. 성격 급한 사람이나 리더십을 제대로 익히지 못한 사장들은 이럴 때 마치 로봇처럼 사람들을 부리려 한다. 자기 팔다리처럼 사람들이 움직여주었으면 싶은 것이다. 이런 과정에서 충돌이 일어나고 실수하기 쉽다.

바쁜 그들을 대하는 법
....
어떤 사장이든 바쁘지 않은 하루는 없다. 자신도 모르게 "요점이 뭐야?"라고 하게 되고, 주의가 산만해진다. 그래서 보고를 하건, 결재를 받건 꼭 명심해야 할 것이 있다.

10분이 주어지건, 30분이 주어지건, 무조건 5분만 내게 주어졌다고 여기는 것이다.

물론 5분 만에 보고를 마치기 위한 게 아니다. 첫 5분을 무사히 통과하면, 다음 5분이 주어지고, 그 5분을 또 통과하면, 다시 또 5분이 주어진다고 생각하는 게 핵심이다. 5분 단위로 자르되, 우선순위에 맞춰 내용을 배치하는 기술이 필요하다. 무엇을 기준으로 우선순위를 정해야 할까?

기준은 명확하다. 보고자의 중요도가 아니라, 보고 받는 사람이 중요하다고 생각하는 것, 궁금해하는 순서로 배치하는 것이다. 배가 고파 죽어가는 사람에게 세계 최고의 차(茶)를 주면 고마워할까? 이런 사람에게는 배고픔을 해결할 걸 먼저 주어야 한다.

이런 순서로 배치하되, TV 드라마처럼 다음을 궁금하게 만들어 또 한 번의 5분을 계속 확보하도록 설계하는 게 핵심이다. 준비는 몇 배 힘들겠지만 대가는 누구보다 풍성하게 받을 수 있다. 예를 들어 신상품 프로젝트를 맡은 팀장이 임원이나 사장에게 경과보고를 한다고 생각해보자. 사장이 가장 궁금해하는 게 뭘까? 성공 가능성일 것이다. 지금까지 들어간 돈이 한두 푼이 아니니 말이다. 그러면 여기에 맞춤한 보고가 필요하다.

"사장님. 이번 신상품 프로젝트가 어제 기준으로 90%쯤 진척됐습니다. 5%쯤 더 진척시키면 성공 가능성을 판가름할 수 있습니다. 시점은 한 달 후로 잡고 있는데, 그때가 되면 가능성을 수치로 표현할 수 있을 것 같습니다. 어려운 일이 하나 남긴 했는데 최선을 다할 생각입니다."

여러분이 사장이라면 어떨까? 간략한 그림이 머릿속에 그려질 것이다. 90%쯤 진척이 되었는데, 5%를 더하면 될지 안 될지 알 수 있다고? '그래 거의 다 왔군. 근데 어려운 하나가 뭐지?' 물어보지 않을 수 없다.

"그래, 그 어려운 일이라는 게 뭔가?"

"이건 기술적인 문제라 설명이 좀 필요한데 3~4분 정도 걸립니다. 괜찮겠습니까?"

길지 않은 시간 동안 수치와 함께 정확하게 이야기하겠다고 하면 누구나 어려운 설명이라도 들을 마음의 준비를 한다. 더구나 마지막 관문이라지 않는가? 관심을 기울여주어야 일도 잘할 것이고, 알고 있어야 할 필요도 있다. 그래서 귀에 들어오지 않아도 이해하려고 한다. 더구나 자신이 하라고 했지 않은가?

이런 식으로 5분씩 늘려가면 순식간에 30분이 지난다. 흥미가 생기면 다음 일정을 스스로 접기도 하고, 보고를 한 번 더 하라고 할 수도 있다. 그들은 중요도 순으로 일하려고 무진 애를 쓰는 사람들이라 항상 중요도에 따라 행동을 달리 한다. 보고 잘하는 사람이 승진가도를 달리는 이유가 여기에 있다. 회사에서 가장 중요하고 희귀한 인사권자의 관심을 독차지하는데 승진이 안 될 수가 없다.

이런 상황을 눈으로 읽으면 굉장히 쉬울 것 같지만, 막상 이 상황에 속하면 결코 쉽지 않다. 여러 이유가 있지만, 보고하는 사람에게만 초점을 맞춰본다면 자신이 노력한 일에 갇히기 쉬운 인간 본연의 성향 탓도 있다. 자신이 정보를 수집하고, 애써 내용을 작성하다 보면 자기도 모르게 자기중심적인 사고에 빠질 수 있다. 한마디로 자신이 중요하다고 생각한 순으로 말하고 그걸 강조한다. 하지만 말하는 사람이 침을 튀길 듯 자기중심적으로 이야기할수록 상대는 멀어지게 마련이다.

이런 덫에 걸리지 않으려면 일을 시작하기 전, 초점과 관점을 명확하게 설정해야 한다. 과학자들이 가설을 세우고 탐험대가 도달할 목표와 경로를 미리 설정하듯 그렇게 말이다. 물론 도달 목표는 상사가 무엇을 중시하는가다. 그런 다음, 또 다른 경로나 방법이 있는지 찾아보는 게 효과적이다.

일의 시작은 정확하게 지시받는 것

가장 중요한 건 시작을 잘하는 것이다. 특히 지시를 받을 때 확실해야 한다. 무조건 "예" 해놓고 나서 다른 일을 하다, 막상 일을 시작하면 구체적으로 무엇을 지시받았는지 생각나지 않을 때가 많다.

그래서 기록이 중요하다. 그렇지 않아도 자기중심적 성향 때문에 자기 방식대로 일하기 쉬운데, 시작점이 확실하지 못하면 고생은 고생대로 하고, 혼은 혼대로 나는 일이 생긴다. 첫 단추를 잘못 끼우면 다음 단추는 말할 것도 없다. 우리나라 조직처럼 권력 거리가 멀면 되묻기가 힘들어 더 그렇다. 하지만 나중에 질책 듣는 것보다 어렵더라도 다시 묻는 게 차라리 낫다.

다른 방법도 있다. 상사가 지시할 때, 그 내용을 상사가 들을 수 있도록 그대로 따라 하는 것이다. 몇 가지를 슬쩍 넣어서 말이다. 예를 들어 신제품을 준비 중이니 중국 시장에 대해 좀 알아보라는 지시가 떨어졌다면, 보고 시점까지 넣어서 복창한다.

"예, 요즘 중국 시장에 어떤 경쟁 제품들이 있는지 두 달 정도 탐색하겠습니다."

이렇게 하면 상사도 자신이 추가하고 싶은 내용을 덧붙여준다. 뭔가 빠진 게 있으면 바로잡아줄 수도 있다. 시작이 좋아야 결과가 좋은 법이다.

다음으로 필요한 게 앞에서 강조한, 보고 받는 사람의 입장에서 생각해보는 것이다. 내가 임원이고 사장이라면 뭐가 궁금할까? 뭘 알고 싶어 할까? 이렇게 말이다.

예전 삼성의 이건희 회장이 한창 정력적으로 일하던 시절, 삼성 제품이 2류라며, 매년 정기적으로 자사 제품을 진열하게 한 뒤 직접 점검한 적이 있었다. 이때 한 사장이 기지를 발휘해 회장의 마음을 아는 데 성공했다.

비결은 의외로 간단했다. 한 직원에게 회장의 일거수일투족을 관찰하되, 특히 회장의 시선이 어느 제품에 얼마 정도 머무는지, 초 단위로 재라고 한 것이다. 흔히 그렇듯 마음에 든 것에는 시선이 끌리고, 오래 머물게 마련 아닌가. 그런 다음, 시선이 오래 머문 순서대로 보고 순서를 잡았고 지원책도 병행했다. 회장이 관심 있는 걸 먼저 말하니, 회장의 관심이 쏠릴 수밖에 없었고, 지원책까지 병행하니 미주알고주알 더할 말이 많지 않았다. 회장의 전폭적인 신임을 받은 건 당연한 일이었다.

보고 받는 사람의 궁금증으로 시작하되, 문장이 길어지지 않게 하는 게 또 하나의 핵심이다. 판사들의 판결문처럼, 마침표가 어디에 있는지 모를 정도라면 듣는 사람은 지치고 만다. 판결문이야 어쩔 수 없이 들어야 하는 것이니 그야말로 어쩔 수 없지만, 지루한 보고를 마냥 듣고 있을 상사는 없다.

가장 좋은 건 짧고 핵심적인 문장이 화살처럼 머리에 콕콕 박히게끔 하는 것이다. 그러려면 신문의 제목처럼 말하는 게 좋다. 신문을 펼치면 큰 제목들이 나오고, 이런 제목만 읽어도 대체로 어떤 일들이 일어났는지 알 수 있는 것처럼, 그리고 관심이 있으면 본문을 읽는 것처럼 그렇게 하는 것이다.

이걸 잘하려면 실제로 신문 제목을 뽑아보는 연습을 해보는 게 좋다. 종이 신문이든, 인터넷 신문이든 어느 정도 긴 기사들을 선택, 제목을 보지 않고 기사 내용만 읽은 다음, 혼자서 제목을 만들어보는 것이다. 그런 다음 진짜 제목과 비교해본다. 가장 어필할 수 있는 내용을 선별하고 만드는 능력을 기를 수 있다.

선배가
상사가 되면
왜 변할까?

"자, 회의 마치겠습니다. 오늘도 다들 자기 임무 잊지 맙시다."

회의가 끝났다. 다들 조용히 각자 자리로 향했다. 예전 같으면 휴게실로 몰려가 한바탕 떠들고 난 후, 자리로 돌아갔는데 얼마 전부터 약속이나 한 듯 다들 자기 자리로 간다. 조용히, 고개를 갸웃하면서. 한 회사의 국내 영업 1팀 사람들은 요즘 적잖은 혼란을 겪고 있다. 회의만 끝나면 다들 '이게 아닌데' 하는, 개운치 않은 듯한 표정을 짓는다. 이들이 혼란을 느끼는 대상은 얼마 전 자신들을 이끌게 된 김 팀장(상무급)이다.

팀장은 낯선 사람이 아니다. 중간에 마케팅팀으로 2~3년 나갔던 것을 제외하고는 신입사원 시절부터 영업팀에 있어 온 '토박이'나 다름없다. 누구보다 영업팀을 잘 알고, 일도 잘하며 대인관계도 무난했기에 일찌감치 미래의 팀장으로 꼽혀온 사람이다. 지난해 11월 말, 경영을 쇄신한다며 앞당긴 인사에서 그가 팀장이 되었을 때 다들 박수를 치며 환영했던 것도, 그가 팀을 좀 더 잘 이끌 것이라는 기대 때문이었다. 그도 "모두가 한 마음이 되는 최고의 팀을 만들겠다"고 약속했다.

그런데 석 달이 지난 지금, 팀은 생각과는 다른 방향으로 흘러가고 있다. 무엇보다 그들이 기대했던 팀장의 모습이 아니다. 팀장이 되기 전, 일 잘하고 대인관계 무난하던 모습은 어디로 갔는지 찾을 길이 없다. 미처 생각지 못했던 팀장의 모습을 보며 다들 한마디씩 한다.

'우리 팀장도 역시 마찬가지인가?'

그럴 수밖에 없는 게, 취임 후 대대적으로 개선되었던 것들이 하나둘씩 원래대로 돌아가고 있고, 회의 시간도 점점 길어지고 있다. "출근하고 싶은 회사를 만들자"며 "회의를 대폭 축소하겠다"던 약속은 간 곳 없고, "시장 상황이 너무 안 좋다", "사장님 특별 지시사항" 등등의 이유로 하나둘씩 원상 복구되더니 이제는 거의 예전 방식으로 돌아갔다. 직원들의 의견을 듣고 간단하게 정리하고 처리해주던 그의 말 또한 점점 길어져 이제는 회의 시간의 3분의 1 이상을 혼자 말하는 날이 많다. "회의 많아서 좋을 일 없다"며 "일주일에 두 번만 하자"고 했었는데 이 또한 그가 필요로 할 때마다로 바뀌었다. 이유는 역시 "시장 상황이 너무 좋지 않아서"다.

요즘 세상이 워낙 천변만화하니 그럴 수 있다. 하지만 그의 태도에 실망하는 이들이 많다. 예를 들어 직원들이 이런저런 질문을 하면 얼마 전부터 뻔한 얘기를 한 후에 그가 하는 말이 있다.

"알겠습니다. 여기까지. 오늘은 여기까지만 합시다. 여러분은 이 정도만 알면 됩니다."

정말로 알면 안 되는 기밀사항이 있어서 그러는 건지, 아니면 몰라서 그러는 건지, 그것도 아니면 다른 이유가 있는지 알 수가 없다. 이러니 의견을 내놔도 앞으로 나아가지 못하고 겉돈다. 누군가의 푸념처럼 '다시 원위치'한 느낌이다. 예전 팀장들처럼 말이다.

원활한 소통이나 정보 공유 없이 목표만 강조하고, 왜 자신이 말한 대로 하지 않느냐고 하는 것들이 그렇다. 지금이야 한마디 하는 것으로 끝나지만, 경험으로 볼 때 그런 그의 말들은 곧 질책과 닦달이 되고, 시간이 갈수록 짜증과 호통으로 변할 것이다.

실무자들이 요즘 시장 상황을 말하면 "그래 가지고 어떻게 남다른 성과를 올리겠느냐"고 어깃장을 놓는다. 자신은 말끝마다 '요즘 시장 상황'을 들먹이면서 말이다.

몸속 호르몬이 '그'를 바꾼다

많은 회사에서 비슷한 일들이 일어난다. 물론 승진한 리더들이 전부 이렇지는 않지만, 그렇다고 낯선 모습도 아니다. 팀장에 오르기 전에는 합리적이고 괜찮던 이들이 왜 그 자리에만 가면 달라질까(사장은 말할 것도 없다). 회사마다 시장이 다르고 상황이 다르고 조직 구성이 다른데 왜 이런 현상이 비일비재하게 나타날까?

특히 앞의 영업팀처럼 모두가 다 잘 아는 사이일 때, 그러니까 내부 승진일 때 실망의 정도가 훨씬 깊어진다. '이게 아닌데' 하는 갸웃거림이 심해지고, 팀장과의 사이 또한 곱절로 멀어진다. 기대했던 대로 안 되면 더 실망하기 때문이다. 그동안 쌓아왔던 충정심에 애써 자리를 마련, 하소연을 해봐도 결과는 마찬가지일 때가 많다. 하는 말도 비슷하다.

"내가 뭘? 뭐가 변했는데? 왜 그래? 나 그대로야."

어떤 이들은 한마디 더 한다.

"야, 이 자리 올라 보니 정말 보이는 게 달라. 넘어야 할 산이 한두 개가 아니야. 그러니 더 열심히 해야지."

한마디로 도로아미타불이다. '괜히 말했다'는 불안과 함께 팀장의 기분을 상하게 한 건 아닌지 걱정이 싹튼다. 다들 알고 있고 그만 모르는 걸 알려주는데도 인정하지 않는다. 도대체 왜 이럴까?

이유가 있다. 한마디로 그들이 앉는 자리에 있는 무언가가 그 자리에 앉는 사람을 변화시킨다.

미국 한 도시의 체스클럽 회원 16명이 경기를 벌였다. 시러큐스 대학의 앨런 마주어 교수 연구팀이 이들의 신체 상태, 그러니까 경기를 하기 전과 후의 타액을 채취해 어떤 변화가 있는지 알아보았다.

두드러지게 변한 게 있었다. 테스토스테론의 수치였다. 이긴 사람의 수치가 확 높아진 대신 진 사람의 것은 그만큼 낮아졌다. 특히 경기 전 테스토스테론 분출이 높은 사람은 이길 가능성이 높았다. 테스토스테론은 근육과 뼈, 털의 성장을 돕기도 하지만, 공격 성향 또한 높이는 호르몬인데, 승리할 때 많이 분비된다. 물론 나쁜 것만은 아니다. 신체 운용 시스템에서 이런 기능은 이번에 이겼으니 다음에도 이길 수 있도록 도움을 주는, 일종의 보상 기능을 하는 것으로 알려져 있다.

이 실험을 통해 알게 된 또 하나의 중요한 사실이 있다. 이긴 기억을 떠올리기만 해도 테스토스테론 분비가 왕성해져 다시 이길 가능성을 높인다는 것이다. 그러니까 이겼던 경험이 많을수록 또 이길 가능성이 높았다. 처음에 주목받지 못하던 팀이나 사람이 가까스로 이겼든, 운이 좋아 이겼든 이기면 계속 이기게 되는 '승자 효과'가 생기는 이유다. 한 번 분출되면 효과가 몇 달이나 지속되어서다.[1]

싸움이나 경기뿐만 아니라 일상생활에서 '이길 때'도 이 호르몬이 쏟아진다. 하는 일마다 잘 되고, 그래서 승진하게 된 사람은 혈액 속 테스토스테론이 왕성해서 또 이길 수 있다는 의지로 충만하게 된다.

---

1 이안 로버트슨, 승자의 뇌, 이경식 옮김, 알에이치코리아, 2013년.

연구에 의하면, 권력을 가졌다고 여기면 (단순히 실험이라 할지라도) 신체 시스템이 문제를 긍정적으로 해결할 수 있다고 여기게 하고 집중력을 높여 실수를 줄인다. 한마디로 자기 확신과 낙관적인 성향을 두드러지게 높인다(네덜란드 라드바우드 대학 파멜라 스미스 교수팀). 그래서 하는 일마다 잘된 덕분에 승진해 높은 자리에 앉은 사람은 다른 사람보다 목표를 더 빨리 이룰 수 있다고 여기게 된다. 실무자들이 3개월 이상 걸린다는 프로젝트를 2개월 만에 할 수 있다고, 아니 해야 한다고 밀어붙이는 것이다(대체로 자기주장대로 데드라인을 정해버린다). 목표에 집중하는 능력이 목표를 실제보다 가깝게 여기게 하는 까닭이다(마리오 와익과 애나 귀노트 연구). 남들은 못 해도 나는 할 수 있다고 자신하고, 자신감이 넘쳐흐르기에 뭐든 잘할 수 있다고 여긴다. 당연히 조직도 효과적으로 움직일 수 있으리라 생각한다. 이른바 '통제감 환상(Illusion of control)'에 휩싸인다(미국 스탠퍼드대 너새니얼 패스트와 데버러 그루엔펠드 연구팀).

다양한 연구 결과를 종합해보면, 이들의 자신감은 목표로 하는 일이 가져다줄 잠재적 보상을 더 크게 보는 데서 생겨난다(구성원들은 반대로 손실에 주목해 자꾸 몸을 사리게 된다). 한마디로 승리와 이로 인해 갖게 된 힘(권력)이 테스토스테론을 분출시키고, 이 테스토스테론이 신경전달물질인 도파민 분출을 촉진시켜 동기부여라는 강력한 힘을 만들어낸다. 도파민은 분비될수록 새로운 것을 추구하고 모험을 선호하게끔 하는, 그러니까 행동하게 하는 물질이다(파킨슨병은 이런 도파민 신경세포가 죽는 것인데, 움직이는 게 느려지고 어려워진다).

자신도 모르게 '예스맨'을 만드는 리더들

왜 이런 일이 우리 몸에서 일어날까? 자기 확신이 있어야 어려운 일을 적극적으로 할 수 있는 힘을 얻을 수 있기 때문이다. 이런 것 없이 어떻게 생각이 다르고 일하는 방식이 다른 사람들을 이끌고 미지의 영역을 개척할 수 있겠는가.

하지만 세상 모든 것에는 반대급부가 있게 마련이다. 이 또한 부작용이 없을 수 없다. 무엇보다 자신도 모르게 '내 생각이 맞다'고 강조하게 된다. 이걸 전체 조직에 확실하게 전파해야 하니 자꾸 강조하게 되고, 현장 직원까지 알아야 하기에 자꾸 확인하게 된다. 더구나 아랫사람들 눈치 볼 필요가 적어지니 지위가 높아질수록 모든 걸 편(리)하게 자기중심적으로 운용하고 말이다. 더 나아가 자신이 잘하는 방식으로 일하고, 또 일하게 하니 자신의 능력이 더 뛰어나다고 여기게 되고, 그 결과 '내가 옳다'는 확신이 갈수록 긍정성을 강화시킨다. 물론 이 '긍정성'은 스스로가 느끼는 것이다. 구성원들이 볼 때는 갈수록 자기중심적이 되어갈 뿐이다.

이상하게도 똑똑한 사람일수록, 그리고 더 많이 아는 사람일수록 이런 성향이 강하다. 이유가 있다. 진심이 진실이 아니듯 자기 확신과 옳은 것 또한 다른데도 같다고 생각한다. 이런 경향이 가속화되면 두 가지 행동 패턴이 나타난다. 자신이 똑똑하다는 것과 남들은 그렇지 않다는 것. 그래서 자신이 하는 일에 대해 더 확신하게 된다. '나는 맞고 너는 틀리다', '나는 높고 너는 낮다', '내가 낫고 너는 별로다'는 쪽으로 생각이 기운다.

확신이 강해질수록 확신을 지키는 것, 그러니까 허점을 보이지 말아야 한다는 경계 의식이 강해진다. 자신의 의견에 반대하는 사람을 자신의 존재에 대한 반대로 받아들여 배척하게 된다. 자신과 '다른' 의견을 '틀린' 의견으로 치부한다. 자신을 거스르는 말이나 행동을 용납하지 않는 권위주의까지 발동하게 되면, 자신이 옳다고 생각하는 일을 '옳은 일'로 생각하고 이를 위해 '틀린' 것들을 억누른다. 강조가 강요가 된다. 앞에서 말한 '통제감 환상'이 작동, '혹시 안 될 수도 있다'는 부정적인 가능성을 '쓸데없는 생각'으로 몰아붙여 입도 뻥긋 못 하게 한다(너새니얼 패스트 연구).

이런 일이 계속되면 이전에 없었던 사람들이 생겨난다. 예스맨들이다. 이들이라고 예스맨이 나쁘다는 걸 모르는 게 아니다. 잘 알지만 이런 충동을 이기지 못해 자신도 모르는 사이에 순응을 만들어낸다. 권력에 중독되는 것이다. 권력 중독은 스스로를 죽이는 행위다. 침략을 받아 무너지는 나라보다 스스로 무너지는 나라가 많듯 리더도 마찬가지다. 중독의 징후는 직원들의 마음에 먼저 포착된다. 직원들이 '재수 없는 상사'라고 여기면 거의 틀림없다. 일에 대한 집중력이 오로지 앞만 보고 달리게 하는 눈가리개로 작용하는 까닭이다.

당연히 구성원들과의 사이가 멀어지는 세 번째 징후가 나타난다. 나보다는 상대의 주파수에 맞추는 게 공감 능력이고 이게 서로를 가까워지게 하는데 이런 기능을 스스로 꺼버리기 때문이다(물론 본인들은 '결코' 그렇지 않다고 한다).

두 그룹의 사람들에게 이런저런 이야기를 하다, 갑자기 자신의 이마에 알파벳 대문자 'E'를 써보라고 했다. 다들 영문을 몰라 하며 썼는데 그룹별로 차이가 있었다. 1그룹에서는 앞에 있는 상대가 보기에 반대로 보이는 글자(Ǝ)를 쓰는 사람이 많았다(33%). 반면, 같은 곳에서 같은 지시를 받았는데도 2그룹은 12%만 그렇게 썼다. 두 그룹의 차이는 딱 하나, 'E'를 이마에 쓰라고 하기 전, 무엇을 떠올리라고 했는지였다.

1그룹 사람들에게는 누군가에게 '명령하거나 지시했던' 경험을 떠올리라고 했다. 2그룹에게는 누군가로부터 명령이나 지시를 '받았던' 경험을 떠올리라고 했다. 바로 이것이 두드러진 차이를 만들어냈다. 명령하고 지시했던 걸 떠올렸던 이들은 상대방이 읽기 편하게 하기보다 자신이 쓰기 편한 방식으로 썼다. 이 연구를 진행했던 미국 노스웨스턴 대학 켈로그 경영대학원의 애덤 갈린스키 교수는 이 실험의 의미를 이렇게 정리했다.

"권력을 가질수록 공감 능력이 떨어지기 때문에 아랫사람들을 잘 이해하지 못한다."

또 다른 연구에 의하면 권력을 가지면 상대의 감정을 헤아릴 수 있는 거울뉴런이 활성화되지 않는다. 거울뉴런은 타인의 말을 들거나 표정·몸짓을 보면서 그 사람과 같은 감정을 느끼게 하는 신경세포인데, 한마디로 권력이 커질수록 공감 능력이 줄어든다는 것이다(제레미 호기븐, 마이클 인츠리트 연구). 내 마음대로 해도 된다는 생각이 커지면서 갈수록 자기 마음대로 하는 일이 늘어난다. 다른 이야기에 귀를 기울이지 않는 건 물론이다.

고위직에
성적 스캔들이
많은 이유

       심리학자 리 톰슨이 세 명씩 한 팀을 만들어 어떤 일을 하기 위한 회의를 하게 했다. 효과적인 진행을 위해, 쉽게 단순화하자면 사장, 팀장, 직원으로 역할을 나눴다. 월급을 주고받는 실제 회사도 아니었고, 금방 끝나는 실험이었다.

    그런데도 사장 역할을 맡은 이들은 진행 상황을 조금이라도 빨리 컨트롤하려 했고, 팀장 역할을 맡은 사람은 그런 사장의 행동과 말투를 따라 하는 경향을 보였다. 사장이 에너제틱하면 팀장도 그런 경향이 높아졌고, 다른 성향이면 또 그쪽으로 기울었다(이를 위해 실험 전 미리 성격 테스트를 했다). 윗사람의 성향에 순응한 것이다. 또 하나 두드러지게 나타난 건 회의를 이끌어가는 사장의 태도였다. 자신보다 지위가 낮은 사람의 말을 끊기 일쑤였고 돈(비용)에 대한 강조를 많이 했다.

실험이 끝나면 남남으로 돌아가는 사이였는데도 왜 이런 현상이 나타났을까? 자신이 누군가에게 영향력을 미칠 수 있는 힘이 있다고 생각하는 것만으로도 머릿속 호르몬 분비가 달라지고 행동이 달라지기 때문이다. 심리학에서는 지위 자아가 활성화되면 마음에 불이 하나 켜지는 듯 특정한 욕구가 생기고 이 욕구가 특정한 선택을 하게끔 영향을 미친다고 설명한다.

아무리 그래도 그렇지 이런 일이 어떻게 그렇게 쉽게 일어날까? 왜 권력만 잡으면 이런 일이 생길까?

블록 더미를 무너뜨리고
손뼉 치는 아기들의 심리

미국 하버드대 심리학과 교수 대니얼 길버트의 말을 다시 한번 인용하자면 "사람은 통제력을 행사하는 데서 만족감을 느끼기 때문"이다. 그의 말은 이렇다.

"무언가를 변화시키는 영향력을 행사하고, 어떤 일이 일어나도록 만드는 유능한 존재가 되는 것은, 인간의 뇌가 원하는 기본적인 욕구 가운데 하나다."

영향력을 행사하는 유능한 존재. 우리 안에는 이걸 원하는 성향이 깊숙하게 뿌리내려 있다. 심지어 이제 막 첫걸음을 뗀 아기들도 이런 욕구에 충실하다. 애써 만든 블록 더미를 확 무너뜨리고 나서 좋다고 손뼉을 치고 웃음을 터트리거나, TV 리모컨을 여기저기 꾹 꾹 눌러보면서 소리를 지르는 게 좋은 예다. 이게 뭐 좋은 일이라고 그렇게 기뻐할까?

스스로 무언가를 변화시킬 수 있다는 것, 그런 능력을 확인할 수 있다는 게 기쁜 것이다. 이렇듯 강한 욕구이다 보니 반대 상황, 그러니까 자신이 원하는 대로 되는 게 없으면 말할 것도 없이 기가 꺾인다. 의기소침, 무기력을 거쳐 우울로 빠져든다. 영향력을 끼칠 수 없다는 현실이 내가 무의미한 존재인 것으로 느껴져 우울과 절망의 늪에 빠지게 된다.

자신의 영향력을 확대시켜 더 큰 만족을 얻으려는 성향은 어디서든 볼 수 있다. 우리는 상대가 능력이 없다 싶으면 자신의 힘을 더 강하게 행사하려 한다. 무작위로 진행되는 게임에서조차 상대가 약하다 싶으면 더 많은 돈을 건다. 상대가 약하니 내가 더 잘할 수 있다고 여기는 것이다. 왜 로또복권은 당첨 숫자를 스스로 적으라고 할까? 자신이 주사위를 직접 던지면 더 잘 던질 수 있다고 느끼는 바로 그 마음을 이용하기 위해서다. 인간은 스스로 적으면 당첨 확률이 높아진다고 여긴다.

이러니 자신이 원하는 대로 할 수 있는 힘을 갖게 되면 어떨까? 자신이 의도하는 대로 조직을 이끌고 가려는 행동이 강하게 나타난다. 조직을 이끄는 자리이니 당연한 일이긴 하지만 문제는 자기 생각대로만 끌고 간다는 것이다. 승진하기 전까지는 사회성이 좋아 의견을 물어보고 상충되면 서로 양보하고 타협하던 사람도 승진하면 무조건 자기가 하라는 대로 해야 한다고 하는 이들이 많아지는 이유다. 말은 '그랬으면 좋겠다'고 하지만, 사실은 알게 모르게 강제한다. 말도 안 되는 일을 시키는 상사 밑에서 고생하던 시절 "나는 절대 저런 사람이 되지 않을 거야"라고 했던 사람도 자신도 모르게 '그런 사람'이 되어간다.

"이 정도쯤이야. 나는 해도 돼!"

이뿐인가? 앞에서 말했듯 높은 자리는 손발로 하는 일이 없어 직원들이 보기엔 하루하루 천하태평한 것처럼 보이지만 신경 써야 할 일이 태산처럼 밀려들어 머릿속이 터질 것 같은 곳이다. 바구니에 내용물이 가득 차면 넘치듯 뇌의 인지 용량도 마찬가지. 당연히 쉽고 편한 걸 자신도 모르게 선호하게 된다. 여기서 '쉽고 편한 것'이란 자신이 예전에 그렇게 싫어하던 '절대 하지 말아야 할 것들'이다.

하지만 바쁘고 힘들다 보니 몸에 익은 것들이 하나둘 나사가 풀어지듯 새어 나온다. 처음엔 어색하고 꺼림칙하지만 할수록 익숙해지고 그냥 그런 일이 된다. 자신에게는 아무런 불편도 없고 해도 없기 때문이다. 연구에 의하면 가진 힘(권력)을 확대하려는 성향에 남녀 차이는 없었다. 우리 모두는 우리 스스로 생각하는 것 이상으로 권력에 민감하고 권력 수용성이 강하다는 뜻이다.

더 큰 문제는 이때부터 자신도 모르게 위험한 선을 넘을 수 있다는 것이다. 미국 미시간주립대학 연구팀이 2016년 다양한 산업군의 고위급 리더 172명을 대상으로 직장 내 행동에 대해 조사한 결과, 많은 리더들이 이른바 '도덕 라이선스(moral licensing, 또는 도덕 면허)' 현상을 경험하고 있었다. 도덕 라이선스란 모두가 인정하는 바람직한 행동을 하면 마음속으로 '이번에 좋은(착한) 행동을 했으니 다음에는 좀 나쁜 행동을 해도 되겠지'라고 생각하는 것이다.

특히 도덕적인 행동이나 모두에게 좋게 보이는 행동을 하느라 에너지를 많이 소모하는 바람에 정신적인 피로가 한계를 넘을 때 이런 현상이 나타났다. 농담을 빙자해 직원들에게 심하게 모욕을 주고 화를 내는가 하면, 반대로 눈 밖에 두거나 말을 건네지 않기도 했다. "권력자의 자아는 언제든지 사나운 개로 변할 수 있다"는 이안 로버트슨 아일랜드 트리니티칼리지 교수의 말처럼 말이다.

사실 이 정도만 해도 그럭저럭 봐줄 만하다. 한두 사람만 그런 게 아니기 때문이다. 하지만 여기까지 오면 더 위험한 선을 쉽게 넘을 수 있다는 게 문제다. 이번엔 윤리의 선이다. 이안 로버트슨 교수에 의하면 '나는 특별하다'라는 특권의식이 혼자만의 도덕 체계를 만들어 '내가 모든 것을 통제할 수 있다'고 생각한다. '나는 다르다(우월하다)'가 '나는 특별하다'로 변하고, 이것이 '나는 이렇게 해도 된다'는 착각으로 이어지는 것이다. 중앙선을 넘듯 사회적 규범을 쉽게 위반한다. 사회에 많은 기여를 했으니, 또는 합

법적으로 이 자리에 올랐으니 그렇게 해도 된다고 생각한다. 사회 지도층에 내로남불(내가 하는 로맨스, 남이 하면 불륜) 장본인이 많고, 성적 스캔들이 자주 일어나는 이유도 여기에 기인한다. '독실한 신자'임을 내세워 선을 넘는 경우도 심심찮다.

외줄을 타는 불안과 외로움
....

'구름' 아래에 있는 이들은 전혀 모르지만 이들을 변하게 하는 다른 요인도 있다.

높은 자리는 앉아 있으라고 주어진 게 아니다. 성과를 내라고 주는 것이다. 하지만 이게 어디 말처럼 쉬운가? 시장은 언제나 치열한 경쟁으로 가득해 밤낮없이 뛰어야 하고 그러려면 온 조직이 한마음, 한뜻으로 매진해야 하는데, 조직은 생각대로 움직여주지 않는다. 달래보기도 하고 강하게 밀어붙여보기도 하고 화를 내보기도 하지만 그때뿐. 혼자 끙끙거리고, 혼자 애면글면해야 할 때가 많다. 이럴 때 그들의 마음 밑바닥에서는 불안이라는 검은 구름이 스멀스멀 피어오른다.

불안하니 더 일하게 되고, 더 재촉하게 되고, 더 강력하게 밀고 나가게 된다. 자리가 높아진다는 건 사다리를 타고 올라가는 것이나 다름없다. 사다리에는 딱 두 개의 길만 있다. 올라가는 것과 내려가는 것. 아니 하나가 더 있긴 하다. 떨어지는 것. 결국 살길은 하나다. 어떻게든 사다리에 매달려야 한다. 매달려야 한다는 건 의존도가 높아진다는 것이다. 당연히 자신의 상사에게 '아니오'라고 하기 어려워진다. 이제 바랄 건 승진밖에 없는데 '옳습니다'라고 할 수는 없어도 적이 되지는 말아야 할 게 아닌가. 상황에 따라 줄도 서야 하고, 가능하면 손해나는 일은 피해야 한다. 다른 길이 없는 외길을 가는 대가다.

남들에게는 전혀 보이지 않는 이 외길에는 이전에는 생각지 못했던 또 하나의 장애물이 있다. 외로움이다. 외길 사다리를 올라가면서 감당해야 하는 외로움이라는 애환은 누구와도 공유할 수 없다. 직원일 때는 서로 몰려다니며 상사를 안주 삼아 스트레스를 털어낼 수 있지만, 일단 사다리를 오르기 시작하면 누구와도 할 수 없다. 상사와 하겠는가, 아니면 부하들과 하겠는가? 친한 친구는 물론, 같이 살아가는 배우자도 함께할 수 없다. 자신들이 겪는 일이 아니기에 한두 번 들어주다 이내 고개를 돌린다. 듣기 싫다는 뜻이다.

더 열심히 하는 것으로 불안을 잠재우려 하고, 외로움에 젖어 들지 않으려 일에 매진하면 할수록 하루하루가 쏜살같이 지나간다. 일주일이 후딱 지나가고 한 달이 휙 지나간다. 문제는 이런 일상이 앞에서 말한 인지능력 초과 상태를 만들어 당사자를 단순한 인간으로 만든다는 것이다. 입바른 소리가 들리면 자신도 모르게 인상이 찌푸려지고 입발림 소리에는 웃음을 짓게 된다. 아첨과 아부가 좋지 않다는 걸 알지만 '이 정도쯤이야' 하는 자기 위안으로 넘긴다. 하루하루가 죽을 맛인데 누가 잘못했다는 소리를 듣고 싶겠는가?

연구에 의하면 인지능력에 부하가 걸릴수록 초기 판단에 머무르는 현상이 강했다. 더 이상 머리 쓰기 싫으니 기존에 갖고 있던 생각을 선호하는 것이다. 쉽게 말해 보수적이 된다. 올라갈수록 지켜야 할 게 많아지기에 이런 보수화 현상은 가속된다.[1]

리더가 받아야 하는 건
사랑이 아니라 존경이다

승진하는 이들이 변하는 마지막 이유는 그 자리가 변할 수밖에 없는, 아니 변해야 하는 자리이기 때문이다.

조직을 이끄는 사람과 조직을 따르는 구성원은 가까운 거리에 있다 하더라도 일의 차원이 다르다. 과장까지는 대체로 자신에게 주어진 일을 잘하면 된다. 하지만 한 조직을 이끄는 팀장부터는 혼자만 잘해서는 안 된다. 자신의 일을 잘해 팀장에 오르지만, 일단 자리에 오르면 더 이상 자기 자신에 머물러서는 안 된다. 일하는 방식도 달라져야 한다. 다른 사람(부하)을 통해, 조직 전체가 먹고 사는 길을 찾아야 한다. 구성원들이 발등의 불을 끄고 눈앞의 일을 할 때 리더는 저 너머에 있는, 조직이 가야 할 길을 찾아내야 한다.

가야 할 곳을 찾는 것도 쉽지 않지만 실행은 더더욱 어려운 일이

---

1 대니얼 길버트, 앞의 책.

기에 구성원들의 역량을 이끌어내야 하는데 이게 또 첩첩산중이다. 열 길 물속은 알아도 한 길 사람 속을 모르는 까닭이다. 과장, 차장 때는 일을 잘 보아야 하지만, 팀장이 되고 리더가 되면 사람을 잘 보아야 한다는 이유가 여기에 있다. 또 조직의 미래를 위해서 냉혹해져야 할 때는 누구보다 그래해야 한다. 그런 일을 하라고 일반 구성원들이 갖지 못한 혜택과 힘을 주는 것이다. 피터 드러커가 일찌감치 한 말이 있다.

"리더는 사랑받는 게 아니라 조직이 바라는 결과를 도출해 존경을 받아야 한다."

사람 좋다는 평에 혹해 결국 무능한 조직을 만들지 말라는 뜻이다. 안타깝게도 이런 현실 때문에 리더와 구성원은 같은 편이 될 수 없다.

이렇듯 리더라는 자리는 소리 없는 내 안의 본능과 싸우고, 유혹과 싸워야 하지만 밖으로는 드러내지 말아야 하는, 아니 드러낼 수 없는 곳이다. 직접 경험해보지 않으면 절대 알 수 없는 자리다. 그게 그렇게 어려울까 싶지만 막상 경험해보면 너무나 어려워 숨이 막히는 자리다. 그래서 링컨은 "누군가의 성격을 시험해보고 싶으면 그에게 권력을 줘보라"고 했다. 역시 미국의 대통령을 지낸 린든 존슨은 "권력은 그 사람의 실체를 더 많이 보여준다"고 했다. 힘이 많을수록 원천 능력이 그대로 드러나는 까닭이다.

세계적인 베스트셀러 《사피엔스》를 쓴 유발 하라리가 한 말이 있다.

"인간은 무언가를 성취해내는 건 매우 잘하지만 그걸 행복으로 전환하는 데는 그리 능하지 못하다."

하지만 다행스럽게도 모든 '높은 분'들이 이런 늪에 빠지지는 않는다. 미국 스탠퍼드대 필립 짐바르도 교수가 했던 죄수와 간수 실험에서 60%의 참가자들은 주어진 역할에 순응, 고문에 참여했지만, 40%의 참가자들은 불합리한 명령에 따르지 않았듯 말이다. 자신과의 싸움에서 이기는 사람들이 의외로 많다는 뜻이다. 이렇게 보면 우리 모두는 권력의 포로가 될 수 있는 인간과 이걸 이겨내는 존재 사이 어딘가에 있다. 어디에 있을지는 우리 스스로 정한다.

문제는 이런 좋은 상사들이 가뭄에 콩 나듯 드물다는 것이다. 이럴 땐 어떻게 해야 할까?

팀장님,

정말

왜 이러세요?

우리가 알고 있는 '지프(Jeep)'라는 차종은 원래 일반명사가 아니라 브랜드였다. 미국 자동차 회사 아메리칸모터스(AMC)가 출시한 4륜 구동 차의 브랜드였는데 워낙 유명하다 보니 일반명사가 된 것이다. 그런데 여기에는 재미있는 일화가 있다.

이 회사가 2차 대전 때의 특수를 고려해 4륜 구동을 일반인용으로 출시하면 어떨까 해서 여러 차례 소비자 조사를 실시했다. 이상하게도 그때마다 부정적인 결과가 나왔다. 많은 사람들이 "나는 안 사겠다"고 한 것이다. 분명 괜찮을 것 같은데 왜 그럴까. 고개를 갸웃하던 경영진은 고심 끝에 적게나마 출시해 시장 반응을 보기로

했다. 그런데 이게 웬일인가. 조사와 달리 반응은 폭발적이었다. 다들 한 대씩 장만하겠다고 하는 바람에 엄청난 히트를 기록했다.

이와 반대의 결과도 있다. 코카콜라는 무려 20만 명을 대상으로 면밀한 소비자 조사를 한 끝에 신제품 뉴코크를 자신 있게 출시했지만 첫날부터, 그것도 미국 전역에서 강력한 반대에 부딪히는 바람에 결국 철회하는 곤욕을 겪었다. 다들 맛이 좋다고 해서 출시했는데 막상 내놓자 등을 돌린 것이다.

이런 일은 한두 번이 아니다. 생전의 스티브 잡스가 소비자 조사 무용론을 주장한 이유가 이 때문이었다. 소비자들에게 물어보는 것보다 그들을 관찰하는 게 낫다면서 말이다. 실제로 그는 소비자 조사를 하는 대신 면밀하게 관찰했다. 그런 다음 자신만의 통찰력을 더해 세상에 없는 신제품을 만들어냈다. 세기의 히트상품이라고 하는 아이폰은 출시 전 소비자 조사를 해본 적이 없다.

요즘 세계의 미래를 이끄는 미국의 실리콘밸리에서도 이런 잡스의 방식이 대세다. 물어보지 않고 관찰한다. 빅데이터로 소비자들이 하는 행동, 그들이 남긴 흔적을 샅샅이 훑어 해석한다. 말보다 행동이 훨씬 정확하기 때문이다. 넷플릭스가 대표적이다. 넷플릭스는 소비자들이 본 콘텐츠를 토대로 성향을 추정, 다른 드라마나 영화를 추천한다. 그들은 소비자에게 어떤 드라마나 영화를 좋아하느냐고 물어보지 않는다. 오로지 그들이 한 행동만 본다. 행동이 말보다 진실하기 때문이다.

이해할 수 없는 그들과의 하루하루

사람의 마음은 알 수 없다. 어제는 이렇다 하고 오늘은 저렇다고 한다. 내일은 또 다를 것이다. 물론 그만한 이유가 있다고는 하지만, 이런 고객들의 말을 그대로 들었다가는 큰코다친다. 그렇다고 안 듣자니 외면당할 수 있다. 어느 장단에 맞춰야 할지 알 수 없다. 물어보는 것보다 관찰하는 게 나은 이유다.

우리가 하루의 대부분을 보내는 회사에도 이런 '골치 아픈 고객'이 있다. '고객은 왕'이라고 하는데 회사에 있는 이 고객도 '거의 왕' 비슷하다. 이 왕 비슷한 사람의 다른 이름은 상사다. 나의 노동과 노력을 인정하고 사주는 사람이기에 왕처럼 군림한다. 시장의 고객이 그런 것처럼 도대체 왜 그렇게 행동하는지 그 마음을 알수 없는 것도 닮았다.

물론 다른 점도 있다. 시장의 고객은 여러 사람이 다양한 행동을 하는데 회사에 있는 고객은 한 사람이 여러 다양한 행동을 한다. 시장의 고객은 휙 가버리면 그만인데, 회사의 고객은 하루 종일 붙어 있어야 한다. 시장의 고객을 상대하는 게 뒷맛이 개운치 않은 일이라면, 회사 속 고객을 상대하는 일은 죽을 맛이다.

멀리 갈 것도 없다. 오늘 아침 출근하자마자 김 과장이 온라인으로 올린 보고서는 누가 봐도 무난했다. 문제라면 오자 3개와 탈자 1개가 있었을 뿐. 그래도 어제 저녁에 받은 일치고는 훌륭한 편 아닌가? 하지만 팀장은 아랑곳하지 않고 이 오자 3개와 탈자 1개로 무려 10분 동안 김 과장을 '깼다'. 세상에, 어제 퇴근 시간이 다 되었을 때에서야 "내일 오전 팀장들 회의에 가져가야 하니 그전까지 보내"라고 해놓고 어떻게 저럴 수 있을까? 김 과장이 허투루 한 것도 아니고 시간이 없어 그런 것인데.

그래도 이런 팀장은 '양반급'이다. 직장인들에게 자기네 팀장을 '고발'하라고 하면 무수한 행태들이 쏟아진다. 이상하게도 공통점이 많다. 예를 들면 이런 것들이다.

힘든 일은 다 부하들에게 시키고 자기는 감독관 노릇만 한다. 지루해졌다 싶으면 뒷짐 지고 여기저기 어슬렁거린다. 그냥 좀 지나치면 어디 덧날까 싶어 그런지 눈에 보이는 것마다 한마디씩 어록을 남긴다. 그렇게 거의 하루 종일 입으로 일한다. 그러고 나서 퇴근 무렵엔 가장 많이 일한 것처럼 "아이고 죽겠다"고 죽는소리를 한다. 조금 과장하자면 정말이지 손끝 까딱하지 않고 모든 걸 부하들에게 묻어간다. 그러면서도 말끝마다 "힘들다"고 한다. "요즘 젊은 세대들 눈치 살피는 게 진짜 감정노동"이라는 후렴구가 최근 들어 하나 늘었다.

물론 대다수 상사들이 하는 '전통'도 철석같이 지킨다. 부하들이 하는 말은 거의 모두 한 수 아래라는 듯 툭툭 퉁기면서 듣지만, 사장이 뭐라 한마디만 하면 "예. 그거 괜찮을 것 같습니다. 당장 해보겠습니다"라고 한다. 물론 그 일을 실제로 하는 건 우리고, 자기는 입으로 일하면서 말이다.

스티븐 코비의 해결법

이런 행태를 어떻게 보아야 할까? 아니, 세상의 팀장들은 왜 그러는 걸까(팀장 대신 사장을 대입해도 마찬가지다).

세계적인 베스트셀러인 《성공하는 사람들의 7가지 습관》을 쓴 스티븐 코비는 자신이 30, 40대에 읽은 책 두 권이 일과 인생에 중요한 방향타가 되었다고 한 적이 있다. 그중 한 권이 《당혹한 이들을 위한 안내서(한국어판 제목)》인데 이 책의 저자인 E. F. 슈마허가 강조하는 게 있다. 우리가 살아가면서 만나게 되는 문제를 해결하려면 먼저 그 문제의 유형을 파악해야 한다는 것이다. 그가 말하는 두 유형이란 수렴하는 문제와 발산하는 문제다. 유형을 먼저 파악해야 하는 건 이 두 유형이 완전히 다른 해법을 필요로 하기 때문이다.

수렴하는 문제는 정보를 많이 모을수록 하나의 해법에 가까워진다. 지금 쓰고 있는 노트북에 이상이 생기면 가능한 한 이것저것 정보를 많이 모을수록 문제 해결이 쉬워지는 것처럼 말이다. 정보가 더해질 때마다 필요 없는 것들을 제외시킬 수 있어 결국 하나의 해답에 이른다.

발산하는 문제는 다르다. 정보를 모으는 것도 중요하지만 더 중요한 건 문제의 배후에 무엇이 있는지 아는 것이다. 이걸 모르면 정보를 모을수록 복잡하고 헷갈리기만 한다. 예를 들어 결혼한 지얼마 안 되는 신혼부부는 티격태격하는 일이 흔한데, 이럴 땐 어떻게 하는 게 좋을까? 상대방이 뭘 얼마나 잘못했는지 모든 정보를 다 모은 다음, 집중 공격해 한판승으로 끝내야 할까?

많이 해본 이들은 알겠지만 그럴수록 싸움은 점입가경이 된다. '실탄'이 많으니 공방전은 난타전이 되고 결국 서로 상처투성이가 되어 해결은 갈수록 멀어진다.

부부싸움은 대체로 서로의 가치관이나 사고방식, 또는 습관이 달라서 생기는 일이 많기에 정보를 많이 모은다고 해결될 일이 아니다. 서로의 생각과 방식을 안 다음, 제3의 대안을 만드는 게 낫다. 수렴하는 문제처럼 접근하는 것이다. 집안일을 누가 하느냐로 싸웠다면, 각자의 주장이 아닌 제3의 대안을 세운 후, 더 나은 방법을 찾아가는 식이다.

코비는 《성공하는 사람들의 8번째 습관》에서 바로 이 얘기를 한다. 논쟁하는 당사자에게 그는 이렇게 말한다.

"두 사람이 말하는 것보다 더 나은 해법을 찾아보시겠습니까?"

동의하면 해결책으로 이어지기 쉽다. 이유가 있다. 그때부터 두 사람이 같은 방향을 보는 까닭이다. 같은 방향을 보게 되면 두 사람은 방어적이나 수동적, 또는 공격적이 되는 대신에 창조적인 방법으로 정보 교류를 시작한다.

얼핏 이해할 수 없는 상사의 행동을 파악하려면 둘 중 어느 쪽이 나을까?

하나만 가지고는 부족하다. 일에 대해서는 수렴하는 문제처럼 접근하는 게 좋고, 사람에 대해서는 발산하는 문제로 접근하는 게 필요하다. 일에 대해서는 앞 장에서 소개한 방법 등을 통해 정보를 모아가는 게 좋고, 사람에 대해서는 발산하는 문제로 접근, 그 행동 너머에 무엇이 있는지 파악하는 게 좋다. 상사라 물어볼 수도 없고, 물어봐도 제대로 대답하지 않을 것이니 관찰하고 통찰해야 한다. 해보면 알겠지만 상사들이 하는 행동에는 '배후'가 있다. 그 행동을 하게 하는 보이지 않는 요인이 있다. 요인은 크게 세 가지다.

그들의 행동에는 '배후'가 있다

상사들의 행동에 영향을 끼치는 첫 번째 요인은 그가 앉은 자리, 다시 말해 지위다. 지위는 권한과 책임으로 이루어지는데, 권한이란 휘두를 수 있는 힘, 그러니까 권력이고 책임이란 이 힘으로 만들어내야 하는 성과다.

지위를 가진다는 건 복잡다단한 권력의 자기장 안으로 들어서는 것이다. 권력의 세계는 수많은 자석(경쟁자)들이 보이지 않는 경쟁을 벌이는 곳이기에 신경 써야 할 일이 태산처럼 늘어난다. 자성(磁性)에 반응해야 하고, 자신이 속한 자기장의 속성에 따라 행동해야 한다. 이사라는 직급부터는 정규직에서 계약직으로 '신분'까지 바뀐다. 언제든 계약 해지 신세가 될 수 있다. 돌아가는 판세를 제대로 읽지 못하면 눈 뜨고 코 베일 수 있고, 아니면 걸림돌에 엎어져 코 깨질 수 있다.

내가 이끄는 조직만 잘 관리한다고 순항할 수도 없다. 보이지 않

는 역학관계 속의 '정치'가 운전하다 보면 불쑥불쑥 끼어드는 옆
차들처럼 앞길을 가로막는다. 지위 유지는 단순한 운전이 아니라
일종의 경주이기에 마냥 양보해줄 수도 없다. 앞서진 못하더라도
최소한 뒤처지진 말아야 한다.

이뿐인가? 앞에서 말했듯 지위를 갖게 되면 자신도 모르는 몸
속 변화가 시작되어 행동에 영향을 미친다. 잠재되어 있던 성향들
을 표면으로 떠오르게 하면서 뇌의 화학적 구성을 바꾼다. 이런 것
들이 용기를 넘어 때로는 과시로, 때로는 근거 없는 과도한 자신감
으로, 또 때로는 권력을 남용하게 한다. 냉정하고 정확한 상황 판
단을 하기보다 자기 힘을 과신하게 한다. 내게 힘이 있다고 생각만
해도 내가 던지는 주사위가 다른 사람들이 던지는 것보다 더 높은
숫자가 나올 거라고 여긴다. 어떤 일을 추진하면 무조건 해낼 수
있다고 자신한다. 경쟁자들? 남김없이 쓰러뜨릴 것이라고 호언장
담한다. 남들이 못 하는 걸 자신은 해낼 수 있다고 한다. 앞에서 말
한 '통제감 환상'으로 자신을 과대평가하고, 상대나 일을 과소평
가한다. 이런 환상의 포로들이 사무실에서 흔히 하는 말이 있다.

"네가 무슨 생각을 하는지 표정만 보고도 다 알아."

진짜 다 알까?

실제로 연구해보니 이렇게 말하는 사람들의 공감 능력이 가장
낮았다. 자기 자신에 충실한 나머지 그렇게 여길 뿐 실제는 아니었
다. 사람들이 자신의 생각에 엄청난 공감을 해주길 바라면서(사실
상 요구하면서), 자신도 상대방에 대해 전폭 공감한다고 하지만 그

건 대체로 자기 생각일 뿐이었다(미국 컬럼비아대 갈린스키 교수 연구). 분명히 안 될 것 같은데 된다고 하고, "왜 해보지도 않고 안 된다고 하느냐"고 몰아치고, "빨리 좀 하라"고 다그치는 게 다 이런 내부 호르몬에서 시작된다는 말이다.

문제는 전혀 다른 것 같은 이 두 요인이 상사의 마음 안에서 겹치며 난기류를 형성할 때다. 여기에 성과를 내야 하는 압박까지 더해진다면 그들의 머릿속이 어떨까?

지금 이 자리에 1년 더 있게 될지, 아니면 떠나게 될지 모르는 연말이 다가오면 또 어떨까? 팀장 회의에 들어가서 다른 팀들의 휘황찬란한 성과들을 듣는 기분은? 지난번 회의 때 사장에게 제출한 자료에 오자가 하나 있었는데 그 때문에 "자료 하나 제대로 만들지 못하는"이라는 말을 들었다면? 심란하다는 말 하나로 설명할 수 있을까? 노심초사, 좌불안석, 전전긍긍이란 말들이 그의 마음속을 헤집고 다닐 것이다.

지위가 높아질수록 이 세 요인이 미치는 영향은 기하급수적으로 커진다. 이걸 제대로 컨트롤하지 못하는 사람들은 스스로는 물론 위아래로부터 심각한 압박을 받게 된다.

그래서일까? 이런 이들은 대체로 비슷한 행동을 보인다. 위기가 닥치고 있다는 걸 자신이 가장 잘 아니 스트레스가 많을 수밖에 없고, 스트레스가 많으니 피곤할 수밖에 없고, 그러니 짜증이 많을 수밖에 없고, 일이 제대로 안 되어 성과가 나지 않으니 권한 위임을 할 수 없다. 그렇지 않아도 자리가 위태위태한데 내가 가진 걸 어떻게 선뜻 남에게 주겠는가. 이런 상황은 당사자를 악순환의 굴레로 끌고 들어가서 벗어나지 못하게 한다. 여기서 한 단계 더 나아간 사람들이 요즘 회자되고 있는 갑질 상사, 꼰대 상사들이다.

상사가 하는 행동을 이 세 가지 차원에서 바라보면 그들을 어느 정도 해석할 수 있다. 오자 3개, 탈자 1개 때문에 고생은 고생대로 하고 질책은 질책대로 받은 김 과장도 그렇다. 김 과장이 자신의 팀장이 처한 상황을 모른다면 그날 하루 내내 기분은 우울하고, 팀장 얼굴은 보기도 싫을 것이다. 이런 일이 몇 번 더 벌어지면 둘은 소 닭 보듯 할 것이다.

하지만 그가 왜 그러는지 알면 다를 수 있다. 무서운 평가가 기다리고 있는 연말이 다가올 때마다 파리 목숨이나 다름없게 되는 팀장의 처지를 알면 그가 하는 말을 그러려니 하고 받아들일 수 있고, 익숙해지면 귓등으로 넘길 수 있다. '나의 문제'라기보다 '그의 문제'일 수 있기 때문이다. 물론 마음으로 그렇게 해야겠지만 말이다.

어쨌든 분명하게 말할 수 있는 게 있다. 어떤 일이 일어났을 때 그 문제에 접근하는 방법을 알고, 상사가 처한 상황과 그 마음을 헤아릴 줄 안다면 조직과 상사에 대해 좀 아는 것이다. 일까지 잘한다면 승진할 준비가 끝난 것이다. 그들의 마음은 안중에도 없고 오로지 승진하고 싶은 마음만 가득하다면 또 다른 하나가 분명해진다. 승진할 수는 있지만 쉽지 않을 것이고, 대개는 오래가지 못한다.

상사의 자리에 앉아야 보이는 것들

지방대를 나와 가까스로 중견기업에 턱걸이 입사를 했지만 모든 사람들의 예상과 달리 빠르게 승진했던 사람이 있었다. 그에게 비결을 물었을 때 그는 한 달에 한두 번 정도 일요일에 출근해 두세 시간을 머물렀다고 했다. 밀린 일도 했지만 그가 빼놓지 않고 했던 일이 있었다. 상사의 자리에 앉아 그의 관점에서 생각해보는 것이었다.

"제 자리와 얼마 떨어지지 않은 곳인데도 상사의 자리에 앉으면 신기하게 다른 게 보였어요. 항상 그런 관점을 생각하면서 일했죠."

상사의 자리에서 보니 자신이 어떤 일을 어떻게 해야 할지 좀 더 구체적으로 알 수 있었고, 상사의 상사인 상무가 수시로 불러대는 게 얼마나 스트레스를 받는 일인지 느낄 수 있었다. 다른 부서와의 업무 조율도 보통 일이 아님을 알 수 있었다. 일도 잘했으니 승승장구는 맡아놓은 것이었고, 덕분에 지금은 견실한 중소기업을 운영하고 있다.

상사의 입장에서 생각해보는 것은 누구나 알고 있지만 그 누구도 제대로 하지 않는다. 내 앞가림이 우선이기 때문이다. 하지만 이걸 잘할수록 상사 파악이 쉬워지고 상사를 내 편으로 만들 수 있다.

어떤 일에 대해 상사와 의견이 다르고 이해할 수 없다면, 위인들이 자주 썼던 방법을 써보는 것도 효과적이다. A4 용지를 반으로 접은 다음, 가운데에 수직으로 줄을 긋는다. 왼쪽에는 나의 입장, 나의 생각을 쓰고, 오른쪽에는 상사 또는 상대의 입장과 생각을 쓴다. 내 관점에서 상대를 쓰는 게 아니라, 완전히 '내가 상대라면'이라는 관점으로 쓴 후, 하룻밤 자고 나서 읽어보면 다른 생각이 들때도 있다.

요즘 같은 때에는 상사가 속하는 세대의 특성도 알아두면 좋다. 대체로 부장급이 팀장인 이들은 40대 중후반쯤 되는데 이들은 대체적으로 비슷한 성향을 보인다.

가장 먼저 볼 수 있는 특징은 갈수록 급해지는 성격이다. 그전까지 여유롭고 너그럽던 이들도 호흡이 짧아져 시시껄렁한 얘기라고 생각되면 중간에 말을 자른다. 작은 실수인데도 보고 넘기지 못하고 지적한다. 승진에서 밀린 이들은 자기 한탄이 늘어난다. "요즘 살맛이 안 난다"는 말이 입에 붙는다. 입으로 하는 말과 행동이 달라진다. 회사 생활이 얼마 남지 않았을지도 모른다는 생각에서 나오는 행동들이다. 이런 행동에는 그러려니 여기고 장단을 맞춰주는 게 필요하다(한 귀로 듣고 한 귀로 흘리라는 말이다. 물론 티 나지 않게!).

'이런 것까지?'라는 생각을 할 수도 있지만, 세상에는 이런 것까지 하는 사람들이 생각보다 많다. 분명한 건 이런 이들이 앞서가면서 원하는 바를 이룬다는 것이다. 윤리에 어긋나는 게 아니라면 조금은 그들을 위로해주고 장단 맞춰주는 것도 그리 나쁘지 않다(물론 자존심은 좀 구겨질 수 있지만 나중에 더한 걸로 보상받을 수 있다!).

상사의

호감을 끄는

보디랭귀지

    2015년 4월 30일, 북한의 중요 행사 중 하나인 제5차 인민군 훈련일꾼대회가 열렸을 때다. 국가적인 행사이니만큼 최고권력자 김정은을 비롯해 많은 핵심 인사들이 참석했고 조선중앙TV가 관련 내용을 방송했다. 우연하게 뉴스에서 이 영상을 보게 됐는데 재미있는 장면이 있었다.

    행사 참석자들이 어딘가로 이동하고 있었는데 당시 군부 1인자로 알려진 황병서 인민군 총정치국장이 김정은 노동당 제1비서보다 한 걸음 정도 앞선 걸 아는 순간 깜짝 놀라 뒤로 물러섰다. 한두 걸음도 아니고 무려 네 걸음 정도 뒤로 간 다음, 김정은에게 앞서 가라는 표시로 양팔을 앞으로 내밀었다. 자신이 앞서 걷는 실수를 했다는 걸 자인하는 제스처였는데 그게 그렇게 놀랄 만한 일이었을까? 혹시 아부를 하느라 그랬던 것일까(이 장면은 그해 6월 조선중앙TV가 방영한 기록 영화에 나왔다. 황병서는 2017년 숙청된 것으로 알려졌다).

결론부터 말하면, 아부라기보다 자연스러운 반응이라고 할 수 있다. 권력이나 계급이 강조되는 곳에서 맨 앞은 1인자의 전용 공간이기 때문이다. 안내하는 이들도 맨 앞을 차지할 수 없다. 북한에서만이 아니라 어디에서나 마찬가지다. 대기업 회장이 임원들과 어딘가로 이동할 때 회장보다 앞서 걷는 사람이 있을까? 세상 물정 모르는 아이들이 아니라면 없을 것이다. 있다면 그는 아마 간이 부어도 보통 부은 게 아닐 것이다.

각국 정상들이 모인 곳에서도 마찬가지다. 2010년 9월, 당시 각국 정상들이 미국 백악관에서 열린 중동 평화협상에 참석했다. 다음 날 회담을 끝낸 정상들이 복도를 걸어가는 장면이 이집트의 최대 일간지 알-아흐람에 실렸다. 호스니 무바라크 당시 이집트 대통령이 맨 앞에서 걷고 바로 뒤를 오바마 당시 미국 대통령이 걷고 있는 사진이었다. 이상한 건 다른 나라에서는 분명 같은 곳에서 찍은 것 같은 다른 사진이 실렸다는 것이다. 이 사진에서는 무바라크가 왼쪽 맨 뒤에서 걷고 있었다. 어떻게 된 일일까?

이집트 관영 신문인 알-아흐람 지가 무바라크를 내세우기 위해 사진을 변조했던 것이다. 두 사진은 사진 속 인물을 위치만 바꿨을 뿐인데, 이미지 차이가 크다. 이집트 신문에 실린 무바라크는 자신감 있고 주도적인 인물로 보이지만, 맨 뒤에서 걷고 있는 무바라크는 왠지 처져 있는 듯하다. 맨 앞이라는 곳이 보통 자리가 아닌 것이다.

세상 어디에서도 이런 규칙이 명문화된 곳은 없다. 그렇다고 지켜지지 않는 곳도 없다. 아니, 그 어떤 규칙보다 중요하게 여겨진다. 역학관계가 엄격한 곳일수록 몸을 쓰는 일은 말 없는 언어로 작동한다. 몸 쓰는 법을 알아야 하는 이유다.

몸은 말보다 훨씬 강력하게 전달되고 자신도 모르게 특정 정보를 상대에게 전달할 수 있기에 조심하지 않으면 큰코다칠 일이 많다. 큰 조직일수록 신체 언어에 관한 암묵지를 모르면 그건 '죄'가 된다. 이 '괘씸죄'를 범하면 '조직의 뜨거운 맛'을 아프게 경험해야 한다.

요즘에는 경직된 서열 관행이 많이 사라지고 있지만 영영 사라질 것 같지는 않다. 앞에서 말했다시피 지위는 대우받기를 좋아하는 속성이 있기 때문이다.

그러면 높은 분을 안내할 일이 생겼을 때는 어떻게 해야 할까? 지위 격차가 근소하다면 옆에 서도 괜찮지만 현격하다면 반걸음 정도 뒤에 위치한 다음, "10m 더 가셔서 우회전입니다"와 같은, 차량 내비게이션 방식을 쓰는 게 바람직하다. 엘리베이터를 탈 때에는 "제가 먼저 타겠습니다"라고 한 다음, 먼저 들어가 가야 할 층의 버튼을 누르면 무난하다.

바쁜데 상사가 부른다면?

아이를 키우는 엄마들은 아이들이 거짓말을 할 때 귀신처럼 알아차린다. 어떻게 그럴 수 있을까?

엄마들은 아이들의 말보다 몸을 읽는다. 거짓말을 하는 아이들은 티가 난다. 거짓말 경력이 일천하기에 눈의 초점이 흔들리고 자꾸 손을 입으로 가져간다. 뭔가 부자연스럽다. 그 몸짓이 무엇을 의미하는지 잘 아는 엄마들은 아이들의 말을 귓등으로 흘리며 '취조'를 시작한다.

"진짜? 진짜 그랬어? 그러면 이건 뭐야?"

상사들 또한 비슷하다. 우리 인간이 가진 몸을 읽는 본능을 가진 데다 그 자리에 오르기까지 수없이 단련했을 구력이 있다. 눈치 빠른 상사들은 부하들이 하는 말은 반만 듣는다. 그러면서 부하들이 자신들을 대하는 태도, 즉 몸의 움직임을 본다. 뭔가 느낌이 이상하면 자꾸 이상하고 어려운 질문을 하거나 일을 주어 수시로 테스트한다.

몸을 쓰는 능력이 일천한 이들은 거짓말하는 아이들처럼 금방 속마음을 들켜 신뢰를 잃고 만다. 신뢰란 말과 행동이 일치하는 데서 시작되는데 그러지 못하니 '믿음직'과 멀어진다. 믿음이 가지 않는 팀원에게 좋은 평가를 하는 상사가 있을까? 그러면 어떻게 하는 게 좋을까?

할 일이 산더미처럼 쌓여 정신없이 일하고 있는데 팀장이 자꾸 부르면 누구나 짜증이 난다. 이럴 때 우리는 대체로 고개 한 번 돌리면서 "예" 하고 대답한 다음, 수시로 PC나 노트북 모니터로 시선을 돌린다. '바쁘긴 하지만 두 귀로 잘 듣고 있으니 말씀하시라'는 뜻이다. 우리는 이런 식으로 나름 최선을 다해 응대하고 있다고 생각하지만 팀장의 생각은 다를 때가 많다. 사람은 자기를 우선하는 성향을 갖고 있기에 팀장에게 이런 자세는 자기 얘기를 귓등으로 듣는 것처럼 보인다. '지금 나를 뭘로 여기는 거야?'라는 괘씸해하는 마음이 생겨날 수 있다.

'아니, 꼭 이렇게 형식적으로 해야 해?'

이런 볼멘소리가 나올 수 있지만, 우리도 상사에게 보고할 때, 상사가 수시로 휴대폰을 만지작거리면서 "듣고 있으니 말하라"고 하면 맥이 빠진다. 바람직한 행동이 아니라는 뜻이다.

이럴 땐 "지금 급하게 처리해야 할 일이 있으니 10분 후에 하시면 어떨까요?"라고 하는 게 낫다. 가능하면 바쁜 일이 무엇인지 간단하게 구체적으로 말하는 게 좋다. 팀장이 사안의 경중을 헤아릴 수 있게 말이다. 물론 무미건조한 표정과 태도보다 급한 듯, 간청하는 듯하는 표정과 자세를 조금이라도 곁들일수록 효과적이다.

혹시 시간이 늦어져 10분이 넘어간다면 '내가 바쁜 걸 잘 알고 있을 것'이라고 생각해 넘기지 말고 다시 가서 재요청을 해야 한다. 직급이 높을수록 부하를 기다리는 걸 좋아하는 상사는 거의 없다.

나도 모르게 하는 실수들

이런 상황에서 우리가 무의식적으로 하는 실수가 있다. 별로 탐탁지 않은 마음으로 서서 상사의 말을 듣고 있을 때 우리는 우리도 모르게 상체와 하체의 방향을 달리한다. 상체는 상사에게 향하지만 하체(대체로 발끝 방향)는 다른 곳을 향한다. 다른 곳이란 한시라도 이 상황을 벗어나서 가고 싶은 곳, 그러니까 우리가 앉아 일하는 자리나 문 쪽이다.

신체 언어 전문가로 미국 FBI 수사관을 지낸 존 내버로에 따르면 얘기를 나눌 때 온몸을 팀장에게 향한 사람은 호감을 받을 가능성이 크지만, 상체만 팀장을 향한 사람은 그렇지 않을 가능성이 크다. 팀장의 무의식이 후자의 몸짓에서 '저 사람은 나와 멀어지려 하는구나'라는 느낌을 받기 때문이다. 우리 몸에서 다리는 거짓말을 못 하는 신체이기에 속마음이 많이 담겨 있다.[1]

문제는 우리는 이걸 느끼지 못하지만 상사는 느끼고, 더러는 마음에 새긴다는 것이다. 그렇지 않아도 신경이 곤두서 있을 때 팀장이 "이것 좀 알아보라"고 일을 더 얹어주면 우리도 모르게 한숨이 나오고 인상이 일그러진다. 이런 행동은 본능적이다. 선천적으로 앞을 못 보는 아이들도 안 좋은 소식을 들으면 눈을 가리는 경향이 있을 정도로 말이다.

하지만 우리가 모르는 이런 태도를 상사는 눈앞에서 똑똑히 보

---

1 조 내버로, 마빈 칼리스, 앞의 책.

고 있고 기억까지 한다. 태평양 같은 넓은 마음을 지니지 않았다면 언짢아하는 건 당연지사. '쟤는 일만 시키면 오만 가지 인상을 쓴다'고 생각한다. 상황을 이해한다고 해도 기억 속에 남을 수 있고 이런 일이 쌓일수록 좋은 관계는 물 건너간다. 온몸이 지쳐 있을 때 자꾸 말을 걸거나 뭔가를 시키는 상사에게 한마디 던진 게 두고두고 후회의 씨앗이 되는 일, 누구나 한 번씩 경험하지 않는가.

직장 생활에서는 모름지기 몸을 잘 써야 한다. 몸은 내가 말하지 않아도 내 속마음을 다 드러내기 때문이다.

갑자기 떨어진 일 때문에 이틀 밤을 꼬박 새우고 출근하면 제정신이 아닐 때가 많다. 잠시 짬이 생기면 다리를 길게 뻗은 자세로 미끄러지듯 의자에 널브러져 있게 된다. '내가 고생한 거 알겠지?' 하는 생각으로 팀장이 와서 얘기할 때도 그런 자세로 대화할 수 있다. 나는 어쩔 수 없는, 당연한 행동이지만 팀장에게는 그렇지 않을 수 있다. '고생한 건 알지만 그렇게까지 생색내야 되겠어?' 이런 생각을 들게 할 수 있다. 다른 팀 사람들이 보면 '저 팀장에게는 저렇게 해도 되는구나' 하는 신호를 줄 수도 있다.

자유로운 가정환경에서 자란 이들 중에는 집에서 부모에게 하던 대로 의자에 '마음 편히' 늘어져 있는 자세를 취하는데 이런 자세는 본인의 생각과 달리 윗사람을 무시하는 것으로 전달될 수 있다.

이뿐인가? 상사가 얘기하는데 다리를 달달달 떨거나 몸을 자꾸 움직이는 사람은 긴장하다 보니 자기도 모르게 그렇게 하는 것이지만, 상사는 다르게, 대체로 부정적으로 받아들인다. 일부러 한 게 아닌 행동을 상사가 중시하면 결과는 보나 마나다. 기껏 열심히 일해 놓고 말로 그걸 까먹는 사람이 있는 것처럼, 일은 일대로 하고 오해는 오해대로 받는 억울한 일이 벌어진다. "일은 잘하는데 됨됨이가 좀…" 이런 말을 듣게 된다.

경영을 잘하려면 매출과 수익이 어디서 어떻게 나오는지 알아야 하는 것처럼 회사를 다니는 사람은 좋은 관계, 그러니까 호감과 미움이 어디서 시작되는지 알아야 한다. 매출과 수익이 일시적이 아니라 항상 일정하게 나오는 게 좋듯, 상사를 대하는 태도도 마찬가지다.

상사를 이기는 부하는 오래가지 못한다

어느 조직에나 상사들의 호감을 받는 이들은 이런 의도치 않은 실수를 확실히 덜 한다. 우연이 아니다. 상사를 대하는 법을 알기 때문이다.

이들에게서 볼 수 있는 가장 기본적인 태도는 상사를 넘어서지 않는 것이다. 넘어서지 않는다는 건 앞에서 누누이 강조했던, 몸의 크기와 위치, 목소리, 일의 결과물 등을 포함한다. 문화인류학자 에드워드 홀이 한 말이 있다.

"모든 문화적 행동은 생물학적인 기반을 갖고 있다."

예를 들어 상사보다 덩치가 큰 사람은 공식적인 자리일수록 상사 근처에 있지 않는 게 좋다. 상사의 키가 작을 때도 마찬가지다.

사람들에게 그걸 명확하게 인식시키지 말아야 한다. 덩치도 큰데 몸짓까지 크게 하면 '날 미워해달라'고 하는 것이나 다름없다.

상사와 부하로 일하다가 헤어져 오랜만에 만나는 사람들을 보면 왜 이렇게 해야 하는지 알 수 있다. 두 사람 모두 반가워하지만 잘 보면 몸짓이 다르다. 상사는 부하보다 훨씬 큰 몸짓을 한다. 두 팔을 활짝 벌리고 상대를 맞이한다. '내가 너보다 더 크다'는 무의식이 작용한다. 부하가 그럴 수 있을까? 웬만큼 친한 사이가 아니면 하기 힘들다. '작은 몸'으로 반가워하는 게 아랫사람이 해야 할 행동이고 예의다. 사적일 때도 이러니 업무에서는 말할 것도 없다.

자신이 하는 말을 강조한다고 목소리를 높이거나 압박감을 느끼게 하는 것도 조심할 일이다. 상사의 호감을 받는 이들이 "잘은 모르겠습니다만…", "제 생각에는…"이라는 방어적 문구를 사용하는 데는 그만한 이유가 있다. 사장실에 들어갈 때 몸을 작게 하는 것처럼 자신의 말도 작게 한다. 과시하지 않고 축소한다.

우리가 일하는 조직의 어두운 면이긴 하지만(우리의 삶이 '낮'으로만 이루어진 게 아니듯 조직 생활도 마찬가지다. 어두운 면도 알아야 한다) 상사는 자신보다 뛰어난 부하보다 코드가 맞거나 마음이 가는 부하를 더 신뢰한다. 뛰어난 리더들이 후계자를 잘못 선정하는 이유 중 하나다. '오른팔, 왼팔'이라는 표현처럼 마음이 가는 자신의 대리인을 선정하려다 일을 그르치는 것이다. 상사의 자존심을 건드리거나 그의 자리를 위협하는 것처럼 여겨지면 더 그렇다. 상사를 이기는 부하는 오래가지 못한다. 상사들도 인간이기 때문이다.

상사와의 관계가 좋은 이들에게서 볼 수 있는 두 번째 특징은 피드백이다. 피드백이란 상사와의 커뮤니케이션에서 고개를 끄덕끄덕하는 등 '장단'을 잘 맞추는 것이다. TV 예능 프로그램에서 리액션을 잘해주는 것과 비슷한데, 똑똑한 이들은 여기에 한 가지를 더 한다. 간간이 간단한 질문을 던져 상대의 기분을 추어올린다. 여기서 말하는 질문이란 상사를 움찔하게 하는 게 아니다. "그러니까 그게 이런 것이었군요"라는 말처럼 상사가 한 말을 한 번 더 강조해 기분이 좋아지게끔 하는 것이다. 질문을 던진다는 건 '당신의 말을 관심 있고 주의 깊게 듣고 있다'는 신호로 상대에게 전해진다.

탁월한 이들은 여기서 한 걸음 더 나아간다. 미국 텍사스 대학의 제임스 웨스트펄과 노스웨스턴 대학의 이타이 스턴이 미국의 350개 기업의 경영진을 대상으로 그들이 어떻게 임원 자리에 올랐는지 연구한 결과, 많은 이들이 그들의 상사에게 조언을 구했다. 어떻게 그 자리에 올랐는지, 자신이 어려워하는 일을 어떻게 해결했는지 노하우를 물었다. 덕분에 그들은 실제적인 정보뿐만 아니라 그들의 지지까지 얻었다. 이 책의 앞부분에서 언급했듯 조언을 구한다는 건 "한 수 가르쳐달라"는 뜻으로 상대의 능력을 완전하게 신뢰할 때 나오는 행동이기 때문이다. 자신이 중요한 인물이 된 듯한 느낌을 갖게 된 상사는 이렇게 생각한다.

'내가 그런 능력을 가진 걸 알다니, 똑똑한 친구군.'

미국 브리검영 대학의 케이티 릴젠퀴스트(Katie A. Liljenquist)

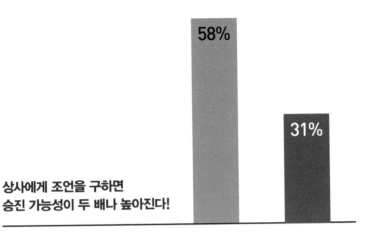

**상사에게 조언을 구하면
승진 가능성이 두 배나 높아진다!**

58%

31%

조언을 구할 때   조언을 구하지 않을 때

출처 : 나를 알리는 문제 해결법: 조언을 청해 얻을 수 있는 전략적 이익. 릴젠퀴스트, 2010

교수의 연구도 이를 뒷받침한다. 연구에 의하면 상사에게 조언을 구하는 사람의 승진 가능성은 그렇게 하지 않는 사람(31%)에 비해 두 배 가까이(58%) 높다(위 표 참조).

"조언을 구하는 사람은 온화하고(warm) 겸손하고(humble), 협력적인 사람으로 여겨진다."

사실 이건 어제오늘의 일이 아니다. 19세기 영국의 유명 작가인 아서 헬프스(Arthur Helps)는 일찌감치 이런 말을 했다.

"우리 모두는 우리에게 조언을 구하러 오는 사람의 지혜를 높이 평가한다."

무언가를 제대로 할 수 없어 조언을 구하러 온 그를 높이 평가하는 이상한 일이 벌어지는 것이다. 물론 조언만 받고 귓등으로 흘리면 안 하니만 못 하다. 또 시시콜콜 이것저것 물어보는 것도 역효과를 낸다.

행운이 있는 사람들의 평소 몸짓

상사가 기분 좋게 하는 말이나 유머 '같은' 말을 할 때 '알아서' '잘' 웃어주는 것도 '능력'이다. 사장이 같은 내용의 썰렁한 유머를 대리급과 임원급에게 했을 때 어느 쪽 웃음소리가 더 클까?

말할 것도 없이 후자다. 지위가 올라갈수록 자신의 기분과 관계없이 호쾌한 웃음을 터트리는 데 익숙해지고 또 그래야 하기 때문이다. 재미있어서 웃는 게 아니라 별일 없게 하기 위해, 그러니까 관계를 돈독하게 하기 위해 웃지만 말이다(물론 당사자들은 절대 아니라고 한다). 오래전《양복 입은 원숭이》라는 책을 쓴 미국의 저널리스트 리처드 콘니프는 예절에 관한 오래된 지침서에서 봤다며 이런 말을 한 적이 있다.[2]

"부하들은 누군가의 마음에 들고 싶을 때 웃고, 상사는 자기 마음에 드는 게 있을 때 웃는다."

물론 웃으면 실제로 즐거워진다는 연구 결과도 있긴 하다.

---

2 리처드 콘니프, 양복 입은 원숭이, 이호준 옮김, 랜덤하우스, 2006년.

나쁘게만 볼 일이 아니다. 지나친 '아부'로 보일 수도 있지만 좋게 보면 협력을 강화하는 방법이기도 하니 말이다. 이런 행동이 경계심과 공격성을 낮춰 안정적인 조직 분위기를 만들기 때문이다. 성장성이 좋은 조직에서 이런 행동들이 흔한 게 그 증거다.

마지막으로 상사들의 지지를 잘 받는 이들은 평상시 행동이 안정적이다. 말을 신중하게 하고 무엇보다 말과 몸짓이 일치한다. 미국 유타 대학 엘리자베스 테니 교수팀의 연구에 의하면 어떤 일에 "자신 있다"고 말한 사람이 일을 잘 못 하면 신뢰감이 확 떨어진다. 되레 "자신 없다"고 한 사람을 더 신뢰하게 된다. 반면 "자신 있다"고 말하지 않고 '자신 있게' 자기소개를 하면 그가 일을 잘하지 못해도 여전히 신뢰감를 보낸다. 말보다 몸짓을 믿는 것이다.

우리가 하는 몸짓은 제품의 디자인이 그렇듯 그 자체로 하나의 전략이다. 디자인은 굳이 설명하지 않는다. 글로 전하지 않아도 멀리서도 금방 알아볼 수 있다. 왜 라면 디자인이 대체로 빨간색이거나 노란색일까? 빨간색은 맵고, 노란색은 덜 매우면서 달달하다는 뜻이다. 모두가 아는 걸 활용하는 것이다.

우리의 평소 몸짓도 마찬가지다. 우리가 하는 의식적, 무의식적 몸짓은 우리가 누구인지를 나타낸다. 인간 행동 연구가인 앨런 피즈와 바바라 피즈가 수천 건의 협상을 녹화해 분석한 결과 업무 미팅에서 보디랭귀지가 끼치는 영향력이 60~80%나 됐다. 또 상대를 볼 때 가장 먼저 눈을 보는 게 아니라 몸을 봤다. 내가 하는 몸짓이 나라는 얘기다.

행운이 있는 사람들은 신체 언어(body language)를 잘 사용한다. 행운과 불행에 대해 수십 년 동안 연구해오고 있는 리처드 와이즈먼에 따르면 행운과 불행은 지능이나 외모와는 큰 관련이 없었다. 행운이 많다고 스스로 생각하는 사람과 불행하다고 생각하는 사람을 영상으로 찍어 분석해보니 행운이 있다고 생각하는 사람은 불행하다고 생각하는 사람들보다 더 자주 웃고 눈을 더 많이 마주쳤다.

혼날 줄

아는

능력

2019년 3월 5일 일본 NHK 방송에 이색적인 대학 강의실이 등장했다. 졸업을 앞둔 대학생 18명이 듣는 수업 제목은 '잘 혼나는 법'. 단순한 이벤트가 아니었다. 학생들은 신입사원처럼 정장을 입고 참석했고, 전문 강사는 그들을 혼내는 상황을 만든 후 대응 자세를 고쳐주고 있었다.

이런 것까지 해야 하는가 싶지만 알고 보면 생각 이상으로 중요한 게 혼나는 법이다. 일본 도쿄에 있는 도시마구 다이쇼(大正) 대학이 2년째 진행하고 있는 이 수업도 이 학교를 졸업하고 '생존 전선'에서 뛰고 있는 이들의 하소연에서 시작된 것이다. 직장에 들어간 졸업생들이 상사로부터 혼나는 게 가장 견디기 힘들다고 입을 모아 토로했던 까닭이다.

사실 혼나는 게 별일 아닌 사람이 있을까마는 사회생활을 시작하기 전까지 '제대로' 혼나 본 경험이 별로 없는 젊은 세대들에게 혼나는 건 보통 일이 아니다. 영혼이 나가는 듯 '멘털'이 탈탈 털리기 때문이다. 자신의 존재를 부정 당한다는 생각에 충격을 받고 좌절한다. 어떻게 대처해야 할지 모르니 작은 일로 넘어갈 것도 불거진다.

우리나라라고 다르지 않다. 밀레니얼 세대들이 직장인의 30%를 넘어서면서 이전에 없던 문제점들이 속출하고 있다. 상사들이 팀원을 혼내는 방식에도 문제가 있지만 젊은 세대들 또한 대처법을 모르는 바람에 작게 넘길 수도 있는 일에 마음의 상처를 입고 회사를 떠나는 일까지 일어난다. 작은 일이 아닌 것이다.

태풍을 피할 수도 막아낼 수도 없다면 피해를 최소한으로 줄이는 게 최선이다. 혼나지 않는다면 좋겠지만 그런 일은 거의 없다. 처음부터 일을 잘하는 사람이 어디 있겠는가? 그렇기에 혼나는 법을 배워두는 게 좋다. 태권도나 유도를 하면 넘어지는 낙법부터 배우듯 직장 생활도 마찬가지다. 가장 어려운 일을 할 줄 알면 왠지 모르게 자신감이 생기듯 혼나는 것도 마찬가지다. 까닭 모를 두려움에서 어느 정도 벗어날 수 있다.

무엇보다 이 세상의 거의 모든 상사는 야단맞을 줄 아는 사람, 혼날 줄 아는 사람을 다시 본다. 야단을 치면서도 마음에 들어 한다. 야단을 맞을 때 그 사람의 본바탕이 나타난다고 생각하기 때문이다. 세상에는 참 아이러니한 일이 많지만 혼나는 것도 마찬가지다. 잘못해서 혼이 나는데 그게 기회가 된다. 우리가 세상을 살아가는 힘이라고 할 수 있는 자존심은 지키는 게 아니라 사실은 만드는 것일지도 모른다.

혼내고 혼나는 이유와 방식이야 세상의 모래알만큼이나 많고, 대처하는 방법도 그러하겠지만 여기서는 몸짓에 초점을 맞춘 대응법을 알아볼 것이다. 우리도 모르게 하는 무의식적 행동이 끼치는 영향이 예상외로 큰 까닭이다. 기본을 알면 응용력이 높아지는 효과도 있다(일반적인 대처 방법은 요즘 나오는 책들이 많이 다루고 있다).

상사가 기대하는 게 있다

일본 전국시대에 이름을 떨친 오다 노부나가의 총애를 받았던 모리 란마루라는 소년 장수가 있었다. 어른이 되지도 않은 그가 총애를 받은 데는 그만한 이유가 있었다.

어느 날 오다가 장수들과 회의를 하고 있는데 지방에서 귤이 올라왔다는 소식이 전해졌다. 어린 모리가 그 귤을 소반에 가득 담아 왔는데 너무 많이 담았던 것 같다. 그걸 본 오다가 한마디 했다.

"조심해라. 떨어뜨릴라."

그 말이 끝나기가 무섭게 귤이 떨어졌다. 오다의 말처럼 말이다. 하지만 그건 모리의 실수가 아니었다. 주군의 말이 틀리지 않다는 것을 보여주기 위해 아무도 모르게 일부러 떨어뜨린 것이었다. 한

두 번이 아니었다. 어느 겨울에는 회의에 참석하러 마지막으로 들어온 오다가 "아, 내가 들어오면서 문을 안 닫고 온 것 같다"고 했다. 모리가 가보니 닫혀 있었다. 닫았는데도 헷갈렸던 것이다.

우리라면 어떨까? "잘 닫혀 있습니다"라고 보고했을 것이다. 모리는 달랐다. 주군의 말이 틀리지 않다는 걸 알리기 위해 문을 살그머니 열었다가 모두 들을 수 있도록 쿵 하고 닫았다. 평소에도 이 정도였으니 다른 일에서는 어떠했을지 짐작할 수 있다. 덕분에 그는 10대 소년이었음에도 봉록 5만 석에 이르는 어엿한 영주가 되었다.[1]

입안의 혀처럼 굴라고 하는 게 아니다. 상사가 어떤 말을 할 때, 특히 혼을 낼 때는 기대하는 게 분명 있다. 그런데 원하는 신호나 반응이 없거나 시원찮으면? 문제가 생기기 시작한다. 상사는 자신이 원하는 반응을 보고 싶어 또 다른 뭔가를 시도한다. 팀원 입장에서 보면 원치 않은 상황이 자꾸 생긴다.

우리는 보통 이럴 때 말로 그 상황을 모면하려고 한다. 하지만 이런 행동은 되레 상황을 증폭시킬 가능성이 크다. 말과 몸짓이 다를 때가 많기 때문이다. 더구나 언어는 7%만 전달되고 나머지 93%가 몸짓으로 전달되다 보니 상사는 말보다 몸짓을 더 믿는다. 불일치가 커질수록 불신은 높아지고 엎질러진 물이 된다.

상사에게 혼날 일이 없으면 좋겠지만 그런 일은 천국에나 있을

---

1 서광원, 사장으로 산다는 것, 흐름출판, 2005년.

테니 알아두어야 할 게 있다. 앞에서 말한 적 있는 존대 행동(복종 행동)이다. 어감이 좋지는 않지만 우리 본성 깊숙하게 깃들어 있는 것이니 알아야 할 필요가 크다.

혼나는 상황에 처했을 때 가장 기본적인 건 시선과 표정, 그리고 몸짓이다. 앞에서 말한 일본의 혼나는 법 강사는 학생들에게 '얼굴을 똑바로 보라'고 했지만 우리나라에서는 반대다. 서양에서도 혼날 때는 상대를 똑바로 보고 고개를 끄덕여야 하지만 우리 문화에선 공격적인 표현으로 간주하니 절대 삼가야 한다. 적당히 잘못했을 때는 상사의 턱이나 목과 가슴 사이 정도를 보는 게 무난하고, 상당히 잘못했을 때는 무릎 정도를 보는 게 좋다. 시선을 옆으로 두거나 자신의 발끝만 보는 것 같은 시선 외면은 상사가 기대하는 행동이 아니다. 되레 그의 감정을 고조시킨다.

이럴 때 인사와 과시 행위에서 얘기했던 것처럼 몸을 가능한 한 작게 하는 게 좋다. 이와 함께 고개를 끄덕이는 것 같은, 잘 듣고 있다는 작은 반응도 필요하다. 변명은 물론 말을 많이 하지 않는 건 기본, 당장 해야 할 말이 아니라면 한 템포 늦춰서 하는 게 좋다. 태풍이 불 때는 일단 엎드리는 법이다. 필요한 행동 외에는 몸을 움직이지 않는 것도 중요하다. 그럴 만한 이유가 있다.

가위 같은 커다란 턱을 갖고 있는 사슴벌레 수컷들은 나무에서 만나면 사생결단하듯 싸운다. 마치 외나무다리에서 결투를 벌이는 것 같다. 밀린 녀석은 나무에서 떨어지게 되는데 땅에 떨어진 녀석들은 대체로 꼼짝하지 않는다. 떨어진 충격으로 죽은 걸까?

그럴 리 없다. 녀석들의 몸은 예상외로 탄력성이 좋다. 1, 2분쯤 지나 안전하다고 느껴지면 무슨 일 있었느냐는 듯 툴툴 털며 일어나 갈 길을 간다. 땅에는 예상치 못한 위기가 항상 있다 보니 일단 죽은 척하는 것이다. 녀석들만이 아니라 미국 애리조나 사막에 사는 뿔도마뱀을 비롯해 몇몇 설치류와 물고기들도 이런 식으로 위기를 넘긴다.

이 정도까지는 아니더라도 모든 생명체는 생각지 못한 상황이 벌어지면 동작을 '일단 정지'한다. 우리도 마찬가지다. 엄마가 외출한 사이 몰래 케이크를 훔쳐 먹던 아이들은 예기치 못한 인기척이 들리면 일제히 동작을 멈춘다. 얼음이 된 듯 숨까지 멈춘다. 심리학에서 정지반응이라고 하는 이 행동을 상사 앞에서 하면 상사는 앞에 있는 상대를 약자라고 느낀다. 약자에게는 경계심을 높일 필요가 없다.

이런 상황에 익숙하지 못한 아이들이나 신입사원들은 다른 행동으로 불안을 발산한다. 몸을 비비 꼬거나 거북처럼 웅크리고 다리를 달달달 떨기도 한다. 의자에 앉은 이들은 의자 다리를 기둥 삼아 자신의 다리를 꼰다. 자신도 모르게 하는 이런 행동(전이활동)이 상대에게 자연스럽게 보일까? 사실 상사가 기대하는 행동은 따로 있다.[2]

---

2 데스몬드 모리스, 털 없는 원숭이, 김석희 옮김, 영언문화사, 2001년 : 조 내버로, 마빈 칼리스, 앞의 책.

당황스러워하고 어쩔 줄 몰라 하라?

동물행동학 분야를 개척한 선구자 중 한 사람인 데스몬드 모리스가 《털 없는 원숭이》라는 책에서 전하는 일화가 있다. 모리스는 동물 행동과 인간 행동이 크게 다르지 않다는 걸 일찌감치 주창한 사람인데, 이걸 확인하기 위해 일부러 교통법규를 위반해 그때마다 어떤 존대 행동(복종 행동)이 얼마나 효과적인지 실험했다.

사소한 위반임에도 "나는 안 했다"고 하거나 이런저런 핑계를 대는 건 효과가 없었다. 되레 화를 불렀다. 비굴하게 "한 번만 봐달라"고도 해봤다. 그것도 별로였다. 가장 좋은 건 순순히 인정하는 것이었다. '용의자'의 순순한 자백으로 한껏 우월한 느낌을 갖게 된 경찰은 가끔 '자백한 약자'에게 선의를 베풀기도 했다.[3]

물론 거저 주어진 혜택은 아니었다. "반드시 적절한 자세와 몸짓을 덧붙일 때" 그런 혜택이 주어졌다. 적절한 자세와 몸짓은 지금까지 말해 온 것들인데 여기에는 바로 앞에서 말한 전이활동도 포함된다. 단, 다리를 달달달 떠는 것 같은 부정적인 몸짓이 아니라 뒷머리를 긁적이는 것 같은 긍정 행동을 할 때다. 이런 행동은 잘못을 인정하는 것처럼 인식된다. 사실 더 효과적인 건 당황스러워하거나 어쩔 줄 몰라 하는 것이다.

당황스러워하거나 어쩔 줄 몰라 하라고? 그렇다. 심리학자인 대

---

3 데스몬드 모리스, 앞의 책.

처 켈트너에 따르면 잘못한 사람이 이런 행동을 보이면 주변 사람들의 마음이 너그러워진다. 실수를 대수롭지 않은 것으로 여기고 그냥 웃고 넘어가는 경향이 있다. 집단의 문화에 적응하려고 하는 것으로 평가한다. 신입 직원이 그러면 집단에 합류하려는 노력으로 여긴다. 평소에 점수를 따 놓으면 "그러면서 배우는 거야"라는 격려까지 듣는다. 켈트너의 연구에 따르면 모의재판에서 마약을 판매한 혐의로 기소된 용의자가 당황스러워하고 부끄러워하자 생각보다 적은 형량을 선고하는 경향이 짙었다.[4]

혼날 때나 실수해서 당황했을 때 얼굴이 빨갛게 달아오르는 것도 해볼 만한 '전략'이다. 우리는 이걸 굉장히 창피해하지만 의외로 효과가 괜찮다. 우리 마음에는 실수한 사람이 홍당무처럼 얼굴이 빨개지는 걸 '이런, 제가 잘못했네요'라는 사과의 의미로 받아들이는 성향이 있기 때문이다. 미국 웨이크 포리스트 대학의 심리학자 마크 래리 교수에 따르면 악화된 상황을 완화시키려는 이런 행동은 멋쩍은 웃음과 비슷한 효과가 있다. 실제로 어떤 사람이 마트에서 쌓아 놓은 물건을 실수로 무너뜨려 주변 사람들에게 피해를 주었을 때 사람들은 얼굴이 빨개진 사람을 너그럽게 이해했다 (생각해보자. 이런 일을 벌이고도 얼굴이 멀쩡한 사람과 빨개지는 사람, 누구를 이해할까?)[5].

앉아서 혼나는 상황이라면 다음 자세를 알아둘 만하다. 팔은 몸

---

4 리처드 콘니프, 앞의 책.
5 스티븐 주안, 인체의 신비, 김영수 옮김, 시아출판, 2001년.

통에 가볍게 붙이고 양 무릎도 그렇게 한다. 발목은 바닥에 나란히 두거나 살짝 교차해도 무난하다. 시선은 앞에서 말한 대로 상대의 턱이나 가슴을 보면 되는데, 턱을 살짝 내리는 게 좋다.

사실 혼나는 과정에서의 몸짓도 중요하지만, 끝난 후도 못지않게 중요하다. 바람처럼 휙 돌아선다거나 불만 가득한 느낌을 주는 뒷모습을 보이면 혼은 혼대로 나고 개운치 않은 뒷맛까지 남긴다. 진지하거나 무거운 표정, 몸짓을 유지하는 게 좋다. '나 지금 멘털 나갔음' 같은 표정까지는 괜찮지만 '나 지금 기분 엉망, 건드리지 말 것' 같은 '오만 가지 인상'은 '내 성격 별로임'을 동네방네 소문 내는 것이다. 평판만 나빠진다. 소셜미디어에 하소연하는 것도 참는 게 낫다. 괜한 오해를 살 수 있다.

마지막으로 '그럴 수도 있다'는 마음의 여유가 필요하다. 탁월한 이들은 상사가 혼낼 때 단지 지적으로만 받아들이지 않는다. 기분 나쁘고 억울한 게 있을지라도 학습의 기회로 삼는다. 사실 상사의 꾸지람과 지적이 항상 옳은 게 아니기에 억울할 수 있지만 직장은 정의로운 곳이 아니다. 한 귀로 듣고 한 귀로 흘릴 수도 있어야 한다. 죽은 척하다 무슨 일이 있었느냐는 듯 털고 일어나는 사슴벌레처럼 홀홀 털어낼 수 있어야 한다.

상사가 '쿨'하기를 바라는 것보다 내가 '쿨'한 게 차라리 낫다. 물론 마음먹는다고 되는 일은 아니다. 몸의 맷집이 수많은 경험을 통해 다져지듯 마음의 맷집도 마찬가지다.

반론을 제기할 때 필요한 것

상사가 혼내는 대로 다 받아주고 끌려가라는 게 아니다. 상사가 '어거지'로 그런다 싶으면 앞에서 말한 기본자세에 군은 시선이 효과적이다. 상사의 목과 가슴 사이에 시선을 가만히 고정시키고 미동 없이 듣는 것이다. 표정에 감정을 담지 않는 게 중요하다. 이 자세는 '당신이 하는 말을 받아들이기는 하지만 동의하지는 않는다'는 의미다. 받아들이는 자세이니 상사도 뭐라 할 수 없어 자기 할 말만 실컷 할 것이다. 물론 한 귀로 듣고 한 귀로 흘리면 된다.

아니다 싶으면 '정당한 반론'을 제기할 필요도 있다. 감내한다고 모든 일이 풀리는 건 아니다. 부하들을 이용 대상으로만 보는 고혈 채취 전문가인 상사들에게는 특히 그렇다.

물론 시작하기 전에 분명하게 알아두어야 할 게 있기는 하다. 반론 강도가 셀수록 삶의 많은 걸 걸어야 한다. 위계서열이 가득한 조직에서 위를 향해 눈을 치켜뜨는 건 '아니면 말고'일 수 없다. 잘못하면 본전도 못 건질 수 있는 위험한 승부다. 사악한 상사일수록 더 그렇다. 그들은 자신이 부족하다는 걸 알기에 전력을 다해 아래에서 올라오는 기세를 누른다. 아니 누르는 정도가 아니라 말살시키려 한다. 그러니 용기가 전부가 아니다. 기술이 필요하다.

상사를 향해 눈을 치켜뜨는 것에는 크게 두 가지 유형이 있다. 일에 대한 반론과 절차 같은 방식에 대한 반론이다.

몇 년 전 신제품 프로젝트를 맡았던 팀장이 있었다. 4개월 동안 탐색한 후 사장이 참석한 회의에서 발표했다. 한창 설명을 하고 있는데 사장이 입을 열었다.

"그건 좀 힘들지 않을까?"

분위기는 싸늘해졌고 심장은 쿵 하고 내려앉았다. 정신이 아득해졌다. "알겠습니다. 다시 준비하겠습니다"라고 하려다 문득 만의 하나 준비했던 게 생각났다.

"예, 알겠습니다. 사실 사장님께서 관심이 없으실 수도 있겠다 싶었습니다."

예상치 않은 말에 심드렁한 표정으로 앉아 있던 사장이 몸을 일으켰다.

"뭐라고? 왜 그렇게 생각했지?"

"혹시 7분 정도만 시간을 주시면 왜 그렇게 생각했는지 딱 세 가지만 말씀드리겠습니다."

어디서 그런 용기가 났는지 그는 그렇게 말하고 입을 다물었다. 구차한 설명을 덧붙이지 않았다.

"7분? 진짜 7분이지? 좋아, 그럼 말해보게."

결론부터 말하면 그의 제안은 통과됐다. 성격 급한 사장의 심기를 거스르지 않고 안정된 몸짓과 '기술적으로' 대처한 덕분이었다. 무엇보다 어떤 부정적인 표현이나 몸짓을 사용하지 않으면서 사자의 호기심을 이끌어낸 결과였다.

친절함이 앞서야 옳은 말이 대우받는다

일이 아니라 팀 운영 같은 절차에 대해 야무진 소리를 할 땐 좀 더 '한약 같은' 방식이 필요하다. 쓴맛을 약화시키기 위해 달콤한 당의정을 입히듯 쓴 소리를 하기 전에 상사를 띄우는 것이다. 누구나 하는 얕은 수 같지만 사실은 누구나 그리고 언제나 해야 하는 기본이다. 입에 발린 말은 안 하는 것만 못하다. 합리적인 장점을 찾아야 한다.

대들고 싶을수록 공손해져야 한다. 대체로 총대를 메고 용감하게 나선 이들이 희생양이 되는 건 용기만 있고 기술이 없기 때문이다. 옳은 말만 하는 것이다. 정의가 언제나 살아 있지 않듯 옳은 말이 언제나 받아들여지는 건 아니다.

다들 알고 있으면서도 흔히 간과하기 쉬운 게 회식 자리에서 술기운에 한마디 하는 것이다. 말하는 사람은 뒤끝이 없지만 듣는 상사는 뒤끝이 진하게 남는다. 더구나 다음 날 아침 숙취와 함께 그 말이 자꾸 떠오르면 괘씸죄는 맡아놓은 당상이 된다. 대드는 것 자체가 위험한 일인데 그것도 만인이 보는 앞에서 잘못을 공론화한 자살골을 넣은 죄다. 반론은 조용히, 둘만 있을 때, 상사를 존중하는 방식으로 해야 한다. 친절함이 앞서야 옳은 말이 대우받는다.

어떤 상황에서건 상사를 향한 '반격'은 의견 개진 이상의 선을 넘어선 안 된다. 심지어 판사들도 변호사들이 "그게 아닙니다"라고 하면 자존심 상한다고 한다. 상하관계가 아닌 사이에서도 이럴진대 상사와 부하 사이에서는 말할 것도 없다. 앞에서 말했듯 상사를 이기려는 부하는 생존 가능성이 낮다. 하고 싶은 말을 다해서도 안 된다. 그러면 절반은 어떨까? 이것도 위험하다. 20~30%만, 그것도 가능한 한 긍정적인 용어로, 핵심만 하는 게 좋다.

표현에도 신경을 써야 한다. '그렇지만, 그러나, 그게 아니라' 같은, 상사의 말을 부정하는 표현보다는 '그보다는' 같은 표현이 낫고, '이렇게 하는 게 어떨까요?'라는 제안 형태가 무난하다. 지적하는 게 아니라 상사를 위한 것이어야 한다. 말은 조심스럽게 하더라도 어조는 분명하고 확실하게 하는 게 좋다. 자신을 무던히도 괴롭히는 상사에게 한 직원이 했다는 말이 기억난다.

"혹시 이런 말씀 드려도 괜찮을까 싶은데… 저는 그런 말씀을 들으면 며칠 동안 손에 일이 안 잡힙니다. 제가 잘못했다면 모를까 그러지 않는데 그런 말씀을 하시면 갈수록 견디기 힘들 것 같습니다."

'당신이 잘못했다'가 아니라 '나는 이렇다'고 말하는, 부드러우면서도 조금은 실망한 듯한 그 말을 상사가 받아들였다.

"어, 그래? 그게 그렇게 느껴졌어? 미안 미안. 다음부터는 조심하지."

그녀는 지금도 그 말을 기억하고 있다. 대꾸하는 게 아니라 대응하는, 무엇보다 존중하는 태도를 상사가 받아들인 것이다.

상사에게 혼이 나건, 예의 바르게 대들든 상사를 대할 때 잊지 말아야 할 게 있다. 사실 잊지 말아야 할 게 한두 가지가 아니긴 하지만 상사와의 관계를 좋게 하려면 상사를 알아야 한다. 특히 상사가 자신의 감정을 어떻게 다루는가를 아는 게 좋다. 희로애락애오욕을 어떻게 다루는가 하는 패턴을 파악하면 대처하기가 한결 수월해진다. 사람은 자신이 이성적으로 움직인다고 생각하지만 그건 자신의 생각일 뿐 사실은 감정적으로 움직인다. 요즘 같은 때에는 불확실성이나 불안을 어떻게 대하는가 하는 것에 그의 면모가 들어 있을 때가 많다.

상사를
파악하는
3가지 방법

     엄마들은 아이들을 부를 때, 보통 성은 빼놓고 이름만 부르거나 애칭을 쓴다. 그런데 이름 석 자를 다 부를 때가 있다. 웬만큼 엄마를 경험한 아이들은 이게 무엇을 의미하는지 안다. 곧 자신에게 거친 폭풍우가 몰려올 것이라는 걸 직감한다. 우리나라 엄마들만 그런 게 아니다. 미국 엄마들과 유럽 몇몇 나라의 엄마들도 똑같다.

     이름 석 자를 부른다고 다 같은 상황은 아니다. 소리 높여 이름 석 자만 부른다면? 이건 금방 지나갈 한두 번의 천둥이거나 약간의 폭우가 쏟아지리라는 징조다. 하지만 외침과 함께 시선이 일직선으로 자신에게 계속 꽂힌다면? 아, 이건 가볍지 않다. 이런저런 잔소리와 훈계가 폭풍우처럼 거칠게, 그것도 한동안 쏟아질 것이다.

이게 끝이 아니다. 어금니를 지그시 물고 있는 듯 낮고 무거운 목소리와 이글이글 타오르는 시선으로 이름 석 자를 부를 때가 문제다. 이건 좀 심각하다. 조용한 부름이지만 절대 조용히 넘어가지 않는다.

위기를 잘 넘기려면 위기 파악에 능해야 하는 법, 눈치 빠른 녀석들은 이럴 때 어떻게 대처해야 하는지 안다. 장난기를 싹 지우고 고개를 푹 숙인 채 천천히 엄마 앞으로 간다. 혼날 준비가 됐으며 잘못을 충분히 인정한다는 몸짓이다. 변명과 핑계는 엄금, 잘못했다간 번쩍거리는 번개까지 내리칠 것이다. 물론 그렇다고 모든 걸 태워버릴 듯한 시선이 쉽게 풀리진 않지만 이런 행동은 상황을 더 이상 악화시키지 않는 데 도움이 된다. 못 말리는 개구쟁이들일수록 이런 능력이 뛰어나다. 엄마의 화만 돋우는 녀석들은 진정한 개구쟁이가 아니다. 엄마의 성향을 잘 알아서 '못 말린다'는 소리를 들어야 개구쟁이라고 할 수 있다.

회사라고 다를 게 없다. 상사의 목소리에 들어있는 의도를 빨리 파악할수록 그러니까 상사를 알수록 능력 발휘가 쉬워진다. 신입 때는 일만 잘해도 인정받지만, 대리가 되고 과장이 되면 일은 기본, 처신이 중요해진다. 아첨이나 아부를 말하는 게 아니다. 상사의 성향을 알고, 그 성향에 맞게 잘 대처하는 게 제대로 된 처신이라는 뜻이다. 잘못하면 일로 쌓은 걸 다 까먹을 수 있다.

일전에 대리, 과장급 10여 명을 대상으로 자신의 직속 상사에 대해 얼마나 아는지 물어볼 기회가 있었다. 정말이지 그들도 놀라고 나도 놀랐다. 그들은 그들의 상사에 대해 거의 모르고 있다시피 했다. 공식적인 이력서보다 조금 더 아는 정도랄까? 그뿐이었다. 더 안다고 해도 피상적인 것에 불과했다. 뒤에 소개할 세 가지 관점에서 상사를 파악하고 있는 이들은 거의 없다고 해도 과언이 아니었다. 되레 "왜 알아야 하느냐?"며 고개를 설레설레 흔드는 이들도 있었다. 생각하기도 싫다는 반응이었다.

이런 이들일수록 공통점이 있었다. 자신의 상사가 자신에게 어떻게 대하는지에 대해서는 놀랄 만큼 기억력이 좋았다. 그들의 '갑질'을 줄줄이 읊을 수 있을 정도로 말이다. 하지만 자신이 받은 피해만 생각하고 있을 뿐 그 피해가 왜 발생했는지에 대해서는 딱 한 가지 답만 가지고 있었다. 무조건 상사 탓을 했다(이 역시 자기중심주의 성향 중 하나다).

그럴 수 있다. 세상에 악한 상사들이 얼마나 많은가? 그런데 정말 모든 게 상사만의 탓일까?

대체로 그렇지만 어느 정도는 아닐 수 있다. 더구나 이런 식으로만 상사를 대하면 상사와의 관계는 '그대로 쭉' 이어지고 만다. 도망치는 것으로 해결이 된다면 모를까, 한 공간에서 부대끼고 살아야 한다면 밉고 싫을수록 더 많이, 그리고 잘 알아야 한다. 싫어하더라도 그가 왜 그러는지 알고 그러는 게 좋다. 못된 의도를 가진 것일 수도 있지만 자기도 모르는 습관이거나 성향일 수도 있다. 그가 특별한 의도로 그런다면 부정적인 영향을 줄일 수 있는 방법을 찾아야 한다. 그렇지 않다면 괜히 스트레스받을 필요가 없다.

불안에 대처하는 그의 방식이
그의 성향이다

상사를 아는 데 필요한 기본 조건은 말할 것도 없이 관찰이다. 하루 종일 같이 지내야 하는 '적' 같은 존재 아닌가. 그러니 관찰이 필수다. 상사를 알 수 있게 하는 처음이자 끝이고, 아는 만큼 보이는 까닭이다. 국내 정보기관의 표어 그대로다.

'잘 보면 보인다'.

특히 다음 세 가지는 관심 갖고 눈여겨보지 않으면 지나치기 쉬운 행동들이지만, 패턴을 파악해두면 대단히 중요한 회사 생활의 자산이 될 수 있다. 여기서 말하는 패턴은 우리가 흔히 '코드'라고 하는 것의 원형이랄 수 있다.

첫 번째로 눈여겨봐야 할 상사의 행동은 그가 자신의 감정을 어떻게 다루는가 하는 것이다. 감정을 다루는 방식, 그러니까 감정 사용방식이야말로 그가 어떤 사람인지 알려주는 바로미터다. 그 중에서도 불확실성과 불안에 대한 대응이 핵심이다(리더가 갖게 되는 전반적인 불안에 대해서는 앞에서 다뤘고, 팀장급에서 갖게 되는 불안은 PART 4에서 구체적으로 다룰 것이다).

왜 이성이 아니라 감정일까?

사실 웬만한 규모의 회사에서 팀장만 되어도 자질은 충분하다.

능력의 차이는 있겠지만 다들 이성적이고 똑똑하다. 그러니 그 자리에 올랐을 것이다. 그래서 중요해지는 게 감정이다. 감정은 천차만별이라 그 사람만의 특성이 생긴다. 회사 생활을 하면서 생기는 대부분의 문제도 대개 이성이 아니라 감정에 기반한다. 욱하는 걸 참지 못하는 것, 뒷담화를 넘어 험담을 하는 것, 무슨 일이든 허허 웃고 넘어가는 것, 이런 것들이 모두 감정에 기반한다. 지금 우리 회사에서 내가 싫어하는 사람을 떠올려보라. 나는 왜 그 사람을 싫어할까? 손에 꼽히는 것들은 대체로 감정적인 것들일 것이다.

평상시 우리 뇌는 이성을 관장하는 전두엽이 감정을 담당하는 변연계를 잘 통제해서 살아가는 데 무리가 없게 한다. 하지만 눈 깜짝할 사이에 들이닥치는 위기 상황에서는 생각할 겨를이 없기에 더 오래된 생존본능인 감정이 알아서 먼저 대처한다. 욱하는 감정이 앞서고, 소름 끼치는 두려움이 온몸을 엄습하는 것처럼 말이다. 이성이 상황을 인지하는 건 나중이다.

문제는 이성보다 앞서 행동하는 이런 감정 대응이 좋지 않은 결과로 나타날 때다. 이성이 인지했을 땐 이미 엎질러진 물일 때가 많다. 이렇듯 감정이 일을 벌이면 이성이 수습하기에 어떤 사람의 특징은 대체로 감정적인 성향으로 결정된다.

특히 요즘 같은 상황에서는 불확실성과 불안을 어떻게 다루는가에 그가 일하는 방식이 들어 있을 가능성이 많다. 둘 다 리더라는 자리에 흔히 있는 것이지만 흔하다고 쉽게 이겨낼 수 있는 게 아니기 때문이다. 여기서 불확실성이란, 이후 상황이 어떻게 될지 모르는 상태를 이르는 것이고, 불안은 이런 불확실성이 극단적으로 높아져 자신의 생존에 커다란 영향을 미칠 것이라고 염려하는 마음이다. 이때의 불안은 공포가 아니다. 공포는 대상이 있지만 불안은 뚜렷한 대상이 없다. 그렇기에 커다란 불안이 닥치면 본성이 나타난다. 불확실성이 높을수록 견디기 힘든 불안이 마음에 가득 차게 되고, 어떻게든 이걸 이겨내야 살아갈 수 있기에 그렇게 하다 보니 다들 나름의 대응 방식을 갖게 된다.

예를 들어 예상치 못한 상황이 발등에 떨어졌을 때 어떤 상사는 일단 상황을 먼저 파악하고 화는 나중에 낸다. 어떤 상사는 반대다. "이게 뭐야?" 하는 소리부터 지른다. 앞의 상사가 담당자와 일부 사람들에게 구체적인 지시를 내리면서 수습에 나선다면, 뒤의 상사는 그가 빽 지르는 소리에 놀란 토끼 같은 구성원들이 모두 벌떼처럼 움직여야 직성이 풀린다.

네덜란드 출신의 문화인류학자 헤이르트 호프슈테더는 지구상에 존재하는 여러 문화를 연구한 후, 불확실성에 대처하는 방식이 문화라면서 "불확실성에 대한 불안 수준은 그 사회의 사람들이 공유하는 정신 프로그램의 본질"이라고 한 적이 있다. 그러면서 "지극히 개인적인 행위도 (…) 그런 사회적 힘의 영향 하에 있다"고 했다. 어떤 문화의 특징이 그 문화에 속한 개인에게 그대로 나타난다는 것이다. 한마디로 불확실성과 불안에 대처하는 한 사회의 방식이 문화라면, 개인의 방식은 성향이라고 할 수 있다.

호프슈테더의 문화론을 사람에게 적용해보자면, 사람은 불안 수준이 높은 사람과 낮은 사람으로 나눌 수 있다. 항상 손동작이 바쁘고 목소리를 높이며 책상을 탁탁 친다면 그는 불안 수준이 높고, 그래서 불안을 회피하려는 경향이 강하다. 감정을 안에 쌓아두지 못하고 밖으로 표출한다. 불안을 다른 사람에게 투사한다.

불안 수준이 낮은 사람은 반대다. 감정을 겉으로 표현하지 않으려 한다. 자제한다. 불안 수준이 높은 사람이 항상 바쁘고 안절부절못하며 감정적이고 공격적·활동적이라면, 낮은 사람은 조용하고 까탈스럽지 않으며 가끔은 게으르다고 할 정도로 여유가 있다. 이렇듯 성향이 다르니 일하는 방식도 다를 수밖에 없다. 모든 사람은 이 두 지점 사이 어딘가에 있다.

불안 수준이 높은 상사의 특징

불안 수준이 높은 사람은 회의 때 주제를 확실하게 정하고 디테일하게 논의하며 시간을 지킨다. 보고 받을 때도 마찬가지다. 애매한 걸 싫어해서 규칙에 의거해 일을 하려 들고, 뭐든 명확하게 정리한 후 다음 단계로 넘어가는 편이다.

이런 상사를 만난 팀원들은 이를 기준으로 행동하는 게 좋다. 예를 들어, 하겠다고 했던 걸 어영부영 넘어가면 나중에 큰코다친다. 본인은 은근슬쩍 잘 넘겼다고 안도의 한숨을 쉰 후 잊어버릴 수 있지만 상사의 마음에서는 좋지 않은 감정이 복리로 불어나고 있을 가능성이 많다. 뭔가를 어겼다면 뉘우치는 모습을 보여주는 게 필요하다.

이들은 복잡한 걸 싫어한다. 정답이 하나인 걸 좋아하며 주고받는 게 명확하다. 하나를 주면 하나를 받고자 한다. 모험을 할 때도 방향을 확실하게 한 다음 진행하는 스타일이다. 불안 수준이 낮은 사람은 반대다. 꽉 짜인 걸 싫어하고 개방적인 걸 선호한다. 하나밖에 없는 정답은 별로다. 하던 대로나 시키는 대로 하는 것보다 새로운 것, 독창적인 걸 좋아한다.

불안 수준이 높은 상사는 자신이 모든 걸 알고 있으려 하고, 뭐든 진두지휘하려고 한다. 부하들이 물으면 즉각 답을 해주는 게 능력 있는 상사라고 생각하고, 또 그렇기에 하나하나 정확하게 지시하는 편이다. 당연히 팀원들도 그렇게 일하길 바란다. 그에게는 일이 생길 때마다 낱낱이, 그때그때 보고하는 게 정상적인 것이다. 자신이 전문가라고 생각하기에 어렵고 난해한 내용을 즐겨 말하는 취향을 가진 이들이 많고, 멋진 명언을 구사해 자신의 능력을 과시하려 한다. 화도 잘 내지만 금방 풀어지는 편이다. 옆 부서에게 밀리면 하루하루가 괴로워진다.

반면, 불안 수준이 낮은 상사는 모르면 모른다고 솔직하게 말해 주위를 놀라게 한다. 모르는 걸 아는 척하지 않는다. 시원시원하다. 쓰는 어휘도 쉽고 평범하다. 이의 제기? 반긴다! 일에서 벗어나면 친구처럼 대하기도 한다.

불안 수준이 높은 상사에게 이런 식으로 이의를 제기하거나 친한 척 확 다가섰다가는 본전도 못 찾을 가능성이 많다. 권위를 상당히 중시하기 때문에 이런 상사들에게는 점진적인 접근이 필요하다. 반대로 불안 수준이 낮은 상사라면 과감하게 거리를 좁히는 것도 방법이다. 의외로 잘 받아준다. 일하는 방식도 큰 그림만 본인이 그리고 세부적인 것들은 부하들에게 맡기는 스타일이다. 거의 화를 내지 않지만 한 번 화가 나면 무섭다.

시간 사용방식은 말 없는 메시지

두 번째로 관찰해야 할 것은 시간을 쓰는 방식, 그러니까 시간 사용방식이다. 미국의 인류학자인 에드워드 홀은 "시간을 다루는 자세야말로 그 사람의 마음을 꿰뚫어 볼 수 있는 크고 명료한 말"이라고 한 적이 있다. 시간을 사용하는 방식이 하나의 메시지라는 말이다. 이게 어떻게 메시지가 될까?

같은 시간이라도 사람에 따라 쓰는 방법이 다르다. 어떤 상사는 한 번에 하나씩 일을 처리한다. 팀원들과 대화를 해도 한 번에 한 사람씩 한다. 멀티플레이어형 상사는 다르다. "모두 다 들어와!"라고 한 다음, 모든 일을 한 방에서 한꺼번에 처리한다. 대답하는 부하들은 정신이 하나도 없지만 그 스스로에게는 나름의 질서가 있고 우선순위가 있다. 자기만 알고 있는 우선순위라 문제이지만 말이다.

한 번에 하나씩 하는 상사는 대체로 하루 24시간을 촘촘하게 분할해 사용한다. 그에게는 시간이 돈이다. 돈처럼 아껴야 하는, 낭비하지 말아야 할 자원이다. 당연히 제시간이 중요하다. 약속을 지키지 않는 팀원은 단박에 눈 밖으로 밀려난다. 스케줄을 중시하고 규칙을 준수하려 한다. 그에게 하루 24시간은 많은 부품을 조립시켜 만드는 하나의 완성품이다. 일하는 것도 마찬가지. 벽돌을 쌓아 집을 짓는 것처럼 착착 일사불란하게 시간과 일을 조립해 완성품 만들 듯 진행시킨다.

후자인 멀티플레이어 리더는 직원들 입장에서 보면 종잡을 수 없는 것처럼 보일 수 있다. 불러 놓고 다른 일만 열심히 하고 있는 경우도 흔하다. 이 일 했다가, 저 일 했다가 하는 바람에 직원들이 이리 뛰고, 저리 뛰어야 한다. 한 번에 하나씩 리더가 시계처럼 정확성을 중시하며 시키는 일을 잘한다면, 멀티플레이어 리더는 이리저리 건너뛰는 게 특기라서 그런지 창의적일 때가 많다(물론 능력이 있는 경우만 그렇다). 한 번에 하나씩 리더가 상대적으로 좁은 시야에 자신을 한정한다면, 멀티플레이어 리더는 시야 밖으로 나간다. 앞의 리더가 단기적인 프로젝트가 강하다면, 뒤의 리더는 장기 프로젝트에 능하다. 여기에서도 역시 모든 상사는 이 두 극점 사이 어딘가에 있다.

가장 두드러지는 둘의 차이는 "조금 이따가 하자"라는 말에서 드러난다. 앞의 리더에게 '조금 이따가'란 대체로 몇 분이거나 몇십 분이고 아무리 길어야 하루 이틀이다. 하지만 후자 리더의 '조금'은 짧아야 한두 시간, 하루 이틀이고 길어지면 한두 달이 될 수도 있다. 앞의 리더가 시간을 중시하고 과정을 중시한다면, 뒤의 리더는 일하는 자체, 결과를 중시한다.

이런 방식은 일하는 과정에 고스란히 투영된다. 앞의 리더에게는 회의에 5분 늦는 게 대오각성 해야 할 일이지만, 뒤의 리더에게 5분은 있을 수도 있는 일이다(사실 본인이 가장 잘 늦는 편이다. 늦게 도착해서도 다른 일을 하느라 또 얼마간 대책 없이 기다리게 하는 일이 허다하다). 회의 진행도 마찬가지다. 앞의 리더는 회의할 때 논의할 주제를 정한 후 시작한다. 회의에서는 디테일한 것들을 다룬다. 뒤의 리더는 일단 시작하고 상황을 봐가며 안건을 다룬다. 그때그때 지시를 내리기도 하지만 다 모아놨다가 한꺼번에 내리기도 한다. 앞의 리더가 어떤 사안에 대해 자세하고 구체적인 걸 먼저 알기 원하는 반면, 뒤의 리더는 전체적인 상황과 추이를 먼저 알기 원한다. 우선순위가 다르다.

이런 성향을 모르면 보고할 때마다 엇나가기 일쑤고 하는 일마다 지적당하기 십상이다. "조금 이따 보자"고 한 멀티플레이어 상사를 하루 종일 목 빠지게 기다리다 제풀에 지친다면 여러분은 여러분의 상사를 모르는 것이다. 어느 정도 기다렸다가 오지 않으면 자기 일을 해도 된다. 이걸 모르고 자신을 무시하는 것으로 마음 상할수록 자신만 손해다. 그렇게 '무례한' 행동을 해놓고 아무 일도 없던 것처럼 행동하기 때문이다. 어떻게 저럴 수 있나 싶지만 그에게는 그게 일상이다. 그럴 수도 있는 것이다.

사실 이런 방식은 몸에 밴 것이라 상사 본인도 모르는 경우가 태반이다. 문제는 그는 모르지만 같이 일하는 부하는 알아야 한다는 것이다. 그래야 회사 생활이 편하다. 미리 알고 나서 일단은 맞춰주는 게 좋고, 혹시 다르게 해야 할 때는 미리 양해를 얻는 게 좋다. 부하는 '무례한' 상사를 참아야 하지만, 무례하게 행동하는 부하를 너그럽게 봐주는 상사는 많지 않다.

문서를 우선하는가, 말을 우선하는가

마지막으로 세 번째는 새로운 상사가 부임하면 가장 먼저 알아야 할 것이기도 한데, 상사의 커뮤니케이션 방식이다.

경영학의 창시자로 평가받는 피터 드러커는 생전에 리더십에 관한 내용을 쓸 때마다 커뮤니케이션 방식을 강조했다. 그만큼 중요하기 때문이다. 예를 들어 어떤 상사는 보고를 받을 때 문서를 우선한다. 문서로 된 보고서를 자신의 손에 들고 있어야 마음이 놓인다. 그걸로 상황을 파악하고 결정한다. 반대로 구두 보고를 우선하는 상사는 "왜 쓸데없이 문서 만드는 데 시간을 허비하느냐"고 일갈한다. 상사가 선호하는 커뮤니케이션 방식을 모르면 야단맞는 게 일상이 된다.

연구에 의하면 사람들 중 35%는 시각 정보를 선호한다. 보는 것을 우선하는 시각형이다. 이들은 말투에서도 시각적인 표현을 주

로 쓴다.[1]

"어떤 의미가 있는지 잘 들여다보세요."

"확실하게 머리에 떠오르지 않습니까?"

이런 상사에게는 말로 설명하는 것보다 한눈에 볼 수 있는 자료를 들고 가야 한다. 보고서를 작성할 때는 사진이나 도표, 그래프를 중시해야 하는 건 말할 것도 없다.

두 번째는 청각 정보를 선호하는 유형(25%)이다. 이들은 말을 할 때 청각적으로 한다.

"옳은 소리 같지 않습니까?"

"잘 알아들었습니다."

이들에게는 문서보다 말로 먼저 보고하는 게 낫다.

마지막으로 나머지 40%는 촉각형이다. 이들은 이런 말투를 쓴다.

"이 사람들 이거, 따끔하게 한 방 맞아야 정신을 차리려나?"

"머리를 좀 굴려봅시다."

"무슨 뜻인지 감이 잘 안 잡혀요."

이런 상사는 직접 만져보고 작동해보는 걸 좋아한다. '감'을 잡는 게 우선이기 때문이다. 보고할 때는 직접적인 증거를 우선하는 게 좋다.

지구가 태양을 돌듯, 조직은 상사를 중심으로 돌아간다. 어쩔 수 없는 현실이다. 프랑스의 철학자 사르트르는 "타인은 지옥"이라고

---

1 앨런 피즈, 바바라 피즈, 보디랭귀지, 서현정 옮김, 베텔스만코리아, 2005년.

했는데, 이 형식을 빌린다면 '상사는 지옥이자 천국'이다. 어떤 상사를 만나느냐에 따라 회사 생활이 지옥이 될 수도 있고 천국이 될 수도 있다. 지옥이 되는 건 상사 탓이 크지만, 상사 탓만 해서는 나아지는 게 없다. 같은 물이라도 겨울이라면 따뜻한 물을 주는 사람을 선호하듯, 상사가 우선하는 것을 먼저 해주면 칭찬과 인정은 당연한 것이 된다.

하나 더.

여러분은 어떤 스타일인가? 여러분이 조직을 이끈다면 이런 방식을 미리 알려주는 게 좋다. 그래야 팀원들이 시행착오를 하지 않을 수 있고, 여러분의 골치 또한 안녕할 수 있다.

불안 수치를 높이는 상황을 벗어나는 게 중요하다.
불안을 부채질하는 상황 안에 있으면
그 안에서 헤매게 되고 결국 매몰될 수 있다.
미로 같은 상황에서 벗어나 밖으로 나오게 되면
불안을 야기하는 상황은 상황의 전부가 아니라 일부가 된다.
상황에 휩싸이는 게 아니라 상황을 볼 수 있게 된다.
상황 밖으로 나갈 수 없는 처지라면 마음만이라도 그렇게 해야 한다.

PART 4

마음은 어떻게
관리해야 할까?

말이 많아지는 나,

위축된 걸까,

당황한 걸까

3월이 지나고 4월이 시작되면 세상은 봄으로 가득하다. 하지만 이 봄날이 눈에 들어오지 않는 이들이 있다. 3월 말이나 4월 초에 하는 1분기 결산 평가 회의에서 저조한 성과를 확인한 부서장들이다(사장들은 말할 것도 없다). 그늘진 마음에서 나오는 긴 한숨이 시작된다. 1년씩 연장되는 '시한부 인생'이 겪어야 할 고개 넘기가 시작부터 험난해진다.

한숨을 깊어지게 하는 건 성과 수치만이 아니다. 뭐라도 좀 해야 할 것 같아, "이런 걸 좀 해보면 어떨까?" 하고 직원들에게 말을 던지면 약속이나 한 듯 도리질부터 친다. 이건 이래서 안 된다고 하고, 저건 저래서 힘들다고 한다. "그러면 도대체 되는 게 뭐냐?"고

하면 이번에는 다들 묵묵부답, 눈만 끔벅거리고 있거나 고개를 숙인다.

숨이 막히고 답답해진다. 내심 믿고 있는 프로젝트가 몇 개 추진되고 있기는 하지만 세상일이라는 게 끝나야 끝나는 게 아닌가. 그래서 뭘 좀 더 해보자고 하는데 언제나 이 모양이다. 더구나 요즘이 어떤 세상인가. 한 분기 앞이 어떻게 될지 모르는 판국 아닌가. 이대로 앉아서 죽자는 말인가.

리더의 이런 답답한 마음이 어느 임계점을 넘어서게 되면 회사 내의 '기후'가 바뀌기 시작한다. 바깥의 무르익어가는 봄기운과 달리 사무실 안은 점점 건조해지고 냉각된다. 날로 밝아지는 바깥과 달리 사무실 공기는 무거워진다. 바깥세상에 꽃들이 늘어간다면 안에서는 조직을 이끄는 책임자들의 말이 많아진다. 좀 더 열심히 해야겠다는 다짐과 '더 잘할 수 있는데 왜 이것밖에 안 할까' 하는, 구성원에 대한 불만들이 뭉뚱그려져 수많은 말들이 마치 흩날리는 벚꽃처럼 사무실을 날아다닌다.

"내가 나 혼자 잘 살자고 이러는 거야? 자, 잘들 좀 해보자고!"

물론 이 말을 곧이곧대로 믿는 사람은 별로 없다. 시쳇말로 '짬밥'이 많을수록 이런 말을 들으면 속으로 뇌까린다. '또 시작이군.' 리더들도 안다. 그래서 어느 임원의 말처럼 "말만 해서는 들어먹지를 않으니…" 짜증도 내고 화도 낸다. 자신이 생각한 것보다 훨씬 많이 내는 게 문제이긴 하지만.

마음 가득한, 나를 흔드는 것

구성원들로부터 '잔소리 대왕'으로 '찍힌' 리더들을 만나 보면 공통점이 있다. 이들의 잔소리는 구성원에 대한 불만으로부터 나오는 것 같지만, 이 불만의 밑에는 자신의 미래에 대한 불안이 도사리고 있다. 잘 드러내려 하지 않지만 얘기를 나눠보면 마음 가득한 불안을 느낄 수 있다. 이렇게 해서 이 자리를 유지할 수 있을까 하는 위기의식이다.

물이 배를 띄우듯 불안이 이들을 띄우고 있다. 파도가 배를 몰아치듯 불안이 이들을 흔든다. 위기감을 느끼지 않을 수 없다. 왜 그렇지 않겠는가. 1년짜리 파리 목숨 아닌가. 더구나 1년은 눈 깜짝할 사이에 지나간다!

여기까지는 누구나 그럴 수 있다. 한두 사람만 그러는 게 아니니 말이다. 하지만 이들 중 진짜 위기 직전에 있는 이들이 있다. 많은 말을 하면서도 자신이 진짜 하고 싶은 말이 뭔지, 무엇을 위해 그러는지 정확하게 알지 못하는 이들이다. "진짜 하고 싶은 말이 뭡니까?" 하고 물으면 중언부언하거나 뻔한 대답만 한다.

"왜 이렇게 꿈뜬지 모르겠다."

"성과가 저조해 큰일이다."

이런 식으로 자신의 불안에 다른 가면을 씌운다. 마음속 불안을 인정하고 싶지 않아서다.

미국 로체스터 대학의 심리학자 에드워드 데시가 실험 참가자들에게 교사 역할을 하게 했다. 1그룹에게는 그들이 가르친 학생들이 고득점을 받아야 한다고 강하게 지시했다. 2그룹에게는 그냥 잘해보라고 했다. 단지 그뿐이었다. 차이가 있었을까?

그들의 수업 내용을 녹음, 분석했더니 압박을 받은 1그룹 교사들이 2그룹 교사들보다 두 배나 많은 말을 했다. 말만 많은 게 아니었다. 자신들의 말을 학생들의 말보다 우선했다. 문장에 'Have to, must, should(‘해야 한다’는 의미)'를 3배나 많이 사용했다. 성과에 대한 압박을 받게 되자 자기들도 모르게 학생들을 압박한 것이다. 압박이 필요해서 했다기보다 자신에게 주어지는 압박을 소화하지 못하고 그대로 전가했다. 잠깐의 실험에서도 이 정도였으니 실제로 압박을 받으면 어떨까?

불안은 압박에서 온다. 이 실험에서 나온 결과를 리더라는 자리에 있는 사람에게 대입하면 한 가지를 알 수 있다. 못된 성격이 따로 있을 수도 있지만, 대체로 상황이 그들을 그런 상태로 만든다.

시작점은 우리 뇌에 있다. 우리 뇌의 안쪽 깊숙한 곳에 있는 편도체(amygdala)는 분노, 공포, 증오 같은 생존에 직결되는 감정을 담당한다. 생존을 좌우하는 위험 감지 기능을 갖고 있기에 아주 예민하다. 낯선 사람을 보면 10분의 1초 만에 저 사람이 좋은가, 나쁜가를 판별해 그에 맞는 행동을 하게 하니 당연하다. 인간의 뇌라고 하는 전두엽이 생겨나기 한참 전에 이미 발달한 뇌 영역이라 지금도 무슨 일이 생기면 전두엽에 앞서 판단, 우리 몸을 움직이게 한다. 우리가 첫인상에 휘둘리고 공황장애에 시달리게 되는 것도 거슬러 올라가면 이곳에 이른다. 편도체 혼자 이러는 게 아니라 연관

된 회로(circuit)들이 이런 결과를 만들어낸다.

한마디로 편도체(회로)는 다섯 살쯤 된 어린아이와 비슷하다. 생존에 중요하다 싶으면 앞뒤 가리지 않고 빨간불을 켜서 다른 것보다 우선하게 하고, 거기에 에너지를 쏟아붓게 한다. 이러는 동안 분석적이고 창의적인 기능이 억제되는 건 말할 필요도 없다. 요즘 많이 쓰이는 심리적 안전감 또한 여기서 결정된다. 심리학에서 '내 안의 어린아이'라고 하는 게 바로 이 편도체다. 리더들의 말이 많아지는 이유 역시 이곳에 기원을 두고 있다. 마음속 어린아이가 빨간불을 켜는 것이다. 평소 이성적인 사령관 역할을 하는 전두엽까지 이에 동조하면 불안은 뭉게뭉게 피어올라 마음을 덮는다.

내 안의 어린아이를 달래라

내 안의 어린아이는 이 세상 사람들 모두 갖고 있는데 리더들의 마음속 어린아이가 특히 유난한 이유가 있을까?

다른 건 몰라도 지위와 자동차는 한 번 높은 등급을 경험하면 낮아지기 힘들다. 낮아지게 되면 창피나 굴욕을 느낀다. 자신을 나타내는 상징으로 여기는 까닭이다. 더구나 지위는 40~50대에겐 삶의 모든 것일 수 있기에 이게 흔들리면 위기감을 느끼지 않을 수 없다.

철학자 같은 소설가 알랭 드 보통은 그의 책 《불안》에서 이런 말을 한다. 불안이란 자신의 존엄성이 위협을 받아 자괴감에 빠지거나 고통받는 상황이라고. 생명의 위협을 받는 상황이라는 뜻이다. 그러니 자신의 존엄성이 지위에 있다고 여기는 이들에게 불안은 당연하다.

흥미롭게도 지위라는 말의 어원이 한문(地位)과 영어(status) 모두 비슷하다. 땅 위에 서다(位, 라틴어 stare)라는 뜻이다. 지위가 흔들린다는 건 서 있는 곳이 흔들리는 것과 같다는 얘기다. 지진이 그렇듯이 말이다. 더구나 한 번 삐끗하면 회복할 수 없다시피 하는 게 요즘 현실 아닌가.

나이 들어 회사 문을 나서면 할 수 있는 게 아무것도 없는 우리나라의 현실도 불안을 부추긴다. 요즘처럼 조직 개편 바람이 불면 격한 소용돌이가 수시로 마음에 휘몰아칠 수밖에 없다. '왕국'이나 다름없던 사무실을 도서관이나 운동장처럼 만들지 않나, 임원실을 대폭 줄이지 않나, 갈수록 설 곳이 없어져 간다. "마음 둘 곳이 없다"는 말이 많아지는 게 괜한 엄살이 아니다.

이 예민한 어린아이를 진정시킬 방법은 없을까?

미국 서던캘리포니아대의 뇌신경학자 안토니오 다마시오의 연구에 의하면 방법이 있기는 있다. 이성을 담당하는 전두엽이 '다섯 살 마음'을 인정해주는 것이다. 여기서 말하는 인정은 사후 합리화나 무조건 동조가 아니라 합리적인 인정이다. '그래 그럴 만해', '지금은 어쩔 수 없는 상황이야' 같은 마음으로 달래주고 인정해주면 예민함이 낮아진다. 불안이나 분노를 줄여 심리적 안정을 가다듬을 수 있다.

다마지오 교수뿐만 아니라 인간의 정신을 연구하는 학자들이 하나같이 하는 말이 있다. 불안을 없애려고 하기보다 인정하는 게 좋다고 말이다. 우리 생각과 달리 불안은 없어야 좋은 게 아니기 때문이다. 사실 불안의 원래 용도는 다가오는 위협을 빨리 감지해 필요한 대응을 하게 하는 것이다. 생존에 꼭 필요한 능력이다. 앞에서 불안은 편도체에서 시작된다고 했는데, 편도체가 마비된 쥐는 괴롭혀도 대응할 줄 모른다. 바보같이 당하기만 한다. 지나친 불안이 나쁜 것이지 불안 자체가 나쁜 건 아니다.

문제는 리더라는 자리가 높은 곳에 있는 까닭에 기본적으로 불안정한 특성이 있는 데다 리더라는 자리에 오르게 한 장점이 불안을 부추긴다는 것이다. 이건 또 무슨 말일까?

예를 들어보자. 대체로 일 잘한다는 말을 듣고 무난하게 리더가 된 이들은 세상 모든 어려움을 노력이나 열정으로 이겨낼 수 있다고 생각한다. '할 수 있다'는 굳은 믿음의 소유자들이 많다. 그러니 그 자리에 올랐을 것이다. 하지만 묘하게도 바로 이 때문에 고통을 겪는다. 세상에는 할 수 없는 일도 있기 때문이다.

코로나19로 일어난 사태를 개인의 힘으로 막을 수 있었을까? 그럴 수 없다. 그런데도 왜 미리 강구하지 못했을까, 이렇게 자책한다. 꼬리에 꼬리를 무는 생각을 이어나가며 불안을 키우고 그러면서 자신을 탓하거나 그렇지 않으면 누군가에게 책임을 물으려 한다. 그렇게라도 해야 마음이 편해지기 때문이다.

하지만 자책해서 무슨 좋은 일이 있겠는가? 불가피한 상황을 누군가의 탓으로 몰아 한바탕 질책하는 게 누구한테 좋을까? 답답한 마음을 잠깐 해소할 수는 있어도 없애거나 줄일 수는 없다. 불안은 누른다고 없어지지도 않는다. 마치 연기가 그렇듯 누르고 숨길수록 더 기승을 부린다. 불안을 깨끗이 몰아내는 것도, 숨기고 회피하고 외면하는 것도 좋지 않다. 불안한 마음에 이런저런 말을 쏟아내는 건 말할 것도 없다.

그러니 차라리 불안을 인정하고 함께 가는 게 낫다. 마치 암을 무조건 박멸하거나 격퇴시키기보다 함께 가는 친구로 여겨야 암을 이길 수 있는 것처럼 말이다. 다만, 자신도 모르게 밀려들고 차오르는 불안이 어디서 시작되는지, 왜 이러는지 아는 게 필요하다. 아이가 울면 일단 안아주고 왜 우는지 알아서 대응하는 게 좋듯 그렇게 말이다. 질문을 알아야 대답할 수 있는 것처럼, 원인을 알아야 제대로 대처할 수 있을 게 아닌가.

재능 있는 사람들이 실패하는 이유

《티핑 포인트》라는 책으로 유명한 미국의 저널리스트 말콤 글래드웰이 쓴 《그 개는 무엇을 보았나》에 재미있는 얘기가 나온다.

1993년 윔블던 여자 테니스 결승전에 오른 체코의 야나 노보트나는 우승을 눈앞에 두고 있었다. 3세트를 4대 1로 앞선 데다 서브권을 가지고 있었고 더구나 40대 30으로 이기고 있었다. 한 포인트만 따내면 세트 스코어는 5대 1이 될 것이고, 여세를 몰아 한 세트를 더 따내게 되면 꿈에 그리던 첫 우승을 할 수 있었다. 더구나 관록 있는 슈테피 그라프가 상대였기에 더 의미가 있었다. 관중석은 꽉 찼고, 경기는 새로운 스타를 낳기 일보 직전으로 치닫고 있었다.

그런데 예상치 못한 상황이 전개되었다. 자신 있게 넣었던 서브가 연속 실패하면서부터 경기가 이상하게 꼬이기 시작했다. 상황이 틀어지면서 실수가 이어졌고 5대 1이 되었어야 할 점수가 4대 2로 바뀌었다. 그리고 서브권을 가져간 그라프는 기운이 난 듯 4대 3으로 따라붙었다.

노보트나가 불리한 건 아니었다. 다시 서브권을 가져왔으니 말이다. 하지만 그녀는 결국 동점을 허용했고 그때부터 불안이 그녀에게 찾아들었다. 뜀뛰기와 혼잣말을 하는 것으로 떨치려 했지만 상대 그라프가 힘을 내기 시작해 경기를 역전시키고야 말았다.

경기는 그렇게 끝나고 말았다. 노보트나는 한동안 거의 한 포인트도 따내지 못했을 정도로 속수무책으로 끌려가다, 결국 준우승 트로피를 건넨 공작부인의 어깨에 얼굴을 파묻고 흐느껴야 했다. 노보트나는 그라프에게 졌을까, 아니면 스스로 무너진 것일까?

사람은 압박을 받으면 흔들린다. 급박한 상황을 만나면 농구 선수는 슛을 놓치고 골프 선수는 스윙을 망친다. 우리는 이걸 당황했거나 위축되어서 그런 것이라고 말한다. 두 단어를 거의 같은 뜻으로 쓴다. 하지만 글래드웰은 당황과 위축은 완전히 의미가 다른, 사실은 정반대의 말이라고 한다. 물론 공통점도 있다. 의외로 많은 "재능 있는 사람들이 실패하는" 이유로 작용한다.

우리는 뭔가를 배울 때 두 단계를 거친다. 명시적 학습과 묵시적 학습이다. 예를 들어 태권도에서 발차기를 잘하려면 먼저 어떻게 하는지를 한 동작씩 배운다. 명시적 학습이다. 이걸 수천 번 연습하면 나를 위협하는 어떤 상황이 벌어졌을 때 나도 모르게 발차기를 하게 되는데 이게 묵시적 단계다. 명시적 학습이 의식적이라면 묵시적 학습은 의식 바깥, 곧 무의식에 속한다.

프로 골프 선수의 스윙과 테니스 선수의 스매싱은 대체로 묵시적이다. 워낙 연습을 많이 한 덕분에 자동으로 이루어진다. 그런데 노보트나처럼 압박을 받으면 명시적 학습체계가 우리 몸을 지배한다. 하나하나 생각한다. 왜 실수했는지 따져보고 곱씹는다. 이번에는 절대 실수하지 말아야지, 하는 압박을 심하게 받아 공에 써야할 신경을 자신에게 쓰다 또 다른 실수를 하게 되고, 이런 실수가계속 이어진다. 위축된 것이다. 본능적인 행동처럼 해야 하는데 너무 의식한 탓이다.

당황은 반대로 본능이 의식에 앞서는 것이다. 물에 빠졌다면 나를 구하러 들어온 사람을 꽉 붙잡지 말아야 한다. 기본 상식이다. 그래야 구조하러 온 사람이 나를 데리고 나갈 수 있다. 하지만 허우적거리는 상황, 그러니까 당황하게 되면 지푸라기라도 붙잡고 놓지 않는다. 구조하러 들어온 사람을 꼼짝 못 하게 해서 둘 다 불행한 결과를 만든다. 이렇듯 당황이 무의식적으로 잘못을 저지르는 것이라면, 위축은 지나치게 뭔가를 의식하는 바람에 또 다른 잘못을 만들어낸다.

압박을 심하게 받는 리더들도 이 둘을 자주 만나게 된다. 이 둘은 따로따로 찾아오는 게 아니라 앞서거니 뒤서거니 찾아든다. 마음에 걸리는 것에 신경을 쓰다 소심해지고 예민해져 자신도 모르게 욱하는 일이 일어난다. '내가 왜 그랬을까' 하며 자책하고 노심초사하다 또 실수하고, 엉뚱한 일을 하거나 일을 엉망으로 만든 부하에게 하지 말아야 할 말을 확 내지른다. 위축될 때는 좀 둔감해지고 크고 깊은 호흡으로라도 마음을 넓혀야 하는데 그러질 못하고, 당황스러울 땐 정신을 차려야 하는데 쉽지 않다.

생각해보자. 혹시 말이 많아지고 있다면 나는 어느 쪽일까? 높아지는 짜증 섞인 목소리는 위축된 마음에서 나오는 걸까, 아니면 당황하는 마음에서 나오는 걸까? 알아야 대처할 수 있다. 그래야 재능 있는 사람의 실패 대열에 끼지 않을 수 있다.

급박한 상황에 처한
리더가 해야 할
5가지

친분이 있는 가톨릭 신부와 유대교 성직자 랍비가 격투기를 보러 갔다. 신부의 성당에 다니는 선수를 응원하기 위해서였다. 출전한 선수가 시합에 나서기 전 경건하게 성호를 긋자 그걸 본 랍비가 신부에게 물었다.

"저렇게 성호를 그으면 이길 수 있나?"

신부가 뭐라고 했을까?

"무슨, 실력이 없으면 다 꽝이야!"

세상 모든 게 마찬가지다. 경기에 나선 격투기 선수는 실력이 좋아야 이길 수 있고, 위기 상황을 맞은 리더 역시 능력이 있어야 거친 파도를 타고 넘을 수 있다. 위기는 사람을 가리지 않는다. 일을 잘해 그 자리에 올랐건, 굵은 동아줄을 잡은 덕분에 그 자리에 앉았건 위기는 그 사람의 진면목을 가차 없이 드러낸다. 태풍이 튼튼하지 못한 것들을 남김없이 골라내듯 위기 역시 리더의 약점을 도드라지게 만든다. 요즘처럼 위기가 수시로 밀려오는 상황에서는 리더들의 불안 또한 높아질 수밖에 없다.

앞에서 말했듯 불안은 생존에 어두운 그림자가 다가오고 있다는 걸 알려주는 꼭 필요한 것이지만 임계점을 넘으면 되레 생존을 막다른 골목으로 몰고 가는 이중적인 특성이 있다. 리더가 불안을 컨트롤하지 못하고 휘둘리게 되면 불안은 바이러스처럼 조직 속으로 퍼져나가 소리 없이 조직을 흔든다. 그렇게 조직의 마음을 흔들어 파국으로 몰고 간다. 세상의 불확실성이 불안을 만들고, 불안이 다시 더 큰 불확실성을 만들어내는 악순환을 시작한다.

이런 소용돌이에 빠지면 쉽게 헤어나올 수 없다. 리더들이 자신과 조직의 마음에 스며드는 불안의 실체를 좀 더 깊이 이해해야 하는 이유다.

실패하는 리더들의 특징: 더 열심히!

그러면 위기가 닥쳤을 때 리더는 뭘 어떻게 해야 할까? 각 집단마다 처한 상황이 천차만별이라 해결책도 그렇겠지만 어느 조직이든 리더가 가져야 할 공통적인 조건들이 몇 가지 있다. 특히 위기 대처에 실패하는 리더들의 특징을 보면 어떻게 해야 할지 좀 더 명확하게 알 수 있다. 이런 이들은 대체로 세 가지 특징이 있다.

우선 상황 판단에 실패한다. 이 상황이 어디에서 어떻게 시작되었고 현재 어떻게 진행되고 있는지 모른다. 상황을 모르니 무엇이 중요하고 그렇지 않은지도 모른다.

두 번째, 자신이 하려고 하거나 해야 하는 일이 자신의 역량과 어떤 관계가 있는지 모른다. 한마디로 자신이 할 수 있는 것인지 아닌지 모르고, 해야 하니까, 또는 하라고 하니까 한다. 할 수 없는 일이나 하지 말아야 할 일을 하지 않으면 손실을 최소한으로 줄일 수 있는데, 그러지 못해 손실을 막대하게 키운다.

마지막으로 마음을 흔드는 불안을 제대로 관리하지 못해 무조건 복종을 요구하거나 실패에 지나치게 예민한 상태가 되어, 스스로 '밴댕이 소갈딱지' 같은 소심한 마음을 만들거나 자신의 간을 콩알만 하게 만들어 실패 가능성을 높인다.

대체로 이런 이들은 '남들보다 더 열심히'를 추구하는 경향이 있다. 무언가를 열심히 하면 앞으로 나아간다는 생각이 들고, 마음속의 불안 또한 잊어버릴 수 있기 때문이다. 이런 행동은 얼핏 그렇지 않아 보이지만 사실은 '열심히'를 가장한 외면이다. 진짜 보아야 할 것을 보지 않기 때문이다. 당연히 상황이 어떻게 흘러가는지 알 수 없다.

마음속 불안은 해소해야 하는 것이지 외면하는 게 아닌데 이렇게 하다 보니 갈수록 자신의 무능과 구성원들의 불만을 키운다. 문제의 핵심을 모르는 사람은 눈에 보이는 개선에 집중하기에 바라는 성과를 이루어내지 못하듯 상황 판단에 실패하는 리더들도 마찬가지다.

여기에 기름을 붓는 게 하지 말아야 할 일을 하거나 해야 할 일을 하지 않는 것이고, 불을 지르는 게 무조건 복종을 요구하거나 불안에 휘둘려 이랬다저랬다 하는 것이다.

무조건 복종을 요구하는 건 능력의 부족에서 오는 불안을 지위, 그러니까 '내가 위고 너는 내 밑'이라는 상하 개념으로 막으려는 방어심리에서 나온다. 급변하는 상황일수록 리더는 위에 있는 사람이라기보다 중심을 잡아주는 사람이어야 하는데 반대로 하다 보니 이 역시 상황을 악화시킨다.

이랬다저랬다 하는 이들은 갈피를 잡지 못해서 그렇게 되는데 이런 이들은 대체로 주변의 성공 사례를 눈에 불을 켜고 찾는다. 따라 하기 위해서다. "불안한 사람은 다른 사람들이 하는 것만 따라 하거나, 다른 사람들이 그에게 원하는 것만을 한다"는 빅터 프랭클(정신치료학자)의 말 그대로다.

처한 상황이 다르고 역량도 다른데 그걸 공식으로 여기고 무조건 도입하니 성과가 나올 리 없고, 또 다른 공식을 도입하려 하니 자신은 물론 조직도 헤매게 된다. 부모가 예측 불허의 행동을 계속하면 아이들의 정신 구조가 불안정해지듯 조직도 마찬가지다.

불안해하는 조직을 이끄는 법

리더도 인간인 이상 불안하지 않을 수 없다. 하지만 리더가 불안한 모습을 보이면 조직은 더 흔들린다. 이순신 장군의《난중일기》를 찬찬히 읽어볼수록 느껴지는 게 있다. 시도 때도 없이 심란해지는 마음을 다스리기 위해 무진 애를 쓰고 있다는 것이다.

언젠가 경남 통영에 있는 한산도 수루에 가본 적이 있다. '한산 섬 달 밝은 밤에 수루에 혼자 앉아'로 유명한 그 수루(망루)다. 수루에 올라가면 한산섬 앞바다가 한눈에 들어온다. 인적이 없을 때 그곳에 앉아 보니 이순신 장군이 왜 그런 마음을 읊었는지 조금이나마 이해할 수 있었다. 그 바다로 밀려올 막강한 왜군과 중과부적으로 싸워야 하는 현실이 그의 마음을 바람 앞의 촛불처럼 흔들리게 했을 것이다.

하지만 그는 그 불안을 부하들에게 전가하지 않았다. 혼자 잘 삭혀 병사들에겐 흔들림 없는 모습을 보여주었다. 병사들은 자신들의 흔들리는 마음을 이런 장군을 보며 다잡는다. 폭풍이 몰려올 때 선장은 폭풍을 잠재울 수는 없지만 선원들의 불안을 줄일 수는 있다. 조직의 불안을 줄이는 방법은 크게 다섯 가지로 정리할 수 있다.

우선, 조직을 흔드는 상황이 발생했을 때 신속하게 상황을 파악한 후, 원인과 현황을 구성원들에게 설명하는 것과 함께 무엇을 어떻게 해야 할지 제시해야 한다. 상황 파악에는 평정심과 보는 눈

(전문성)이 필요하다.

지난 2011년 리비아를 42년 동안 장기 집권해 온 무아마르 카다피가 무너졌다. 철옹성이라 생각했던 권력이 허무하게 내려앉았다. 반군의 힘도 거셌지만 카다피의 무력함도 못지않았다. 그해 10월 26일 반군이 카다피가 은둔해 있던 고향 시르테(트리폴리의 동쪽)에 들이닥쳤을 때, "그는 겁을 먹지는 않았다. 하지만 뭘 해야 할지 몰라 우왕좌왕했다." 30년 동안 그의 운전사로 일했고 그가 사망했을 때 현장에 함께 있었던 후네이시 나스르가 영국 일간지 가디언에 한 말이다. 그는 이렇게 덧붙였다.

"30년간 그의 곁에 있었지만 그런 모습은 처음 봤다."

반면 2020년 코로나19 사태가 일어났을 때 당시 정은경 질병관리본부장의 대응은 반대였다. 그는 상황을 솔직하고 소상하게 밝혔을 뿐만 아니라 기자들의 질문에 안정적이고도 막힘없이 대답했다. 그가 대답할 실력이 안 돼 질문을 받지 않았거나 미흡하게 대답했다면 어땠을까? 불안을 증폭시켰을 것이다.

덕분에(?) 그는 매일 국민에게 브리핑을 해야 했고 눈에 띄게 늘어난 흰머리와 수척해진 모습도 같이 보여야 했다. 전문성 없이 자리를 차지하고 있는 관료들이 그의 자리를 대신해줄 수 없어서였다. 초동대처를 잘해내자 미국 월스트리트저널에서 정 본부장을 영웅으로 꼽은 것도 이런 그의 능력을 높이 산 것이다(덕분에 2020년 9월 신설된 질병관리청의 초대 청장이 됐다).

불안은 상황을 제대로 인식하고 어떻게 대응할지 설득력 있게 제시하기만 해도 상당 부분 누그러진다. 발목을 잡고 있는 게 무엇이고 무엇이 걸림돌인지 알면 여기서 더 나아가 불안을 도전하는 힘으로 전환시킬 수 있다. 입을 막고 숨긴다고 불안이 해소되는 건 아니다. 그럴수록 어딘가에 쌓여 있다 터지지 말아야 할 때 꼭 터져 상황을 막다른 골목으로 몰고 간다.

지시할 때 필요한 3가지

특히 두 번째 단계인 무엇을 어떻게 해야 하는지를 제시할 때, 유념해야 할 중요한 세 가지가 있다.

첫째는 상황을 단순화할 수 있는 능력이다. 복잡한 상황을 '이건 이것이다'라고 단순화해서 보여줄수록 조직의 상황 이해도가 높아져 힘을 허튼 곳에 쓰지 않을 수 있다. 그러려면 첫 번째 단계인 상황 파악을 잘해야 하는데, 뛰어난 리더일수록 이런 능력이 뛰어나다. 물론 이걸 못하면 모두가 헤매기 시작한다. 2차 세계대전이라는 위기를 훌륭하게 극복했던 영국의 정치인 윈스턴 처칠은 이렇게 말했다.

"정치가(리더)가 될 사람은 다음에 무슨 일이 일어날지 내다보는 능력이 있어야 한다. 그리고 시간이 지난 뒤 왜 그런 일이 일어났는지 설명할 수 있어야 한다."

둘째는 행동해야 할 이유다. 이나모리 가즈오 일본 교세라 명예회장은 우리나라에서도 인지도가 높은데 언젠가 한 자동차 판매

회사의 2세 경영자가 그에게 고민을 털어놓았다.[1]

"갈수록 매출은 떨어지는데 간부들조차 저를 따르지 않는 난관을 어떻게 타개해야 할지 모르겠습니다."

그의 토로에 이나모리 회장의 조언은 이랬다.

"단순히 명령만 하는 게 아니라 왜 지금 이것을 해야 하는가를 차근차근 알아듣게 설득해야 합니다. 구성원들이 모두 '그렇구나. 그럼 나도 한번 해봐야지'라고 생각할 정도로 설득한 뒤에 명령해야 합니다."

사람들은 대체로 무엇을 할 것인가를 쉽게 인지한다. 하지만 '왜'를 깊이 있게 생각하는 사람은 드물다. 눈앞의 급한 것처럼 보이는 일에 반응하는 성향 때문이다.

그도 그럴 것이 우리는 수백만 년의 진화과정 동안 '왜'를 따질 필요가 거의 없었다. 저 앞에 있는 사냥감이 왜 여기에 있는지 알기보다 잡는 게 우선이었다. 하지만 요즘 위기는 단순한 상황 대응만으로 끝나지 않는다. 이유를 알아야 헤쳐 나갈 수 있다. 복잡성이 복잡한 상황을 만들어내는 까닭이다. 더구나 혼자 싸울 수도 없어 구성원의 참여가 필수적이다. 왜 싸워야 하는지를 아는 군대와 그냥 잘 싸우라는 지시를 받은 군대, 어느 쪽이 더 잘 싸울까? 말할 필요도 없을 것이다.

마지막으로 구체성이다. 1964년 달 탐사 프로젝트를 진행하고

---

1 이나모리 가즈오, 이나모리 가즈오에게 경영을 묻다, 정택상 옮김, 비즈니스북스, 2009년.

있던 미국 항공우주국(NASA) 내에 달에서 쓸 차량을 만드는 팀이 있었다. 팀은 곧 곤란한 문제에 부딪혔다. 달 표면 상태를 알아야 그에 맞는 차량을 만들 수 있는데 가보지 않았으니 알 수가 없었다.

의견은 둘로 갈렸다. 수백만 년 동안 수많은 혜성에 부딪혀서 사막의 모래처럼 부드러운 가루로 되어 있을 것이라는 주장과 날카로운 바위 및 골짜기로 돼 있을 것이라는 주장이 그것이었다. 지금처럼 관측력이 좋지 않았기에 누구도 알 수 없었다.

난관에 부딪혀 오도 가도 못할 때 팀장이 과감하게 결정을 내렸다. 지구 황무지와 크게 다르지 않을 것이라며 그에 맞게 차량을 제작하자고 했다. 그걸 어떻게 아느냐는 질문에 팀장은 "누구도 모른다"고 했다. 그러면 위험하지 않냐고 하자 이렇게 말했다.

"(이걸 만드는) 엔지니어는 명확한 상황이 주어져야 일을 할 수 있다. 합리적인 구체성이 필요하다."

그렇게 결정해줘야 엔지니어가 일을 할 수 있기 때문에 그렇게 했다는 것이다. 가보니 실제로 그가 추론한 것과 거의 같았다고 한다. 리더라는 자리는 이런 걸 하는 곳이다.

몇 년 전 방한한 미국 UCLA 앤더슨 경영대학원의 리처드 루멜트 교수는 이 사례를 말하며 자신이 바로 이 팀에서 그 상사와 일했다고 했다. 그러면서 덧붙였다.[2]

"'어떻게든 갈 수 있게 만들라'라고 하는 건 제대로 된 리더십이

---

2 리처드 루멜트, Donga Business Review, October 2013 Issue 1. No.138, "고통스러운 선택이 없는 미사여구는 전략이 아니다"

아니다. 어렵고 애매한 상황을 조금 더 명확하고 이해할 수 있게 만드는 게 리더십이다. 물론 100% 맞지 않을 수도 있다. 그래서 그런 상황이 일어났을 때 책임을 지는 것도 리더십이다."

뭐 하나 쉬운 게 없지만 막상 해보면 쉽지 않은 게 이 구체성이다. 그래서 상황을 보는 눈이 가장 먼저 필요하다. 알아야 제시할 수 있기 때문이다. 보는 눈이 부족하다면 그런 사람을 알고 있어야 한다. 그런 다음 고민해야 한다. 이런 고민은 팀원과 나눌 수도 없고 나눠서도 안 된다. 스스로 해결해야 할 일이기 때문이다. 이런 걸 나누는 순간 리더십에 구멍이 생긴다. 리더에게 숙명 같은 것이기에 안고 갈 수밖에 없다. 예를 들어 중요한 프로젝트를 진행하고 있는데 코로나19 사태로 재택근무를 해야 한다면, 이런 상황에서는 이렇게, 저런 상황에서는 저렇게 해야 한다는 걸 미리 고민해 가능한 한 빨리 알려야 한다. 결정하기 힘들다고 미적거리거나 망설이면 휘하 조직 모두가 그런 상태에 있게 된다. 무엇보다 먼저 시범을 보일 필요가 있다. 혼란스러운 상황일수록 기준이 필요하기 때문이다. 말보다 행동이 중요한 건 구성원들이 리더의 말보다 행동을 믿기 때문이다.

특히 리더의 얼굴 표정은 조직이 현재 어떤 상황에 처해 있는지를 알려주는 상황판이나 마찬가지여서 리더가 아무리 '괜찮다'고 해도 표정이 일그러져 있으면 조직은 표정을 믿는다. 리더 자신도 모르는 표정이 조직에 어떤 신호로 전달되는 것이다. 상황이 심각할수록 리더의 일거수일투족은 그 어떤 것도 사소하지 않다.

어디에 있어야 할지 알라

조직의 불안을 줄이는 세 번째 조건도 이 연장선상에 있다. 상황이 급박하고 어려울수록 리더는 자신이 어디에 있어야 하는지 알아야 한다. 가능한 한 구성원들이 보이는 곳에 있을수록 좋고, 구성원들이 예측할 수 있는 행동을 하는 게 좋다. 조직이 받는 충격의 강도가 약하더라도 상황을 예측할 수 없을 때 조직의 불안감이 높아진다.

돌발상황이 발생하면 즉각 맨 앞에서 해결에 앞장서 불확실성을 줄여야 한다. 그래야 리더를 기준점으로 삼아 허튼 곳에 힘을 쏟지 않을 수 있다. 내로라하는 세계적 기업의 CEO들이 웬만하면 자신들의 일정을 조직 내에 알리는 게 이런 이유에서다. 자신들을 이끄는 리더가 뭘 하는지 알면 구성원들은 자신들이 뭘 해야 할지 더 잘 알게 된다.

혼자 해결하려고 하지 말아야 하는 게 네 번째다. 앞에서 말한 것처럼 요즘 위기는 복잡해서 혼자 모든 걸 해결할 수 없다. 구성원들의 참여가 필수적이다. 그래서 필요한 게 지시할 때와 의견을 물어야 할 때를 아는 것이다. 생각을 모아야 할 때는 자신이 하고 싶은 말의 절반 정도만 하는 게 좋다. 말할 때 모래시계나 시계를 놓고 시간을 재는 게 좋다.

마지막으로 불안을 만들어내는 내부 요인을 제거해야 한다. 그것이 상황이든 사람이든 제거해야 한다면 가차 없이 그렇게 해야 소모적인 에너지 낭비를 줄일 수 있다.

지난 2009년 개봉한 영화 '디파이언스(Defiance)'는 2차 대전 때 히틀러의 나치에 대항해 싸운 벨라루스 유대인 이야기를 다룬, 실화를 기반으로 한 영화다. 이들은 나치의 탄압이 시작되자 숲으로 들어가 게릴라 활동을 하기 시작하는데 어디서나 그렇듯 이들 사이에서도 분열이 시작된다. 일단의 무리가 권력을 잡아 이익을 추구하려고 한 것이다.

주동자는 그 집단을 이끌던 주인공 투비아 비엘스키에게 모든 사람들이 보고 있는 상황에서 공개적으로 도전한다. 자신들이 중요한 일을 하니 자신들 마음대로 하겠다고 한 것이다. 리더에게 이건 생사의 갈림길이나 다름없는 상황. 모두가 숨죽이며 지켜보는 일촉즉발의 상황에서 투비아는 누구도 예측하지 못한 행동을 한다. 잠시 고민하는가 싶더니 그를 사살해버린다. 그런 다음 이렇게 말한다.

"내가 여길 책임지는 동안은 내 명령을 따르도록 한다. 불평한다거나 딴마음 품을 생각은 하지도 마. (주위에 서 있는 사람들을 보면서) 또 다른 데로 가고 싶은 사람 있으면 지금이 기회야(누가 있겠는가? 이 추운 겨울에!). 이놈 몸뚱이는 숲속에 던져서 늑대 밥으로 줘버려. 지금 당장!"

어떻게 됐을까? 분란은 총성과 함께 사라졌다. 물론 비엘스키가 한 행동이 최선은 아닐 수 있지만 때로는 차선이 필요할 때도 있다.

왜

기어오를까?

올 초 승진해 한 조직을 이끌게 된 이 팀장은 멋지게 팀을 운영해보고 싶었다. 대리, 과장 시절 여러 팀장들을 지켜보면서 속으로만 품었던 걸 실현해보고 싶었다. 새로 만난 팀원들에게도 신나게 일하고 연말에 보너스를 듬뿍 가져가보자고 했다.

그런데 요즘 이런 이 팀장을 가로막는 사람이 있다. 3년 차 나 과장이 갈수록 거슬린다. 지시를 하면 적당히 뭉개고 자기가 하고 싶은 대로, 자기 방식대로 끌고 가려고 한다. 회의 시간마다 볼멘소리를 자주 해서 난처하게 만들고, 자기 일도 아닌데 몇몇 대리들의 대변자인 양 목소리를 높인다. 건설적인 의견 제시라기보다는 이

건 이래서 안 되고, 저건 저래서 할 수 없다고 하는, 물귀신 발목 잡는 식이다.

그럴 때마다 제동이 걸린다. 이 팀장은 이 팀에 처음 왔지만 나 과장은 벌써 5년째 뿌리를 내린 터줏대감이다. 누구보다 팀 사정을 잘 안다. 그래서 총대를 메는 것도 이해한다. 그런데 시간이 갈수록 다른 생각이 든다. "팀장님은 오신 지 얼마 안 되어서 잘 모르시겠지만…"이라는 말을 입버릇처럼, 주변 사람들이 들으라는 듯할 때가 그렇다. 팀장보다 자신이 더 잘 알고, 더 잘할 수 있다는 저의가 역력하게, 갈수록 날카롭게 느껴진다.

특히 지난해까지 이 팀의 팀장이었다가 이사로 승진한 직속 상사와 자주 어울리며 자신을 건너뛰는 일이 많아지고 있다. 어제도 그랬다. "그저께 하라고 준 건 어떻게 됐느냐?"고 물으니 "아, 어제 이사님이 시키신 일이 있어서 먼저 하고 있다"고 하는 게 아닌가. 팀장인 자신에게 일언반구도 없이! 그러면서 "급하게 시키신 일이라 하다 보니 말씀드리는 걸 깜박했다"고 슬쩍 빠져나갔다.

처음엔 그럴 수 있으려니 했다. 근데 점점 횟수가 늘어간다. 분명 그에게 시켰는데, 귀찮고 어려운 일이다 싶으면 자신에게 말도 없이 다른 대리나 직원에게 맡기고 자신이 하고 싶은 것만 한다.

처음 부임했을 때 나 과장은 사근사근하고 친절했다. 부서에 오래 있었던 경험을 살려 이모저모 많은 걸 가르쳐주었다. 그래서 좋은 가이드를 만난 것 같아 믿음직스러웠는데, 어째 갈수록 심상치 않다는 느낌이다. 그렇다고 대뜸 화를 낼 수도 없는 게 온 지 몇 달되지도 않은 팀장이 화부터 내면 팀 분위기는 어떻게 되고 자신에 대한 평판은 또 어떻게 되겠는가. 한 방 제대로 먹이고 싶은 마음이야 굴뚝같지만 크게 잘못한 것도 없고, 콕 집어 지적할 것도 없다. 이사와 친하니 잘못하다간 역풍을 맞을 수도 있다. 저리 능글능글한 걸 보니 그냥 있을 것 같지는 않다.

그러면 참아야 할까? 뭔가 개운치 않다. 어떤 대책을 세워야 할 것 같은데 어떻게 해야 할지 모르겠다. 속을 계속 긁는 걸 보니 어느 정도 자신에 대한 파악이 끝난 것 같기도 하다. 놔두자니 치고 올라오는 것 같고, 눌러주자니 그것도 여의치 않다. 어떻게 해야 할까?

"선인장을 껴안고 있는 기분"

정말이지 믿음직한 부하는 목을 빼고 기다려도 오지 않지만, 이런 골칫거리들은 기다리지 않아도 알아서 나타난다. 잘해주면 고마워하기는커녕 당연하게 여기고 갈수록 더 치고 들어온다. 시쳇말로 슬금슬금 기어 올라온다. 은근슬쩍 팀장을 뭉개면서 자기 힘을 확보하려 한다. 이 팀장만의 일이 아니다. 리더가 되면 누구나 겪는 일이라고 해도 좋을 만큼 흔하다. 특히 승진해서 얼마 되지 않은 리더들이나 새로운 팀에 부임한 이들에게 자주 일어난다.

흔한 일이라고 쉽게 넘어갈 수도 없다. 이런 골칫거리가 나타나

물을 흐리면 팀 운영에 차질이 생기고, 그럴 때마다 스트레스 지수가 치솟는다. 좋은 게 좋은 거라고 놔두면 더 노골적으로 기승을 부린다. 특히 5, 6월에 이런 현상이 자주 일어난다. 부임한 팀장과 팀원들이 서로에 대한 탐색전이 끝날 때다.

조직을 이끄는 리더가 가져야 할 여러 능력이 있지만 사실 이런 문제 직원 다루기만큼 신경 쓰이는 일도 드물다. 일은 밤을 새워서라도 해치우면 되지만 이런 걸림돌은 그럴 수도 없으니 속깨나 끓여야 한다.

팀장 시절 이런 일을 혹독하게 겪었던 한 대기업 상무는 "차라리 선인장을 껴안고 있는 게 낫지 않을까 하는 생각까지 했을 정도"라고 했다. 보통 끙끙거려지는 일이 아니라는 말이다. 뒤집어서 말하자면 제대로 조직을 이끌고 나갈 수 있을지 없을지를 판가름하는 리더십 역량이 여기서 드러난다는 뜻이다. 이 팀장이 본능적으로 불안을 느끼는 이유다.

그나저나 이들은 도대체 왜 기어오르는 걸까? 원인을 알면 대처하기도 쉬운 법. 먼저 이들이 이러는 원초적인 이유를 아는 게 순서일 듯싶다.

조직마다, 상황마다 워낙 다양하게 나타나기에 한마디로 단정 지을 수는 없지만, 대체로 이런 상황을 만드는 몇 가지 이유가 있다.

먼저 우리 모두가 갖고 있는 성향이다. 이 세상의 생명체들은 어떤 목적이 아니라 생존을 우선한다. 생존 그 자체가 목적이다. 사실 우리도 그렇다. 우리 인류는 뇌를 발달시켜 '목적 지향적인 삶'

을 만들어냈기에 문명을 이룰 수 있었지만, 우리의 의식을 앞서는 무의식 속 깊숙한 곳에는 생존 우선 성향이 자리 잡고 있다. 더 나은 것, 더 좋은 것에 자신도 모르게 눈이 가고 마음이 간다.

우리가 사는 사회나 조직에서 더 나은 것, 더 좋은 것은 어디에 있을까? 대체로 더 높은 지위에 있다. 높은 자리에 앉으면 권한이 많아지기에 삶의 질도 좋아진다. 원하는 삶을 살 수 있다. 당연히 그 자리와 그 힘을 가지고 싶어 한다. 누가 리더가 되느냐에 관심이 쏠리고, 권력을 향한 열망과 도전이 치열한 이유다. 더구나 이제는 신분제 사회도 아니기에, 대체로 더 높은 자리는 누군가의 소유물이 아니다. 지금 누가 차지하고 있다고 영원히 그런 것도 아니다. 끊임없이 그 자리를 향한 도전이 있을 수밖에 없다. 약점이 포착되는 순간 새로운 도전이 시작된다.

높은 자리는 단순히 좋은 게 아니라 삶의 결정권을 높여준다. 이제는 유명해진, 영국 공무원들에 대한 조사 결과(화이트홀 연구)가 있다. 오랜 시간 수만 명의 공무원들을 조사해보니 지위가 건강에 미치는 영향이 예상외로 컸다. 우리는 보통 지위가 높아지면 스트레스가 많아지기에 질병에 취약해진다고 생각하지만 이런 스트레스를 상당 부분 상쇄시켜주는 게 있었다.

지위가 높아질수록 결정권이 많아지게 되는데 이것이 건강에 커다란 영향을 미쳤다. 지위가 낮을수록 건강이 좋지 않았고 높을수록 건강했다. 위에서 시키는 대로 해야 하는 가장 낮은 지위에 있는 사람은 가장 높은 사람(총책임자)보다 4배나 더 많은 질병에 걸

렸고 심장질환으로 인한 사망 위험도 2~3배나 됐다.

소득이 미치는 영향은 의외로 높지 않았다. 남에게 휘둘리지 않고 자신이 원하는 대로 사는 게 생각 이상으로 중요하다는 의미다. 한마디로 돈보다 지위를 더 중시한다는 얘기다. 사실 말을 못 하는 갓난아기들도 자기 뜻대로 안 되면 울지 않는가? 당연히 '저 높은 곳'을 향한 열망이 강할 수밖에 없다.

조직 사다리의 위로 올라갈수록 눈에 보이는 일에서 성과를 내는 건 그 자리에 앉아 있을 수 있는 절반의 방법일 뿐이다. 눈에 보이지 않는 역학관계에서 이겨야 그 자리를 지킬 수 있다.

왜 회사는 일을 잘하는 사람에게 승진을 시킬까? 왜 모두들 승진에 목을 맬까? 더 높은 자리가 가장 좋은 동기 유발 방법이기 때문이고, 더 나은 삶으로 가는 지름길이기 때문이다. 미국의 경영학자 프레드릭 허츠버그가 "자리가 동기 유발을 시킨다"고 한 이유다.

높은 자리가 주는 이점이 이렇게 크니 '호랑이 발톱'을 은근슬쩍 내미는 사람이 없을 수 없다. 본능적으로 별 생각 없이 그러는 이들도 있지만, 분명한 의도로 움직이는 이들이 있다. 이들은 보통 팀장이 처음 부임하면 친절하게 대하며 속내까지 파악한다. 무엇이 강점이고 약점인지 포착한다. 그런 다음 행동을 개시한다. 어느 정도 살펴보니 해볼 만하다는 생각이 그들의 마음속에 자리 잡고 있다.

조직이라는 게 어떤 곳인가? 누구나 삶의 결정권을 많이 갖고 싶어 하지만 '조직의 뜨거운 맛'이 무섭기에 쉽게 그러지 못한다. 그런데 나 과장 같은 이들이 발톱을 내미는 건 이게 미지근하다고 본 것이다. 이럴 때는 어떻게 해야 할까?

'팃포탯'으로 응징하라

오래전 미국 미시간대 정치학과 로버트 액설로드 교수가 흥미로운 대회를 개최했다. 우리가 살아가면서 흔히 만나게 되는 '죄수의 딜레마' 상황을 어떻게 해결하면 좋을지 컴퓨터 프로그램 대결을 통해 알아보자는 것이었다.

그가 말한 '죄수의 딜레마' 상황이란 예를 들면 이런 것이었다. 다른 사람과 계속해서 어떤 거래를 해야 할 때, 어떤 때에는 협력하고, 어떤 때에는 내 것을 먼저 챙기는 게 좋을까? 잘 대해줬는데도 고마워할 줄 모르는 사람에게 계속 잘해주어야 할까?

흥미로운 주제인지라 경제학, 심리학, 사회학, 정치학, 수학 분야의 게임이론 전문가들이 참여해 자신들이 공들여 만든 컴퓨터 시뮬레이션 프로그램으로 공개경쟁을 벌였다. 치열한 대결 끝에 캐나다 토론토대의 아나톨 라포포트 교수가 만든 '팃포탯(tit-for-tat)'이 우승했다.

내로라하는 전문가들이 출전한 대회에서 우승했으니 엄청나게 지능적인 프로그램일 듯한데 그렇지 않았다. 놀랍게도 팃포탯은 참가 프로그램 중 가장 단순했다. 처음에는 협력으로 시작하고, 그다음부터는 상대가 하는 대로 하는 게 전부였다. 상대가 배신하면 같이 배신하고, 상대가 협력하면 협력하는, 한마디로 '눈에는 눈, 이에는 이'라는 대응방식이었다.

더 놀라운 건 두 번째 대회 결과였다. 첫 대회 결과를 모두에게 다 알리고, 그러니까 팃포탯 전략을 만천하에 공개한 다음 다시 맞붙었는데, 같은 전략으로 참가한 팃포탯이 또 우승을 했다. 단순한 이 방식이 가장 효과적이라는 의미였다.

다양한 사례를 깊이 관찰한 액셀로드 교수는 《협력의 진화》라는 책에서 이 팃포탯 방식이 우리 삶에서도 효과적일 수 있다고 말한다. 물론 방식은 단순하지만 쉽지는 않다.

예를 들어 부하가 기어오르는 '배신'을 하면 팀장은 자신의 호의를 어긴 상대에게 똑같이 배신해야 한다. 따끔한 말이든, 아니면 징계든 '힘'이 있다는 것을 '확실하게' 보여주어야 한다. 그래야 자신을 지킬 수 있다. 노발대발하면 될까? 제대로 응징하려면 알아야 할 몇 가지가 있다.

우선, '노란 싹'을 키워서는 안 된다. 싹이 노랗다 싶으면 시작부터 제대로 대응, 불손한 마음이 자라지 못하게 해야 한다. 팃포탯 용어로 하자면, 상대가 최초로 배신할 때 응징하는 게 좋다. 분위기가 안 좋으니 그냥 넘어가고, 일이 바쁘니 나중에 하자는 생각으로 마음 한편에 고이 쌓아두면 쌓아둘수록 손해다. 쇠는 뜨거워졌을 때 두드려야 원하는 대로 만들 수 있다. 상황이 식어버리면 효과가 없다. 아니 되레 역효과가 날 때가 많다.

화를 내야 할 때, 사안이 벌어진 그 자리에서, 그 사안에 대해,

'즉각' 화를 내야 하듯, 응징도 마찬가지다. 넘지 말아야 할 선을 넘으면 바로 그때 호되게 한 방 날려야 따끔함을 느낀다.

그러면 상대가 '10' 정도로 도전해왔을 때 '300' 수준으로 대응하는 건 어떨까?

바람직하지 않다. 뜨거운 물건에 손을 댔을 때 '앗, 뜨거워!' 할 정도, 그러니까 '이러면 안 되겠구나' 하는 생각을 하게 할 정도가 적당하다. 약간 후회할 정도가 그것이다. 너무 심하게 하면 앙금이 남는다. 앙금은 앙심으로 변하기 쉽다.

액설로드 교수는 팃포탯을 경험하기 전에는 어떤 상황에서도 화를 내지 않는 게 좋다고 생각했으나 팃포탯을 보면서 생각이 바뀌었다. 어느 정도의 응징이 필요하다는 걸 알게 됐다. 물론 '그럴 만한 수단'을 갖고 있어야 하는 건 당연지사다.

사실 이런 원리는 우리가 흔히 쓰는 글자에도 들어 있다. 리더 중의 리더를 칭하는 왕(王)이라는 글자는 하늘과 땅, 사람을 연결하는 존재라는 뜻도 있지만 유래를 더듬어보면 도끼모양에서 시작됐다는 설이 유력하다. 도끼는 옛날 권력자가 가지던 무시무시한 무기였다. 왕이 가진 힘이었다. 그런 힘을 가져야 왕이 될 수 있었다.

상대의 배신에 즉각적인 응징을 하는 건 그동안 잘 대해준 것이 나약해서가 아니라 관대함이었다는 걸 보여주는 것이다. 관대함이 나약함이 아니듯, 나약함 또한 관대함이 아니다.

나의 일하는 방식을 먼저 알려라

물론 이런 일이 있기 전에 미리 예방하는 것만큼 좋은 건 없다. 마찰이 일어나는 순간 서로에게 손해이니 말이다. 좋은 방법 중 하나는 처음 만났을 때 상대나 구성원의 의견을 두루 들은 다음, 자신의 일하는 방식을 알려주는 것이다.

상사를 파악하는 방법에서 말했듯 같은 팀장이라도 말로 보고하는 걸 좋아하는 팀장이 있는가 하면, 문서로 보고하는 걸 선호하는 팀장이 있다. 이걸 모르면 서로 불필요한 마찰이 생길 수밖에 없다. 팀원과 팀장이 서로 해도 될 것과 하지 말아야 할 것을 알려주고, 커뮤니케이션 방식을 통일하면 부딪칠 일이 줄어들고 효과적인 소통을 할 수 있다. 포털사이트 네이버를 창업한 이해진 GIO(Global Investment Officer)가 CEO 시절 한 외부 강연에서 이런 말을 한 적이 있다.

"저는 큰 기획을 못 하는 건 용서해도 사용자가 보는 페이지에 오타를 내는 건 용서하지 않습니다. (…) 저를 쫀쫀하다고 해도 이게 제가 만들고 싶은 우리 회사 문화거든요."

자신이 가장 중시하는 일의 포인트를 분명하게 밝힌 것이다. CEO가 이렇게 밝히는데 직원들이 한 귀로 듣고 한 귀로 흘릴 수 있을까?

이런 기준을 혼자 정하면 효과가 줄어든다. 가능하면 구성원들과의 대화를 통해 동의를 구하는 게 좋다. 설득력이 없는데 지시에 의해 어떤 행동을 해야 한다면 마음을 다해 행동하기 어렵다. 예를 들어 영업팀은 외부 근무가 많을 수밖에 없는데, 퇴근은 반드시 회사에 들어온 다음 해야 한다고 일방적으로 선언하면 부하들의 불만이 커질 수밖에 없다. 그래야 하는 이유가 있다면 밝히는 게 좋다.

관대함을 베풀 때 알아야 할 것

하지만 이보다 더 중요한 게 있다. 응징은 필요하지만 응징으로 끝내면 안 된다. 화끈하게 한 방 먹였으면, 원점으로 돌아가 다시 친절을 베푸는 게 좋다. 용서하고 다시 협력을 시도하는 것이다.

앞에서 말한 것처럼 그저 상승하고 싶은 본능에 이끌려 '이 정도는 괜찮겠지' 하는 생각으로 누구나 기어오를 수 있다. 한 번의 실수는 눈감아주는 게 좋다. 이런 이들까지 적으로 돌리면 일하기가 힘들어진다. 용서하고 협력자로 끌어들이는 게 훨씬 낫다. 액설로드 교수가 개최한 대회에서 '프리드먼'이라는 프로그램은 누군가가 배신하면 절대 용서하지 않았다. 성적이 어땠을까? 단호함은 좋았으나 결과는 꼴찌였다. 한 번만 잘못해도 적이 되었으니 당연한 결과이기도 했다.

'자비'라는 말이 있다. 보통 '너그러운 마음씨'로 알고 있는 단어다. 하지만 한자(慈悲)를 보면 고개를 갸우뚱하게 된다. 왜 '너그러운 마음씨'에 '슬플 비(悲)' 자가 있을까?

어디선가 이 글자를 풀이한 걸 읽은 적이 있다. '자(慈)'는 나의 생각을 잘 받아주는 사람을 좋아하는 것이고, '비(悲)'는 내 뜻을 거스르는 사람을 가엾어 하는 마음이라고 한다. 그러니까 뭘 모르고 기어오르는 사람을 가엾게 여겨 은혜를 베푸는 게 자비인 것이다. 이런 마음이 필요하다.

무조건 자비를 베풀면 혼자 다칠 수 있다. 베푸는 순서를 알아야 서로에게 도움이 된다. 중국에 전해 내려오는《채근담》에 이런 구절이 있다.

> 은혜는 엷은 데서부터 짙은 데로 나아가야 한다. 만일 먼저 짙고 나중에 엷으면 사람들은 그 은혜를 잊고 만다.
> 위엄은 엄한 데서부터 너그러운 데로 나가야 한다. 만일 먼저 너그럽고 나중에 엄하면 사람이 혹독하다는 원망을 듣게 될 것이다.

처음부터 너무 잘해주지 말고 처음에는 좀 엄격한 듯하다가 엄격함을 풀어가라는 뜻이다. 또 크게 베풀고 작게 베풀기보다는 먼저 작게 베풀고 갈수록 크게 베푸는 게 낫다.

팀이란 서로의 힘을 모으는 것이다. 응징이 목표가 되면 마음은 시원할 수 있어도 협력의 규모를 키울 수 없다. 응징이 아니라 협력이 목표가 되어야 한다. 두 번이나 우승한 팃포탯은 상대의 약점을 이용하지도 않았고, '한 번 돌아서면 끝'이라고 하지도 않았다.

상대가 배신하면 '뜨거운 맛'을 보여주었지만 다시 먼저 손을 내밀어 협력으로 끌어들였다. 그것이 복잡한 수 싸움에 치중했던 다른 프로그램들을 제치고 우승한 비결이었다. 액설로드 교수는 이렇게 말한다.

"팃포탯의 확고한 성공은 (응징만이 아니라) 친절함, 관대함, 명확함의 조합 덕분에 가능했다. 응징으로 배반하지 못하도록 했고, 친절함으로 불필요한 문제에 말려들지 않게 했으며 관대함으로 협력을 만들어냈다. 또 명확성으로 게임 실행(일하는 방식)을 이해하기 쉽게 만들어 결국 장기적인 협력을 이끌어낼 수 있었다."

왜

나를

따르지 않을까?

3년 전쯤의 일이다. 이전 사무실 근처엔 식당이 많았고 그래서 식재료를 파는 트럭들의 왕래가 잦았다. 그중 가장 단골이 많은 트럭이 있었다. 매주 화요일이면 나타나던 그 트럭은 씩씩한 목소리로 이렇게 외치곤 했다.

"지금 제주도 청정해역에서 갓 잡아 올린 성산포 은갈치를 5분 동안만 정말로 싸게 드립니다."

이 씩씩한 목소리가 들릴 때마다 식당 주인들이 기다렸다는 듯 몰려나왔다. 오며 가며 자주 보다 보니 궁금증이 생겼다. 식당 골목에는 이 트럭만 오는 게 아니라 여러 트럭들이 오는데 왜 이 트럭에만 사람들이 몰릴까?

안면이 있던 식당 주인들에게 틈날 때마다 이유를 물었다. 비슷한 대답이 나왔다.

"물건이 좋다." "단골이라서." (거래한 지) 오래됐어요."

이게 전부일까? 알고 보니 이 트럭은 다른 트럭들과 달리 시작 초기부터 인기가 많았다고 했다. 더 궁금해졌다. 트럭 주인에게 묻기도 했지만 평범한 대답뿐이었다.

"열심히 하는 걸 알아봐주셔서 그러지 않을까요?"

차별화된 성공은 평범함에서 나오지 않는 법. 직접 알아보기로 했다. 가끔 시간이 날 때마다 트럭을 따라다니며 이모저모 살폈다. 한동안 그렇게 하다 보니 답을 알 만한 사람들이 눈에 들어왔다. 이 트럭과 거래를 튼 지 얼마 안 된 식당 주인들이라면 그 트럭이 인기 있는 이유를 알 수 있지 않을까?

실제로 그들에게서 기대하던 대답이 나왔다.

"물건이 좋기도 하지만, 항상 오는 날에 오고, 물건이 안 좋다고 하면 바로 반품해줘요."

그랬다. 트럭에서 울려 퍼지는 안내 방송 맨 끝에 나오는 내용도 이걸 분명히 하고 있었다.

"정기적으로 방문하는 판매 차량입니다."

다른 차량에는 없는 멘트였다. 왜 이게 비결일까?

잘되는 트럭 행상의 비결
....

식당 주인들은 '갓 잡아 올려 싱싱하고 맛있는' 생선에도 마음이 끌리고, '정말로 싼 가격'에도 혹하지만 진짜 중요한 건 '믿을 수 있는가' 하는 것이다. 식료품과 생선은 한 번 사면 제대로 반품도 안 된다. 뜨내기처럼 왔다가 사라지는 트럭에게서 잘못 샀다간 낭패다. 그 트럭은 한결같았다. 화요일에 어김없이 나타났고 물건도 좋았다. 반품까지 확실했다. 믿지 않을 이유가 없었다. 한마디로 그 트럭 행상은 식당 주인들의 마음을 정확하게 읽었다.

사실 이런 특징은 10년, 20년 된 식당 주인들에게서도 더 확실하게 볼 수 있다. 이들은 하나같이 단골 거래처를 갖고 있다. 가격이 좀 싸다고 거래처를 바꾸지 않는다. 가격이 좀 비싸더라도 재료에 대한 걱정 없이 안심하고 살 수 있는 곳과 거래한다.

불확실성과 위험에서 오는 불안을 피하고 안심을 원하는 이런 성향이 식당 주인들만의 특성일까? 이런 성향은 우리 모두에게 짙게 깔려 있다. 우리는 불안을 원하지 않는다. 아니 원치 않을 정도가 아니라 본능적으로 싫어한다. 빨리 갈 수 있지만 어두컴컴한 지름길과 멀리 돌아가지만 환한 길, 두 길 중 어느 길을 갈까? 우리는 후자를 선택한다. 멀지만 환한 길에 안심과 안전이 있기 때문이다.

조직이라고 다를까? 일은 많지 않은데 불안한 회사와 반대로 일은 많은데 불안하지 않는 회사, 우리는 어떤 회사를 원할까? 말할 것도 없이 후자다. 지금까지 취재와 강의로 많은 회사를 접해봤지만 조직 내에 불안이 가득한 곳치고 잘되는 곳을 보지 못했다. 마찬가지로 불안이 없는 회사치고 잘되지 않은 곳을 보지 못했다.

평상시에는 잘되는 회사와 안 되는 회사의 차이가 크지 않다. 그러나 코로나19 같은 예측할 수 없는 사태가 터지면 차이가 두드러진다. 잘되는 회사는 불안을 만들어내는 불확실성을 대개 윗사람들이 처리한다. 윗사람들이 먼저 움직이며 상황을 파악하고, 리더들끼리 모여 대비책을 마련해 구성원들이 무엇을 어떻게 해야 하는지 제시하고 설명한다.

안 되는 회사는 반대다. 부서장이나 윗선들이 모이면 금방 해결될 일인데도 모이지 않는다. 서로 경쟁관계에 있고 얼굴 보면 불편하기 때문이다. 애꿎은 아랫사람들의 등만 떠민다. "빨리 대비책을 마련하라"고 압박한다. 실무자에게 전권을 주지도 않으니 만나봐야 진척이 없다. 또 골치 아픈 일이 생기면 아래로 내려보내고 자신은 안전한 일만 한다. 불안을 견디지 못한 직원들의 퇴사율이 높을 수밖에 없다.

저커버그의 발 빠른 대처

불안은 성장과 반비례한다. 불안이 많으면 성장이 사라지고, 불안이 사라지면 성장이 살아난다. 조직을 이끄는 리더들이 조직의 불안에 신경을 써야 하는 이유다. 다시 말해 불안을 미연에 방지하거나 외부 상황으로 불확실성이나 이로 인한 불안이 높아질 때 불안을 줄여줄 줄 알아야 한다.

특히 요즘처럼 세상의 거친 물결이 안팎으로 밀려들면 조직 내 불안 수치가 급격하게 높아진다. 높아진 불안은 소리 없이 조직을 흔들어 조용히 무너뜨린다. 외부의 적은 보이기나 하지만, 이런 내부의 적은 보이지 않아 제대로 대처하기 어렵다. 그대로 놔두면 조직은 지리멸렬의 길로 빠르게 나아간다. 후회 막급한 상황을 맞을 수 있다.

한때 중국이 못내 부러워했던 포스코의 설립자 박태준 전 명예 회장이 포항제철을 시작했을 때 가장 먼저 한 일은 직원 주택을 짓는 것이었다. 돈이 남아돌아서 그런 게 아니었다. 없는 돈에도 직원 주택을 먼저 지었다. 공장 지을 돈도 없는 판에 무슨 땅을 사느냐고 하는 정부와 금융기관을 설득해 임대주택도 아닌 자가 주택을 직원들에게 제공했다.

조상 대대로 밭 한 뙈기, 논 한 마지기 없이 살아온 사람이 많은 우리나라에서 집 한 칸은 그냥 한 칸이 아니라는 걸 그는 알고 있었을 것이다. 특히 한국인은 마음이 동하지 않으면 신명 나게 움직이지 않는다는 것도 말이다. 일도 중요하지만 그렇게 마음을 먼저 이끌 수 있었기에 그는 그 누구도 하지 못했던 위업을 이룰 수 있었다.

언제 어디서나 마찬가지다. 2020년 3월 17일 페이스북 사내 게시판에 올라온 글 하나가 후끈 달아올랐다. 글쓴이가 CEO인 마크 저커버그여서 그럴 수도 있었겠지만, 더 중요한 건 내용이었다.

저커버그는 그 글에서 무섭게 번지고 있는 코로나19 사태를 설명하며 잘 극복하자고 했다. 여기까지는 여느 CEO들과 비슷했다. 뜨거운 눈길을 받은 내용은 따로 있었다. 전 세계 직원 4만 5000여 명 전부에게 1인당 1000달러(약 120만 원)를 지급하겠다는 '폭탄선언'을 했던 것이다. 뿐만 아니라 직원 모두에게 'Exceed Expectation(기대 이상: 아주 잘함)'이라는 고과 평가를 줄 테니 불안해하지 말라고 당부했다.

그 역시 돈이 남아돌아서 그런 건 아니었을 것이다. 조직에 불안이 번져 어수선하거나 술렁일수록 생산성이 떨어질 수밖에 없기에 미리 선수를 쳤던 것이다. 120만 원이라는 돈과 최고 고과 평점은 크다면 크고 작다면 작을 수 있지만, 상징적 의미는 결코 작지 않다. 조직은 이걸 돈과 고과만으로 받아들이지 않는다. '안심해도 되겠구나'라는 신호로 받아들인다.

하지만 이럴 만한 사정이 안 된 회사나, 권한이 없는 단위 조직의 리더들은 어떻게 조직을 추슬러야 할까? 조직의 불안을 줄이는 방법은 돈과 고과 평점만이 아니다. 어찌 보면 리더의 행동 하나하나가 더 중요할 수도 있다. 가장 중요한 건 평상시 리더의 태도다.

속으로는 울어도 밖으로는 웃어라

밖에서 위기가 몰려올 때 구성원들은 가장 먼저 리더를 본다. 이때 리더의 행동이 안정적이면 자신들도 안정적인 태세를 취한다. 하지만 리더에게서 불안함을 발견하면 조직의 마음은 어수선해진다. 리더가 허둥지둥 갈피를 잡지 못하거나 이랬다저랬다 하거나, 적절한 상황 파악이나 지시를 내리지 못하면 조직의 불안 수치는 급격하게 높아진다.

그래서 탁월한 리더들은 속으로는 불안에 떨지라도 조직에게는 신중한 모습을 보이거나 호탕함을 보이기까지 한다. 혼자서는 울어도 조직에게는 웃는다. 조직은 리더에게서 기대하는 신호를 받지 못하면 생존을 위해 개별 행동에 나서고, 그러면 조직은 지리멸렬해지기 때문이다.

이럴 때 조직에서는 구글의 자체 조사에서 나온 이후 유명해진 심리적 안전감이 사라진다. 동시에 그 자리에 생존 본능이 들어선다. 생존 본능은 자신의 생존을 가장 우선하는 법. 조직은 조용히, 그러나 빠르게 방어 태세로 돌입한다. 이제는 상식이 된 매슬로우의 욕구 5단계 중 1단계(생존 욕구)와 2단계(안전 욕구), 그러니까 생존모드 상태가 된다.

방어는 '진지' 구축으로 시작한다. 자기 영역에 울타리를 치고 침입을 경계한다. 정해진 일, 확실하다고 여겨지는 일만 하며 조금이라도 책임질 일이나 모험은 절대 사양한다. 그러다 보니 시간이 지날수록 비효율적일 정도로 일이 세분화되고 관례화된다. 모두들 자기 일(자리)을 지키는 걸 우선한다. 정해진 일, 확실한 일, 책임지지 않는 일만 하니 새로운 게 나올 수 없다. "뭐 새로운 거 없어?" 해봤자 공허한 메아리만 되돌아온다. 움직이지 않는다.

모든 단계는 아래 단계가 채워져야 위 단계로 올라갈 수 있다.

그럴 수 있겠다 싶지만, 이 욕구가 해결되지 않는 한 조직의 마음이 다음 단계로 갈 수 없다는 게 문제다. 각자 진지 안에서 꼼짝하지 않으려 하기에 팀워크가 생겨날 리 없다. 날마다 회의를 열어 설득하고 다그쳐봤자 도로아미타불이다. 이럴 때 리더들이 반드시 알고 있어야 할 게 있다(앞 장에서 다룬 게 거시적이라면 여기서 다루는 건 미시적인 것이다).

긴급회의를 할 때 알아야 할 7가지

우선, 회의를 하거나 구성원을 만날 때에는 말하고자 하는 내용을 한 문장(가능하면 단문)으로 집약한 후 만나야 한다. 내용이나 선택지가 많으면 구성원은 '복잡하다'는 것만 기억한다. 가장 핵심적인 하나에 집중하고, 이게 이뤄지면 다음으로 넘어가야 한다.

둘째는 목적에 따라 회의 방식을 다르게 하는 것이다. 세계적인 컨설팅 회사 맥킨지는 회의 형태를 세 가지로 구분한다. 정보 공유, 의사결정, 토론. 시간이 없다고 리더의 편의대로 하면 조직은 혼란을 느끼기 쉽고, 마음이 급한 리더는 자기도 모르게 압박을 가하기 쉽다. 마음의 문을 더 닫는 결과를 만든다. 또 결정해야 할 때 토론을 하거나, 토론해야 할 상황에 정해진 결정을 통보하는 것도 대응력을 떨어뜨린다.

셋째, 가능한 한 숫자와 팩트, 구체적인 사례로 말해야 한다. 그래야 신뢰도가 높아진다.

특히 중요한 게 네 번째다. 구성원이 이유를 물으면 고개가 끄덕여질 정도로 대답할 수 있어야 한다. 궁금증이 공개적으로 해명되지 않으면 은밀하게 소통되고 의혹이 되어 조직을 흔든다.

다섯째, 리더도 불안하다 보니 말이 많아질 수 있다. 하고 싶은 말의 80%만 하는 게 좋다. 앞에서도 말했지만, 코로나19 사태 초기, 매일 TV에 나와 브리핑을 했던 정은경 당시 질병관리본부장이 좋은 예다. 그는 기자들이 어떤 질문을 해도 소상하게 답변하고 수치로 말하며 간략하게 말했다. 리더가 하고 싶은 말을 다 하면, 구성원들은 그 말을 다 듣는 게 아니라 듣고 싶은 말만 듣는다.

여섯째, 반대(자)가 있을 때 조심해야 할 게 있다. '나는 맞고 당신은 틀리다'와 같은 말은 하지 않는 게 좋다. 조직은 반대(자)가 맞고 틀리는 것보다 그런 말이 어떻게 받아들여지는지를 주시한다. 다시 설명하겠지만, 이런 장애물을 넘어야 조직의 마음이 바뀌면서 마음의 문을 연다. 이 문이 열려 있어야 다양한 의견과 생각이 나오고 지시가 먹힌다.

마지막으로, 마무리 역시 단문으로 된, 하나의 명확한 결론(행동지침)으로 정리하는 게 효과적이다. 회의를 마치고 돌아서는 조직의 마음에 한마디가 확실하게 각인될 때, 조직은 어둠 속에서 횃불을 따라가듯 그 한마디를 따라간다.

경험한 이들은 알겠지만, 이 7가지는 결코 쉽지 않다. 하나하나가 우리의 본능과 대치되는 까닭이다. 리더도 인간인 이상 상황이 급박해지면 자신도 모르게 본능적으로 행동해버린다.

특히 여섯 번째가 고비다. 다섯 번째 '고개'까지 잘 넘은 이들도 여기서 주저앉는 경우가 많다. 그만큼 난코스이고, 또 그렇기에 중요하다. 무엇보다 불안에 휘둘리던 조직의 마음이 여기서 돌아설 수 있다. 불안은 세균과 비슷해 숨을수록 영향력이 커지고 밖으로 나올수록 줄어드는데 이런 불안을 조직의 마음에서 꺼낼 수 있다면 상황을 바꿀 수 있다.

"꽃을 자라게 하는 건 천둥이 아니라 비다"

재미있는 얘기를 들은 적이 있다. 거세 수술을 한 수소는 대개 고통스러워 바닥에 눕는다고 한다. 물론 혼자 있을 때다. 그러다 누군가 들어오는 기척이 들리면 벌떡 일어서 아무렇지도 않은 척한다는 것이다. 아픈 티를 내지 않으려고 말이다. 야생에서 아픈 티를 내면 포식자들의 타깃이 되기에 위기 상황이다 싶으면 멀쩡한 척하는 성향을 가지도록 진화한 것이다.

조직도 마찬가지다. 불안 수위가 높아질수록 조직은 조금이라도 좋지 않다 싶으면 무조건 감춘다. 실수나 몸의 이상은 말할 것도 없고 마음의 문까지 닫아건다. 분위기가 살아날 수 없다. 원인이 되는 불안을 밖으로 꺼내야 한다. 가장 좋은 방법은 앞에서 말한 생존과 안전 본능이 가장 원하는 것을 해주는 것이다.

"김 과장, 요즘 내가 자꾸 이상한 일거리를 갖고 와 스트레스가 많지? 일은 일대로 쌓이는데, 후배들은 나 몰라라 하고. 죽겠지? 이러다 밀려나는 거 아닌가 싶고 말이야. 모르는 거 아니야. 아직 말할 때가 아니어서 그렇긴 한데 내가 생각한 게 있으니 일단 해보자고."

사람 마음이라는 게 참 이상한 게 이런 말 한마디에 굳게 닫힌 문이 스르르 열린다. 갑자기 콧등이 시큰해지기도 한다. 그런 줄도 모르고 혼자 괜히 스트레스 받았구나 싶다. 바로 전까지 축 처진 몸에 생기가 확 돈다. 알아주는 힘이란 이렇게 세다. 동조도 마찬가지다. 상대의 생각에 맞춰주면 안에 웅크리고 있던 불만과 불안이 밖으로 나온다.

"아, 그럴 만하네요. 저라도 그랬을 거예요."

이런 말들이 그렇다. 사람은 자기에게 동조(인정)해주면 더 자신을 드러내고 싶어 한다. 속마음을 드러낸다. 이렇게 불만과 불안이 밖으로 나오면 마음이 개운해진다. 이러는 동안 조직의 마음은 생존모드를 넘어, 매슬로우의 5단계 욕구 중 세 번째인 소속 욕구로 이동한다. 소속감, 그러니까 팀워크가 살아난다. 옛 페르시아 시인 루미가 했던 말이 있다.

"꽃을 자라게 하는 건 천둥이 아니라 비다."

반대를 일단 수용하는 것도 비슷한 효과를 낸다. 반대하는 사람은 온갖 머리를 짜내 자신이 하는 말을 합리적인 것으로 포장한다. 그러니 일단 받아주고 시작해야 안에 있는 말이 나온다. 화를 내면 한 발 옆으로 비켜서 '직사포'를 쏘도록 한다. 그렇게 감정을 털어낸 다음 물어본다.

"화나시죠? 들어보니 그럴 만하네요. 그런데 궁금한 게 하나 있는데…."

이런 식으로 속마음을 드러내도록 한다. 속을 잘 알수록 정확하게 대응할 수 있다.

이와 더불어 갈수록 중요해지는 게 있다. 설명하는 능력이다.

요즘 병원 의사들은 과거에 비해 친절하다. 무엇보다 말로 대충하고 말던 걸 차트와 데이터를 놓고 설명한다. 의사에 대한 신뢰도가 그만큼 낮아졌다고 볼 수도 있지만 꼭 그런 것만은 아니다. 무엇보다 진찰받은 사람이나 환자가 이해도가 높을수록 치료에 적극적이 되는 까닭이다. 믿을수록 치료 효과가 높아진다. 명의로 인정받는 이들은 그래서 치료법을 환자들이 선택하게까지 한다.

예나 지금이나 마찬가지다. 한국전쟁이 벌어지고 한국군과 미군이 속절없이 밀려 낙동강을 겨우 지키고 있을 때 미 8군 사령관은 월턴 워커 중장이었다. 당시 그의 별명은 '불도그'. 얼굴 자체가 그렇게 생겨서였는데, 흔히 그렇듯 별명은 그 사람의 이미지를 결정하는 경향이 있다. 무슨 일을 해도 별명처럼 할 것 같아 보인다. 그래서인지 사령관이 되는 과정에서 지략이 풍부하다는 소리를 듣지는 못했다.

하지만 그는 탁월한 장군이었다. 전쟁 초기 한국에 온 미군 지휘관들은 제대로 전쟁을 치르지 못했다. 일본에 주둔해 있다 급파된, 능력이 모자란 이들이 대부분이었다. 워커 사령관이 일선 부대를 직접 찾아다니며 일일이 지적해야 했을 정도였다. 사령관이 그런 것까지 해야 했으니 화가 나서 '생긴 것처럼' 무섭게 부하들을 다그쳤을까?

반대였다. 그는 화를 내지 않았다. 부대 배치도 잘 못 하는 장교에게 "당장 여기로 병력을 배치하란 말이야"라고 소리치는 대신 차분하게 전술 설명을 했다. 전술 원리를 가르쳐주고 "자, 이제 자네라면 어떻게 하겠나"라고 말하곤 했다. 한시가 급박한 상황인데 그랬으니 보는 사람들에겐 이해가 가지 않거나 놀라움 그 자체

였다.[1]

　덕분에 미군 지휘관들은 잘못을 깨달을 수 있었고 두 번 다시 실수하지 않을 수 있었다. 당연히 성과도 올라갔다. 서울 광진구에 있는 워커힐 호텔에 그의 이름이 쓰이고 있는 건 이 덕분이다.

'하지 마라'가 아니라
'하라'고 지시하라

　　　　　　　　　　불안해하는 조직의 마음을 다잡는 또 다른 방법은 '하지 마라'보다 '하라'고 하는 것이다. 프로야구단 SK 와이번스와 옛 넥센 히어로즈(현 키움 히어로즈)를 이끈 적이 있는 염경엽 감독이 넥센을 맡아 하위권에서 맴돌던 팀을 상위권으로 만들었을 때다. 비결을 묻는 질문에 이런 말을 했다.

　"투수들에게 '포볼(볼넷)을 던지지 마라'라고 하는 대신 '3구 안에 승부를 보라'고 했다."

　'하지 마라'고 하면 사람은 '하지 않는 것', 그러니까 현재 유지에 집중한다. 실수하지 않는 것에만 신경을 쓴다. 그러다 안타를 맞으면 무너진다. 반면, '3구 안에 승부를 보라'고 하면 초점이 달라진다. 해야 하는 것에 집중한다. 미래지향적이다. '하지 마라'가 불안감을 만들어낸다면, '하라'는 절실함을 만들어낸다. 불안이

---

1 임용한, 동아일보 2020년 4월 7일 자, 임용한의 전쟁사〈104〉: 워커 중장의 리더십

두려움으로 이어진다면, 절실함은 창조로 이어진다. 결과가 완전히 달라진다. '불안해하지 마라'라고 백번 말하는 것보다 '이렇게 하자'고 한 번 하는 게 백번 낫다.

하는 일이 걸림돌에 걸리거나 벽에 부닥치면 많은 리더들이 혼자 끙끙댄다. 그러다 항상 같은 물음 앞에 선다. '왜 나를 따르지 않을까?' 그럴 때마다 작아진다. '내가 뭘 잘못했을까' 싶어 졸아들고, '나는 아닌가' 싶어 쪼그라든다. 다들 자신만 그러는 줄 알지만 내가 알기로는 거의 모든 리더들이 그렇다. 대기업 사장, 회장들도 마찬가지다. 드러내지 않을 뿐이고 노련해졌을 뿐이다.

질문을 바꾸는 게 좋다. '내가 어떤 불확실성을 주고 있는가?'로 말이다. 일을 하다 보면 자신도 모르게 좋지 않은 신호들을 전하면서도 이런 것들이 조직에 '폭탄'으로 인식된다는 걸 모르는 이들이 많다. 생각해보자. 폭탄을 안겨주는 리더를 어떻게 믿고 가까이 오겠는가? 폭탄은 적에게 안기는 것이지 조직에 터트리는 게 아니다.

아,

요즘 내가

왜 이러지?

'아, 내가 왜 그랬지?'

요즘 박 팀장의 머릿속은 온통 이 생각뿐이다. 그때 상황을 다시 돌려보고 또 돌려봐도 결론은 하나, 참았어야 했다. 그런데 왜 그랬을까? 나오느니 한숨뿐이다.

며칠 전 박 팀장은 오랜만에 과장과 대리들을 불러 모아 회의를 했다. 요즘 들어 하향 곡선을 그리고 있는 매출을 어떻게 회복시킬 방법이 없는지 얘기나 좀 해보자고 말이다. 어려운 상황이야 다 아는 것이니 자유롭게 아이디어를 내보자고 했다. 그런데 다들 약속이나 한 듯 묵묵부답이었다. 말이야 아이디어가 없다고 하지만 그들의 얼굴에는 속내가 훤히 드러나 있었다.

'괜히 말했다가 뒤집어쓰는 거 아닌가?'

그렇다고 추궁을 할 수는 없는 일, 답답해서 속이 다 터질 지경이었다. 그러고 있는데 김 과장이 휴대폰으로 톡톡톡 '카톡'을 하며 뭐가 재밌는지 희미하게 미소까지 짓는 게 아닌가.

"어이, 김 과장, 지금 나 무시하는 거야? 내 얘기 안 들려?"

"아니 듣고 있습니다. 급한 연락이 와서….."

급한 연락이 왔는데 미소를 지어? 그렇지 않아도 끓던 속이 확 솟아올랐다.

"뭐가 얼마나 급한데? 지금 이것보다 더 급한 게 있어? 도대체 뭐야? 뭘 좀 해보자고 심각하게 얘기하고 있는데 과장씩이나 되는 자식이 카톡이나 하고 있고."

당황한 김 과장이 얼버무리듯 변명을 했다.

"지금은 제가 딱히 할 수 있는 게 마땅치 않아서….."

그렇지 않아도 솟구치고 있던 화가 그 말에 터져버리고 말았다.

"아니 이것도 안 된다, 저것도 안 된다, 그러면 되는 게 뭐야? 그러면 할 수 있는 게 뭔데? 그래 말이 나왔으니 까놓고 얘기해보자. 지금까지 한 게 뭐 있어? 말해봐!"

리더십의 뒷면은 불안과 싸우는 것

생각지 못한 그의 모습에 다들 눈이 휘둥그레졌다가 이내 얼어붙었다. 별 생각 없이 대답하다 된통 폭격을 맞은 김 과장은 얼굴이 붉어지다 못해 파래졌다. 회의가 이어질 리 없었고 그의 분기탱천 소식이 알려지면서 사무실 분위기가 딱 얼어붙었다. 멀리서 그를 보기만 해도 서둘러 피해가는 팀원들의 모습을 볼 때마다 씁쓸했다. 뿔난 듯 씩씩거리던 김 과장은 이내 풀이 팍 죽어 굳은 얼굴로 자기 자리만 지키고 있고. 상황이 이러니 매출 부진 타개 아이디어고 뭐고 다 물 건너간 거나 다름없는 상황이 되어버렸다.

사실 그의 행동에 더 놀란 건 자신이었다. 자신도 그렇게까지 김 과장을 심하게 다그칠 줄 몰랐다. 대리, 과장 시절 비인격적인 언사를 하는 상사들을 볼 때마다 얼마나 한심하게 생각했던가. '일만 잘한다고 다 상사인가?' 그렇게 속으로 비꼬았었는데 자신도 똑같다는 걸 증명한 셈이었다. 며칠을 고민하다 지금은 은퇴한, 예전의 존경했던 상사를 찾아갔다. 힘들 때마다 가끔씩 찾았던 멘토였다. 그의 얘기를 다 들은 멘토가 허허 웃더니 한마디 했다.

"일어날 일이 일어난 거야. 마음속 불안에 당한 거지. 나도 숱하게 당해서 잘 알아."

"불안요?"

"그래. 불안. 지나고 보니 마음을 다스린다는 게 사실은 불안을 컨트롤하는 것이더라고. 그거 쉽게 보다간 큰코다쳐."

옛 상사는 그를 위로하느라 이런저런 말을 했는데, 그중 또렷하게 기억나는 게 있었다. "불안을 없애려고 하지 말고 그냥 안고 가. 그게 나아. 대신 넘치지 않게 잘 컨트롤하고."

생각해보니 자신은 완전히 다른 생각을 갖고 있었다. 불안은 약한 사람이나 갖는 거라고 여겼다. 그래서 어떻게든 마음에 불안이 들어서지 않도록 애를 썼다. 자신도 모르게 불안해지면 무슨 수를 써서라도 지워버리려 했다. 조그마한 불안이라도 있어서는 안 된다고 생각했다. 그런데 그렇게 쫓아낸다고 어디로 사라지는 게 아니었다. 마음 어딘가에 쌓여 있다 김 과장이라는 도화선이 생기자 폭발해버렸다.

지위 고하를 막론하고 문제가 되는 리더십을 들춰보면 마음 깊은 곳에 똬리를 튼 불안이 있을 때가 많다. 당사자도 모르게 그의 마음을 뒤덮고 있는, 그래서 나중에는 삶을 뒤덮게 되는 불안이 도사리고 있다. 본인들은 대체로 인정하려 하지 않지만 이런 불안이 문제를 만들어낸다. 외관상으로는 잘못된 판단이나 의사결정으로 나타나지만 이걸 만들어낸 원인은 따로 있다. 그래서 나름대로 내가 내린 결론이 있다.

'조직을 이끄는 역할의 뒷면은 불안이다.'

왜 그럴까? 리더에게는 조직 관리도 중요하지만, 사실 이보다 더 본질적인 역할이 있다. 불확실성 가득한 세상 속으로 들어가 성과를 만드는 것이다. 전투에 나선 지휘관이 부하들을 이끌고 생사를 알 수 없는 적진으로 진격해 승리를 이루어내야 하듯, 조직의 리더는 불확실성 가득한 시장이라는 전쟁터로 나아가 성과를 만들어내야 한다. 언제 어디서 무슨 일이 일어날지 모르는, 더 나아가 생사가 왔다 갔다 하는 상황에 뛰어드는데 불안하지 않을 수 있을까? 그래서 리더십의 절반은 이 불안과의 싸움이라고 해도 과언이 아니다. 적진이나 시장의 불확실성과 싸우기 전에 리더는 그 불확실성에서 생겨나는, 그래서 마음을 흔드는 불안과 먼저 싸워야 한다. 이 불안을 이겨내야 상대를 이길 수 있다. 불안에 휘둘리고 쫓기는 사람이 어떻게 상대를 이길 수 있겠는가.

네덜란드 여왕의 폭풍 전야 자전거 타기

언젠가 TV에서 흥미로운 장면을 본 적이 있다. 네덜란드는 영국처럼 입헌군주제를 채택하고 있는데, 예전 네덜란드 여왕은 폭풍이 몰려온다고 할 때마다 특이한 모습으로 뉴스에 나타나곤 했다. 고무장화를 신고 댐 위에서 자전거를 탔다. 폭풍 전야의 자전거 타기, 여왕만이 누릴 수 있는 독특한 취미였을까? 그래서 현지 뉴스들이 그런 여왕을 계속 방송에 내보내고 있었을까?

그게 아니었다. '자, 이럴 정도로 댐이 안전하니 여러분도 안심하라'고 국민들에게 보내는 메시지였다. 알다시피 네덜란드는 땅이 낮아 북해의 차디찬 바닷물이 언제든 덮칠 수 있고, 이걸 잘 아는 국민들의 마음엔 불안감이 팽배해 있다. 폭풍이 몰려오면 말할 필요도 없다. 그런 국민들에게 여왕이 나서 괜찮다는 신호를 보낸 것이다. '나는 이렇게 자전거도 타지 않느냐'고 하면서 말이다.

여왕은 무섭지 않았을까? 콧노래를 부르며 스릴을 즐겼을까? 아마 여왕도 내키지 않았을 것이다. 하지만 그렇게 했다. 왜냐? 그래야 하는 자리에 있었기 때문이다.

2차 대전 때 영국을 이끌었던 처칠 총리는 나중에 자신이 우울증을 앓았다는 걸 밝혀 큰 화제가 됐다. 불도그처럼 생긴 데다 고집 세고 큰소리 잘 쳤던 그가 우울증이라니. 그의 이미지를 생각하면 얼핏 이해가 안 될 정도지만 우울증을 '블랙 도그(검은 개)'라고 지칭한 걸 보면 상당히 고생했던 듯하다. 그는 블랙 도그가 자신의 삶에 지독하게 달라붙어 짓눌렀다고 했다. 처칠조차도 평생 불안에 시달렸다는 얘기다.

거친 파도가 이는 북해와 맞닿은 네덜란드가 그 바닷물을 잘 관리해야 하는 것처럼, 그 네덜란드 여왕이 불안을 이기고 자신의 역할을 잘 수행했던 것처럼 리더들 또한 그래야 한다. 언제나 마음속에서 넘실대는, 그러다 날씨가 나빠지면 거친 파도를 일으키고, 때로는 폭풍우를 몰고 와 진을 빼놓곤 하는 불안을 잘 관리해야 한다. 불안 가득한 뒷면을 잘 관리해야 리더십이라는 앞면이 빛난다. 그러려면 불안을 인정해야 한다. 그래야 불안을 제대로 볼 수 있고 제대로 대처할 수 있다. 불안을 제대로 컨트롤하지 못하면 불안은 넘치는 바다처럼 우리의 삶을 흔든다.

불안이 마음을 장악하면 앞에서 언급했던 것처럼 생존 본능(변연계)이 앞으로 나서 이성(전전두엽)보다 앞서 모든 일을 처리하기 시작한다. 사소한 일에 신경을 곤두세우고 벌컥벌컥 화를 낸다. 상황에 상관없이 무조건 자기 보호에 나서는 것이다.

본능은 내일보다 오늘을 우선한다. 당장 발등에 떨어진 불에 집중한다. 나의 생존을 가장 먼저 도모한다. 일이 생각대로 안 된다 싶으면 조바심을 내고 짜증을 내고 화를 낸다. 그렇게 후회할 일을 스스로 만든다. 스스로 무너지기 시작한다. 많은 이들이 자신의 마음을 잘 안다고 생각한다. 그러다 박 팀장처럼 후회막급한 일을 저지른다. 하지만 어쩌다 우발적으로 일어난 일로 치부한다. '절대 그러지 말아야지' 하면서 꾹 참다가 또 어느 순간 자기도 모르게 욱 터트리고 만다. 마음속 불안을 제대로 보지 않고 알지 못한 탓이다.

내 몸을 내가 모르고 의사가 더 잘 알듯 내 마음도 그럴 수 있다. 내 몸을 항상 관심 있게 지켜보면 의사만큼 잘 알게 되듯 마음도 마찬가지다. 리더십의 뒷면인 불안을 어떻게 대해야 하는지, 좋지 않은 행동으로 나타나려 할 때는 또 어떻게 해야 할지 스스로 배워야 한다.

왜 열심히 일할수록 혼자가 되지?

불안에 대해 알아야 할 두 번째는 마음을 흐트러트리고 결국은 삶을 무너뜨리는 불안이 어디서 시작되는가 하는 것이다. 세상 모든 것에는 시작이 있다. 불안도 마찬가지다.

대기업의 한 팀장은 무슨 일을 할 때마다 꼬치꼬치 묻는 상사에게 "그렇게 저를 믿지 못하면 직접 해보시든가요"라고 했다가 징계 직전까지 갔다. 그도 앞의 박 팀장처럼 자신이 한 말에 자신이 더 놀랐다. 충격을 받고 상담을 받았는데 나중에 알고 보니 어릴 적 아버지가 심장마비로 돌아가시는 걸 눈앞에서 본 것이 마음속에 똬리를 틀고 있었다. 누군가 자신을 누른다 싶으면 숨이 막혔고 자신도 아버지처럼 그렇게 될까 봐 공격적으로 변했던 것이다. 이전에도 비슷한 일이 몇 번 있었지만 대수롭지 않게 넘겼는데 그게 크게 터지고 말았다. 나도 모르는 나를 알아야 하는 이유다.

마음속 불안을 이기지 못하고 휘둘리면서도 자신은 절대 그렇지 않다고 부정하는 이들에게는 공통점이 있다. 자신에 대한 공격에 아주 예민하다.

"그게 아니다." "그러면 안 된다." "다시 잘 생각해봐."

이런 말을 못 견뎌 한다. 자신을 부정하는 것처럼 들리기 때문이다. 자기 부정은 인간이 가장 싫어하는 것이기도 하지만 이들은 지나치게 예민하다. 상사에게 이런 말을 들으면 혼자 '끙탕'을 하고, 동료나 부하에게서 들으면 당장 그들을 적으로 설정한다. 이런 사람에게 한 번 '찍힌' 동료나 부하들은 그걸로 끝이다. 이들은 자신이 잘못했다는 걸 인정하지 않기에 머리에 한 번 입력되면 바뀌지 않는다.

묘한 건 이런 이들일수록 다른 사람들에게, 특히 부하들에게 자신이 듣기 싫어하는 말을 한다는 것이다.

"그러면 안 되지!"

"이게 뭐야? 다시 잘 생각해봐."

자신이 옳고 상대는 틀리는 것으로 자신의 존재를 정당화시킨다.

이런 불안은 당사자를 일중독으로 몰고 가는 경향이 있다. 불안에 등 떠밀려 일중독이 되어가는 이들의 가장 큰 특징은 실수에 정도 이상으로 민감하다는 것이다. 무능의 증거로 여겨 어떻게든 실수하지 않으려고 애를 쓴다.

부하들에게 일을 시키면 시간이 걸리고 실수할 테니 '내가 하고 말지'라고 하며 스스로 일을 떠맡는다. 스트레스가 쌓이지만 어쩔 수 없다고 치부한다. 모름지기 성공은 바쁨에서 생기는 거라고 스스로를 다그친다. 바쁠 땐 불안하지 않기 때문이다. 일이 없으면 마음이 불편해지기에 항상 일을 만든다. 팀원들이 놀고 있는 걸 눈 뜨고 못 본다. 특히 일이 계획대로 진행되지 않으면 초조해하며 부하들을 어지간히 닦달한다.

상사가 내린 지시에 토를 다는 건 무능력자나 하는 것, 그래서 위에서 내린 지시를 무조건 가져온다. 팀원들도 자신에게 그렇게 하기를 바란다. 원성이 자자한데도 아랑곳하지 않는다. 다들 못마땅해한다는 걸 알기에 어떻게든 팀을 주도적으로 이끌어야 한다고 생각한다. 물론 본인만 그걸 주도적이라고 생각하지만 말이다. 팀원이 뭐라고 말 좀 하려고 하면 "시키는 거나 잘하라"고 눌러버린다. 입도 뻥긋 못 하게 한다.

일에 대해서는 혹시 모르니 자꾸 반복해서 점검하고 또 확인한다. 부하들을 믿을 수 없으니 항상 자신의 눈으로 확인해야 직성이 풀린다. 당연히 시간이 모자란다. 늦게까지 일하고, 집에서도 일한다. 그러다 보니 회사에서도 집에서도 높아지는 불만을 이해할 수 없다. 아니 이렇게 뼈 빠지게 회사를 위해, 가족을 위해 일하는데 왜 인정해주지 않지? 내가 누구 때문에 이렇게 고생하는데?

다들 자신을 알아주지 않으니 자신도 그럴 수밖에 없다며 주변 사람들을 도와주지 않는다. 냉담해진다. 가는 게 없으니 오는 것도 없다. 그 자신도 도움을 받지 못한다. 그래 그렇게 한다 이거지? 그래서 다짐하고 결심한다. 내가 더 높은 자리에 있으면 날 이렇게 대하지 않겠지?

모든 걸 자신이 힘이 없어서 그런 거라고 생각한다. 그렇게 자연스럽게 목표 하나를 만든다. 승진해서 더 큰 힘을 갖는 것. 모든 생각과 생활을 승진에 쏟아붓는다.

모든 걸 혼자 하다 보니 하루 종일 혼자 바쁘고 애가 닳는다. 저녁이면 녹초가 된다. 어제도, 오늘도, 내일도, 그리고 그다음 날도.

악순환을 만드는 '자가 증폭'

이들은 자신이 이 모든 상황의 상당 부분을 스스로 만들어내고 있다는 사실을 모른다. 원인 중 하나는 '자가(自家) 증폭'이다.

'실수하면 무능하다고 생각하겠지?' '이런 걸 하면 소심하다고 비웃겠지?' '나를 이렇게 대하는 걸 보니 나를 싫어하는 게 틀림

없어.'

이런 부정적인 생각을 혼자서 '스스로 피드백' 하며 키운다. 남들은 별로 신경 쓰지도 않는, 그럴 수도 있다고 생각하는 실수를 혼자 무한히 키워 무능의 소치로 만들고, 상사가 개인적인 일로 굳은 표정을 하고 있던 걸 자신을 싫어하는 것으로 해석한다. '그러고 보니 저번에도⋯' 하는 식으로 말이다. 불안이 부정적인 생각을 만들어내고, 부정적인 생각이 또 다른 불안을 만들어낸다.

하나라도 실수하면 안 되고 무능하게 보여서는 안 되니 '절대', '완전히', '모두'라는 단어를 입에 달고 산다. 중요한 일에 완벽을 기해야 하는데, 모든 일에 완벽하려고 집착한다.

다행히 인정을 받아 승진해 원하는 자리에 앉기도 한다. 모든 걸 해결해줄 거라고 믿었던 그 자리에 말이다. 하지만 곧 알게 된다. 그 자리가 모든 걸 해결해주지 않는다는 걸. 더 큰 힘이 필요하다는 걸. 그래서 다시 목표를 설정할 수밖에 없다. 더 큰 힘을 가져야 한다고 말이다. 그렇게 고통스러운 쳇바퀴 같은 악순환의 굴레 속으로 스스로 들어간다. 벗어나는 방법이 없을까?

일이 손에
잡히지 않고
마음이 어지러울 때

　　재미있는 연구가 있다. 영국 리버풀 대학 연구
팀이 개를 키우고 있는 사람과 키우고 있지 않는 사람 694명을 대
상으로 개에게 물리는 이유를 탐문했다. 그런데 유난히 개에게 잘
물리는 사람이 있었다. 심리적으로 불안하고 신경질적인 사람일
수록 개들에게서 공격을 많이 받았다. 왜 그랬을까?

　개들의 세상에서는 힘이 전부다. 그러니 상대가 공격적으로 나
올 땐 둘 중 하나를 선택해야 한다. 싸우든가 도망치든가. 하지만
도망쳐야 하는데 그럴 시간이 없을 땐 어떻게 해야 할까? 막다른
골목 상황이라면 먼저 공격한다. 공격이 최선의 방어인 까닭이다.

　개들이 불안하고 신경질적인 사람을 잘 무는 이유도 여기에 있

다. 녀석들은 이런 행동을 공격의 전조로 여긴다. 그래서 미리 공격한다. 또 다른 많은 연구에 의하면 주인이 심리적으로 불안정한 성향이 있으면 개도 그렇게 된다. 불안에 전염된다(주인이 자기 역할을 못 하면 주인을 물기도 한다. 개들의 사회에서는 대장이 자기 역할을 못 하면 대장에게 도전해 그 자리를 차지하는 게 당연하기 때문이다).

우리가 여기서 눈여겨봐야 할 게 있다. 불안이 당사자를 공격적으로 만든다는 사실이다. 처음에는 두드러지지 않더라도 결국 강화되면서 나타난다(개들은 몸짓으로 의사소통을 하기에 우리가 느끼지 못하는 미세한 몸짓에서 그걸 읽는다).

예를 들어 리더의 공격 성향이 강해질수록 상사와 부하의 관계는 가해자와 피해자가 되기 십상이다. 이 정도까지 가지 않더라도 소 닭 보듯 하는 사이가 된다. 이러면 구성원들의 행동이 소극적, 수동적이 되기 마련인데 이게 또 리더에게는 공격 성향을 높이는 재료가 된다. 리더와 구성원, 조직 모두에게 손해다. 불안을 처리하고 대응하는 방법을 알아야 하는 이유다.

일단 그 상황을 벗어나라

요즘처럼 경기가 바닥이 되면 불안이 한 번씩 마음을 확 휘젓는 일이 많아진다. 까마득하게 높은 절벽 끝에 선 것 같은 느낌이 들기도 하고 한없이 졸아드는 마음에 뭘 어떻게 해야 할지 종잡을 수 없을 때도 있다. 때로는 정전이 된

듯 앞이 캄캄한 건지 막막한 건지 모르게 되기도 한다. 먹구름 같은 불길한 생각들이 스멀스멀 가슴을 꽉 채워 답답해진다. 머리를 흔들어 털어내려 해도 어느새 또 그 생각을 하고 있다.

나날이 한숨만 늘고 잠도 설친다. 문득 잠에서 깨면 이런저런 생각이 꼬리에 꼬리를 물고 이어져 다시 잠들 수가 없다.

"이거 영업 3팀에서 해보는 게 어때?"

며칠 전 사장이 던진 말 한마디가 바윗돌처럼 가슴을 짓누른다. 지금 하는 일만으로도 버거운데 그 어려운 일을 도대체 어떻게 하라는 건가 싶다. "일단 해보라"고 하니 들고 나오긴 했는데 암담하다. 과장들에게 말했더니 다들 한숨만 쉰다. 그걸 왜 가져왔느냐는 거다.

'왜 하필 나에게 맡겼을까? 나가라는 건가? 나가면 뭘 하지?'

며칠 전 본 매출 수치가 하루 24시간 뇌리를 맴돈다. 아무리 경기가 안 좋다 해도 너무 떨어진다. 어떻게 해야 할지 대책이 안 선다. 어제는 늪 속에 빠진 듯 기분이 까라지더니 오늘은 막막한 들판에 혼자 서 있는 것 같다. 뭔가를 해야 할 것 같은데 뭘 해야 할지 몰라 미칠 것 같다.

이럴 땐 어떻게 하는 게 좋을까?

당장 자리에서 일어나는 게 좋다. 일어나서 좀 더 넓은 곳으로, 가능하면 탁 트인 전망이 있는 곳으로 가서 그런 곳에 시선을 두는 게 좋다. 눈이 탁 트이면 숨이 트이고 마음도 트인다. 눈이 넓어지면서 마음도 넓어진다. 우리는 정신이 몸을 움직인다고만 생각하는데 최근 뇌과학 연구에서 나타나듯 몸도 정신을 움직인다.

많은 연구에 의하면 자연경관을 보는 것만으로도 스트레스와 정신적 피로가 해소된다. 회복 속도도 빨라진다. 숲이나 공원 같은 자연 속으로 들어가면 말할 필요도 없다. 긴장을 완화시켜주고 세로토닌 분비를 촉진, 우울함을 가시게 한다. 도파민을 통해 가벼운 흥분이 일어나기도 한다. 식물이 자기 보호를 위해 만든 피톤치드는 원래 세균을 죽이는 용도이지만 우리 마음의 세균 같은 불안에도 효과가 있다. 숲속을 산책하면서 눈길을 끄는 나뭇잎이나 새의 깃털, 나뭇조각 같은 걸 줍거나 휴대폰으로 사진을 찍으면 자신도 모르게 기분전환이 된다. 일명 '채집 황홀'이라는 행동이다(박물학자인 에마 미첼이《야생의 위로》에서 소개한 방법이다).

이런 것들이 효과가 있는 건 우리 몸이 진화적 유산인 까닭이다. '호모'로 시작하는 인류의 여정은 200만~300만 년쯤 되는데 이 중 최근 1만 년 정도만 농경 생활과 정착 생활을 했을 뿐, 나머지 99%의 시간 동안 우리는 수렵·채집 활동으로 살았다. 그래서 우리 몸은 지금도 자연을 고향으로 여긴다. 고향에 가면 안정이 되듯 자연에서도 그렇다. 또 다른 연구에 따르면 주변 경관에 새가 있으면 우울증에도 효과가 있다고 한다. 자신이 좋아하는 취미에 몰두하는 것도 마찬가지다.

일이 손에 잡히지 않는다 싶거나 마음이 어지럽다 싶을 때 혼자 조용한 곳에 앉아 자신의 숨소리를 들어보라. 예상외로 숨이 거칠고 불규칙적일 것이다. 이럴 때에는 물론이고 평상시에도 가능하면 코로 숨 쉬는 게 좋다.

호흡에는 흉식 호흡과 복식 호흡이 있다. 흉식 호흡은 가슴으로 숨 쉬는 것이고 복식 호흡은 배로 숨 쉬는 것인데, 복식으로 호흡하면 숨(산소)을 더 깊게 들이마실 수 있어 정신을 맑게 할 수 있고 안정에도 도움이 된다.

다시 한번 강조하지만 불안 수치를 높이는 상황을 벗어나는 게 중요하다. 불안을 부채질하는 상황 안에 있으면 그 안에서 헤매게 되고 결국 매몰될 수 있다. 미로 같은 상황에서 벗어나 밖으로 나오게 되면 불안을 야기하는 상황은 상황의 전부가 아니라 일부가 된다. 상황에 휩싸이는 게 아니라 상황을 볼 수 있게 된다.

왜 획기적인 아이디어들이 산책이나 샤워, 드라이브를 하는 도중 떠오를까? 상황을 벗어날수록 그 상황을 좀 더 객관적으로 볼 수 있기 때문일 것이다. 상황을 작은 걸로 만들어야 한다. 마음의 전부가 아니라 일부로 만들어야 한다.

상황 밖으로 나갈 수 없는 처지라면 마음만이라도 그렇게 해야 한다. 미국의 임상심리 전문가인 마거릿 워렌버그는 《나는 왜 늘 불안한가》라는 책에서 느리고 깊은 호흡과 함께 다음 방법을 권한다.

보기만 해도 기분이 좋아지는 휴가 때 찍은 사진이나 가족사진, 또는 자신이 좋아하는 물건들을 옆에 두고 거기로 시선을 옮기는 것, 눈을 감고 즐거웠던 경험을 떠올리거나 명상을 하는 것 등이다. 읽으면 마음이 진정되는 책들을 가까운 곳에 비치해 놓는 것도

좋다. 헝클어지고 흐트러지기 쉬운 마음을 다잡는 데 도움이 된다
(화를 냈을 때도 마찬가지다. 해야 할 말만 간단히 하고 빨리 그곳을 벗어
나는 게 좋다).

40, 50대에 쓰러지는 이들의 특징

물론 이런 것들로 불안을
없앨 수는 없다. 단기적인 처방인 까닭이다. 좀 더 좋은 건 마음 어
딘가에 있는 불안을 밖으로 꺼내는 것이다. 크게 세 가지 방법이
있다.

첫 번째는 큰소리를 내며 할 수 있는 격한 운동이다. 어느 정도
시원함을 맛볼 수 있다.

두 번째는 누군가에게 말하는 것이다. 누누이 말해온 것처럼 고
민이나 불안은 마음에서 꺼내기만 해도 상당 부분 사라진다. 하소
연을 하면 마음이 개운해지듯 불안을 털어내면 마음이 한결 가벼
워진다.

문제는 속마음을 털어놓을 사람이 없다는 것이다. 누구에게 한
단 말인가? 리더들이 조직(구성원)에게 절대 보이면 안 되는 것들
이 초라한 모습, 자신 없어 하는 모습, 불안한 모습인데 말이다(리
더를 따르려는 마음이 사라진다. 능력이 없다는 증거이기 때문이다). 친
구나 배우자들이라 해도 어느 이상은 힘들다. '또 그 얘기?'라는
표정을 자기들도 모르게 짓는다.

그래서 필요한 게 마음이 통하는 사람이다. 가능하면 일찌감치 이런 사람을 만들어두는 게 좋다. 한 대기업 임원은 나이 40세가 넘어 새로운 친구를 사귀었다. 우연하게 얼굴 정도만 아는 초등학교 동창을 만났는데 마음이 가더라는 것이다. 비슷한 경험을 한 옛 상사에게서 들은 얘기가 있어 곧바로 다가가지 않고 3년 넘게 정성을 기울였다. 혹여나 마음을 다치는 일이 없도록 말이다.

업종은 달라도 조직을 이끄는 일이라는 게 비슷해서 그런지 서로 잘 통했다. 가끔 만나 술 한잔하며 수다 떨고 잡담하는 것으로 하소연했다. 이것이 전부는 아니었겠지만 어쨌든 덕분에 CEO까지 무난하게 올라갔다(아마 앞으로는 인공지능이 이런 대화 파트너 역할을 하게 될지도 모른다. 무슨 말을 해도 지겨워하지 않고 다 받아주니 말이다).

하지만 아무리 운동을 하고 친한 이와 얘기를 나눈다 해도 한계가 있다. 그래서 필요한 게 스스로 꺼내는 것이다. 어렵지 않다. 마음이 심란해지면 혼자 조용한 곳에 앉아 A4 용지 같은 백지에 나를 불안하게 하는 것을 써보는 것이다. 솔직하고 자세하게 쓸수록 좋다. 두 가지 효과를 볼 수 있다. 일단 다 꺼내면 마음과 머리가 홀가분해진다. 또 꺼내 놓으면 사안이 명확해진다. 그리 대단한 게 아닌데 괜히 끙끙거리면서 불안을 키워왔다는 걸 알 때가 많다. 심리학에서는 이걸 개념화라고 한다. 공부가 그렇듯 개념을 알면 처리가 한결 쉬워진다. 어렵지는 않지만 귀찮은 게 흠이다. 명상을 통해 자신의 마음을 꺼내 보는 방법도 있다.

한창 잘나가던 40, 50대 중견 리더들 중 갑작스럽게 세상을 떠나는 이들을 보면 이런 마음 비우기를 하지 못해 비극을 맞는 일이 많다. 쓸데없는 걸 마음에서 자꾸 꺼내고 비워 마음의 압박을 줄여주어야 하는데 그러지 못한 탓에 눌리고 마는 것이다. 그래서 필요한 게 예방책이다. 무엇이 불안을 만들어내고 있는지 알아서, 그것이 마음에 자리 잡지 않도록 하는 것이다. 치료보다는 예방이 낫기 때문이다.

게으른 것도 능력일 수 있다

　　　　　　　　　　　　　　　　　유치원에 다니기 시작한 아이가 또래와 잘 어울리지 못한다는 말을 들은 엄마가 아이와 함께 의사를 찾았다. 그렇지 않아도 말이 어눌한 아이라 이참에 제대로 알아보는 게 좋겠다 싶었다.

　아니나 다를까. 치료를 받아야 한다는 진단이 나왔다. 세상에, 어린아이가 치료를 받아야 하다니. 이렇게 생각했다면 잘못 짚었다. 치료를 받아야 할 사람은 엄마였다.

　늦은 나이에 겨우 얻은 하나밖에 없는 아이가 잘못되면 어쩌나 싶어 안달복달했고, 그런 엄마의 분리불안 때문에 아이의 발달장애가 시작됐기 때문이다. 그냥 그러려니 하고 놔두고 지켜보는 인내가 필요했는데 그러지 못하고 하나라도 잘못되지 않도록 하려 하다 보니 더 잘못된 결과를 만들고 말았다. 아이는 엄마가 불안해하면 더 불안해하는데 그걸 몰랐다. 그녀는 자신이 불안을 만들어 내고 있다는 걸 몰랐다.

리더들도 마찬가지다. 일을 잘했으니 승진했고 그래서 리더가 된 이들은 왜 이렇게 일이 지지부진한지(복장 터진다!), 서투르고 실수하는지(도대체 몇 번을 말해야 하지?) 알다가도 모를 일을 겪게 된다. 참지 못한다. 리더가 됐으니 실수하지 않아야 한다는 압박까지 더해지면 화내는 일이 일상이 되거나 '내가 하고 말지'라는 수렁에 빠진다. 그렇지 않으면 일 잘하는 사람에게 몰아줘 그를 허덕거리게 한다. 이 역시 분리불안의 일종이다.

걸으려 하는 아이가 엎어지고 깨지는 걸 지켜보고 있어야 좋은 엄마이듯 리더는 구성원이 그러는 걸 견딜 수 있어야 한다. '절대' 실수하지 말아야 하고, '모두' 이렇게 해야 한다는 굴레를 스스로 짊어지지 말아야 한다. 하려는 일이 잘 안 될 수도 있다고 생각하고 누구든 실수할 수 있다고 생각해야 한다.

갈수록 알게 되지만 우리가 살아가는 세상에서 정상적이란 아무런 일도 일어나지 않는 게 아니다. 언제든 무슨 일이든 일어날 수 있는 게 정상이다. 완벽을 지향하되 완벽에 집착해서는 안 된다. 그래야 충격이 덜하고 대처할 수 있다.

가끔 게으른 이들이 리더가 되면 의외로 역할을 잘 수행하는 이유가 여기에 있다. 그들은 자신의 손으로 성과를 만들어내는 일, 그러니까 리더가 하지 말아야 할 일에 게으르다.

욕먹을 줄 알라

우리는 보통 뭔가를 함으로써 불안을 줄이려 한다. 자꾸 일을 만든다. 성과가 아니라 일을 만드는 것에 집중하니 날마다 바쁜데도 되는 일이 없고 성과도 없다. 당연히 갈수록 불안해진다.

능력 있는 리더가 되려면 반대로 해야 한다. 이전까지 해왔던, 자신의 손으로 성과를 내는 일에서 상당 부분 손을 떼야 한다. 손이 근질거리고 속이 터져 하루에도 열두 번씩 목젖을 치고 올라오는 뜨거운 불기둥을 참아야 한다. 대신 어떤 일을 누구에게 어떻게 시켜야 할지, 누구의 어떤 능력을 어디에 사용할지 아는 능력을 기르는 데 집중해야 한다. 리더는 효과적으로 일을 시키는 사람이니 항상 궁리해서 전문가가 되어야 한다. 잘 시킬 줄 알아야 더 많은 사람에게 일을 시킬 수 있고, 더 큰일을 할 수 있다. 수많은 리더들을 봐왔지만 이런 능력을 선천적으로 타고 태어나는 사람은 없었다. 궁리하고 애쓰고 경험한 만큼 능력이 생겨난다.

무엇보다 필요한 건 욕먹을 줄 알아야 한다는 것이다. 일 잘해서 승진하고 리더가 된 이들은 칭찬에 익숙하기에 항상 칭찬(인정) 받으려 한다. 하지만 내가 직접 하지 않고 사람을 시켜서 하는 일을 다 잘할 수는 없다. 주력해야 할 일과 덜 해도 되는 일을 구분한 다음, 주력해야 할 일에서는 인정을 받고, 덜 해도 되는 일에서는 욕먹을 줄 아는, 선택과 집중의 용기가 필요하다. 미국의 철학자 윌리엄 제이스가 했다는 말 그대로다.

"현명하다는 건 무엇을 무시해야 하는지 아는 것이다."

좋은 평판만 들으려 하면 되레 반대되는 일이 벌어지기 십상이다. 마음 약한 걸 착한 것으로 자신을 호도해서는 안 된다. 욕먹기로 작정한 일에서 욕을 먹으면 뒷맛은 개운치 않아도 불안하지는 않다.

서투른 부하의 능력을 키워주는 것도 그렇다. 그를 대신해 욕먹을 줄 알고, 그렇게 성장을 시켜주어야 리더다. 이렇게 먹는 욕을 귓등으로 넘길 줄 알아야 내 편, 내 사람이 만들어진다. 좋은 평판 들으려고 혼자 일 다 하고, 혼자 깨끗한 사람은 결국 혼자 남게 된다.

쉬는 것도 능력이다

또 하나, 생각 이상으로 필요한 게 쉬는 능력이다. 이걸 능력이라고 한 건 위로 올라갈수록 잘 쉬는 게 분명한 능력이 되는 까닭이다. 사원 직급에서 휴식이란 단순히 일하지 않는 것일 때가 많지만 리더에게는 휴식도 일이다. 일부러 시간 내서 쉬지 않으면 쉴 수 없을 때가 많기 때문이다.

인간의 인지능력은 한계가 있기에 쉬어야 일할 수 있다. 인지능력을 많이 써야 하는 리더는 더 그렇다. 쉴 줄 모르는 사람은 시간이 나면 뭘 어떻게 해야 할지 모른다. 잠자고 놀이공원 가는 것 같은 남들이 하는 것만 한다. 그리 재미있지 않으니 그러는 동안 머리가 계속 돌아간다. 도랑에 빠진 바퀴처럼 헛돈다. 헛돌수록 더 깊이 빠지고 타이어까지 마모되듯 마음도 닳고 닳는다. 불안에 취약한 마음이 된다.

너무 심하게 일하지 않아야 하고, 억지로라도 쉴 줄 알아야 한다. 정원 가꾸기처럼 뭔가를 열심히 하는 것도 휴식이 될 수 있다. 이런 걸 초보 리더 때부터 부지런히 발굴해놔야 갈수록 지치는 마음을 재충전할 수 있다.

꼭 이런 자연이 아니더라도 그곳에만 가면 마음이 편해지고 힐링이 되는, 일명 나만의 장소를 개발하는 사람들은 월요일이 다르다. 넘어져도 다시 일어나는 시간이 짧다. 회복탄력성이 좋다. 여기서 얻게 되는 느긋함으로 정도 이상으로 예민해지는 마음을 다잡고 언제나 새로운 마음으로 일을 시작한다.

어디서나
환영받는
팀장의 조건

미국 뉴욕과 영국의 런던은 둘 다 세계적인 도시다. 두 도시를 누비는 택시들도 비슷하다. 하지만 이 택시를 운전하는 이들의 수입은 하늘과 땅 차이다. 뉴욕의 택시 운전사들이 대체로 쪼들리는 생활을 하는 데 반해 런던의 택시 운전사들은 상당한 고소득자들이다. 우리로 치면 억대 연봉자들이 대부분이다. 무엇이 이런 차이를 만들까?

뉴욕에서 택시 운전을 하려면 운전면허를 따고 택시 회사에 들어가면 된다. 누구나 가능할 정도로 진입장벽이 낮다. 런던은 다르다. 런던의 면허시험은 고시라고 해도 과언이 아니다. 합격자들의 평균 준비 기간이 4~5년이나 된다. 물론 머리 싸매고 열심히 공부

해야 이 정도다. 시험이 어렵기 때문이다.

  이들이 풀어야 할 문제는 단순한 듯하지만 절대 쉽지 않다. 런던 시내의 지도와 교통 상황, 그리고 어떤 상황이 일어났을 때 목표 지점까지 어떻게 최단 거리를 갈 수 있느냐 하는 문제들을 풀어야 한다. 2만 5000여 개의 길거리와 2만여 곳의 건물을 암기하는 건 기본, 차가 막히고 비가 오는 것 같은 상황별 최단 거리를 줄줄 읊 어야 하니 책상 앞에만 있어서는 합격할 수 없다. 시내 구석구석을 발로 뛰며 런던 전체를 '부처님 손바닥'처럼 알고 있어야 한다. 그 래서 지식 시험(knowledge test)이라고 할 정도다. 한마디로 인 간 내비게이션이 되어야 한다.

  런던에서 택시를 타본 이들은 알겠지만 이곳 택시에는 내비게이 션이 없다. 운전사의 머릿속에 있다. 당연히 택시 숫자가 많지 않 고, 그러니 고소득자가 된다. 그런데 이들은 소득만 높은 게 아니 었다.

런던의 택시 운전사들은 뇌가 다르다?

                            런던대 학자들이 이 들의 뇌와, 같은 런던 시내를 다니는 버스 운전사의 뇌를 fMRI(기 능성 자기공명 영상장치)로 찍어 비교했다. 같은 공간에서 운전을 하 는 이들인데 차이가 있었을까?

  있었다. 두 직업군의 뇌는 확실히 달랐다. 특히 뇌 안쪽에 있는 해마의 크기가 달랐다. 택시 운전사들의 해마는 통계적으로 알아볼 수 있을 정도로 컸다. 해마는 우리가 날마다 보고 듣고 경험하는 것들을 일시적으로 저장하는 곳으로, 잊어버려도 될 기억(단기 기억)과 잊지 말아야 할 기억(장기 기억)을 분류하는 중요한 곳이다. 이곳이 손상되면 새로운 걸 기억할 수 없어 학습을 할 수 없다. 치매 증상이 해마의 손상으로 시작되는 이유다. 같은 런던 시내를 다니는데 왜 해마의 크기가 다를까?

버스 운전사는 매일 같은 길을 다니기에 '오만 가지' 생각을 할 필요가 많지 않다. 어제 가던 길을 가면 된다. 반면 택시 운전사는 반대다. 정해진 경로가 아니라 날이면 날마다 다른 손님이 다른 상황을 만들어낸다. 항상 새로운 걸 기억하고 학습해야 한다. 그러니 근육이 그렇듯 해마가 커질 수밖에 없다. 어떻게 살아가느냐에 따라 뇌가 변한다는 말이다. 어쨌든 해마가 커지니 새로운 학습을 더 잘하게 되고, 더 잘하니 소득이 더 높아질 수 있다. 선순환하는 삶이다.

뉴욕에서는 쉽게 택시 운전석에 앉을 수 있지만, 바로 그렇기에 살아가는 게 쉽지 않다. 누구나 할 수 있으니 경쟁이 치열해 수입이 낮다. 물론 이들도 날이면 날마다 어떻게 하면 수입을 더 올릴 수 있을까를 고민한다. 도대체 이들은 얼마나 노력해야 노력 대비 최대의 수입(성과)을 만들어낼 수 있을까? 2017년 노벨 경제학상을 수상한 리처드 세일러 시카고대 교수팀이 이 문제를 풀어보려고 나선 적이 있었다.

우리는 보통 어떤 일을 어느 정도 해보면 그 일이 잘될지, 안 될지 알 수 있다. 택시 운전사들도 마찬가지다. 몇 시간 운행해보면 그날 '운수'를 알 수 있다. 이상하게 잘되는 날이 있고, 묘하게 안 되는 날이 있다.

이상하게 잘되는 날이면 어떻게 해야 할까? '물 들어올 때 노 저어야 하는' 것처럼 죽어라 뛰는 게 좋을 것이다. 반면 묘하게 앞 차에는 손님이 타는데, 바로 뒤에 있는 내 차에는 손님이 영 안 탄다면? 일진이 안 좋은 것이니 일찌감치 포기하는 게 나을 수 있다. 괜히 빈 차로 다녀봤자 속은 속대로 끓고 기름값만 더 들 것이니 이게 경제적일 것이다. 뉴욕의 택시 운전사들도 그럴까?

반대였다. 잘되는 날에는 일찌감치 퇴근했고, 안 되는 날은 늦은 시간까지 그날 벌이를 채우려고 안간힘을 썼다. 당연히 노력 대비 성과가 낮았다. 한 푼이라도 더 벌려고 애를 쓰는 그들이 왜 이렇게 비경제적인 행동을 할까?

그들의 목표가 그렇게 하게 하고 있었다. 그들은 하루에 얼마 정도를 벌어야 한다는 나름의 목표치가 있었는데 그걸 빨리 채우면 대체로 퇴근했고, 부족하면 채우려 했다. '하루 목표'에 충실했다. 그러다 보니 손님이 많을 때는 적게 일하고, 손님이 적을 때는 더 오래 일했다.

목표를 하루 일당이 아니라 좀 더 넓게, 그러니까 한 달이나 1년으로 한다면 일진이 좋은 날에는 더 뛰고, 안 좋으면 빨리 퇴근할 수 있을 것이다. 하지만 '하루 목표'에 묶여 있다 보니 그럴 수 없었다. 잘될 때는 기쁜 마음에 콧노래를 부르며 퇴근했지만, 손님이 없으면 목표를 채워야 하니 더 일해야 했고 기름값도 더 들어갔으며 몸은 몸대로 피곤에 절어야 했다. 노력은 많이 하는데 성과는 별로 안 나오는, 경제적이지 않는 삶을 살고 있었다.

벌이가 시원찮으니 휴식을 제대로 취할 수 없었고, 그러다 보니 건강이 안 좋아질 수도 있었다. 악순환의 굴레에 빠질 가능성이 높았다. 세일러 교수의 표현대로 '좁은 프레임(narrow framing)', 그러니까 단기적인 목표에 갇힌 결과였다. 2002년 노벨 경제학상을 수상한 대니얼 카너먼 역시 이 연구 결과에 대해 같은 해석을 내렸다. 살아가는 기준점이 되는 목표 설정이 만들어낸 결과라고 말이다.[1]

조직 생활도 이와 다르지 않다. 제도의 차이를 제외하더라도 누군가는 런던의 택시 운전사처럼 살고, 누군가는 뉴욕의 택시 운전사처럼 산다. 누군가는 분기별, 연간 목표를 미리미리 세우느라 어렵고 힘들게 시작하지만 그 덕분에 좋은 성과를 내는 반면, 누군가는 쉽게 시작하는 까닭에 날마다 발등에 떨어지는 불 끄기에 바쁜 날을 보낼 수 있다. 더 많은 노력을 하고도 더 적게 버는 뉴욕의 택시 운전사처럼 누구보다 열심히 살았는데 미흡한 성과만 손에 쥐게 될 수 있다.

런던의 택시 운전사처럼 선순환하는 삶을 살려면 어떻게 해야

---

1 대니얼 카너먼, 생각에 관한 생각, 이진원 옮김, 김영사, 2013년.

할까? 처음으로 단위 조직을 이끌게 된 초임 리더들에게 이건 중요하고도 필수적인 문제다. 기다리지 않아도 발등의 불로 떨어지니 말이다.

시작이 반? 시작이 전부다!

엄청난 무게의 쇳덩이에 수백 명의 사람을 태운 비행기는 운항 기간 중 이륙할 때 연료를 가장 많이 쓴다. 하늘로 떠오르기가 가장 힘들기 때문이다. 일단 날아오르기만 하면 수평으로 날아가기는 상대적으로 수월하다.

처음 맡은 조직을 이끌어가는 것도 마찬가지다. 어떻게 시작하느냐가 중요하다. 요즘처럼 말 많고 탈 많은 일들이 지뢰처럼 곳곳에 숨겨져 있는 상황에서는 '시작은 반'이 아니다. '시작은 거의 전부'다. 시작이 삐끗하면 1년 내내 고생하기 쉽다.

중요한 건 주도권이다. 주도권을 확실하게 잡고 시작해야 한다. 몰아치고 다그쳐서 '군기'를 잡으라는 게 아니다. 팀을 어떻게 운영할지, 분기별, 연간 목표와 방법은 어떠해야 할지 같은 밑그림을 제시해서 구성원들이 이걸 방향타로 삼도록 해야 한다. 하지만 낯선 조직에 처음 부임한 리더는 업무에 낯설어서 쉽지 않고, 내부 승진한 이들은 너무 익숙해 참신한 밑그림을 제시하기 힘들다. 특히 다른 조직에서 온 리더는 구성원이 저항하거나 "오신 지 얼마 안 되셔서 잘 모르시는 것 같은데…"라고 시작하는 텃세를 이겨낼 수 있어야 한다. 내부 승진한 이들은 축적된 친분에 걸려 넘어질 수 있다.

돌파구는 하나, 보이지 않는 준비밖에 없다. 환영과 축하 인사는 지나가는 봄바람으로 여기는 게 좋다. 중요한 건 축하가 아니라 1년 후 평가다. 나중에 조급해지지 않으려면 시작할 때 조바심을 가질 필요가 있다. 마치 우아한 백조가 물속에서는 쉴 새 없이 물질을 하듯 그렇게 보이지 않게 치열한 준비를 해야 한다. 허니문이 끝날 때쯤 구성원들의 머릿속에 '아, 우리 상사는 이런 걸 이렇게 하려는구나' 하는 인식이 자리 잡을 수 있도록 말이다. 그래야 그들도 준비를 한다. 산으로 간다면 산행에 필요한 것을 준비할 것이고, 바다로 간다면 항해에 필요한 것을 스스로 준비할 것이다. 갑자기 산으로 가거나, 바다로 가면 불평불만이 나오기 쉽고 갈등이 생긴다. 비행기를 띄우듯 좋은 시작에 총력을 다 해야 한다.

시작이 좋지 못하면 일이 제대로 진행되지 않을 것이고, 마음이 급해진 상사는 날마다 같은 소리를 되풀이할 것이다. 좋은 말도 세 번 들으면 잔소리가 되는 세상의 법칙에 따라 팀원들은 귀를 막게 될 것이고, 상사는 몇 번씩 강조했는데도 뭐 하나 변한 게 없는 팀원들 때문에 속이 터질 것이다. 같은 사무실에 있는데도 마음의 거리가 점점 멀어질 것이고, 그러다 무슨 일이 생기면 본의 아니게 속에 있는 불편한 마음이 삐죽 튀어나와 가시처럼 상대를 찌를 것이다. 그러면 또 그게 상처가 되어 그렇지 않아도 냉랭한 분위기가 삭막해질 것이다.

사실 살아가는 모든 일들이 그렇다. 봄이 오기 시작할 때 나무와 풀들은 마치 비행기가 이륙하는 것처럼 자신들의 에너지를 풀가동한다. 스타트가 늦으면 싹을 틔울 공간을 갖지 못하게 되고 다른 나무와 풀들의 그늘에 가리면 싹을 틔운다 해도 어느 이상 자랄 수 없으니 시작에 전력을 기울인다. 런던의 택시 운전사처럼 어려운 시작을 이겨내는 나무와 풀들만이 좋은 봄날을 맞이할 수 있다.

유능한 '십장'의 제1조건

우리는 누구나 좋은 사람이라는 평판을 듣고 싶어 한다. 마침 승진도 했겠다, 권한도 많아졌겠다 해서 '좋은 사람'이라는 프레임을 내세우고 싶은 유혹이 부지불식간에 찾아올 것이다. 결론부터 말하면 지극히 위험하다.

이래도 좋고 저래도 좋은 식으로 넘어가는 일이 몇 번 이어지면 조직은 이걸 금방 학습, 상사를 대하는 기준으로 삼는다. 그러다 이 기준점과 거리가 먼 행동을 하면 다들 서운해한다. 상사 입장에서 해야 할 일을 '제대로' 하는 것인데도 '자기 자리를 지키려고 냉정하게 군다', '승진하더니 변했다'고 한다. '상사=봄 같은 사람'으로 알고 있는데 갑자기 겨울처럼 하니 그들로서는 당연한 반응이다.

무엇보다 '좋은 사람' 포지셔닝은 실적에 안 좋다. 실적은 안간힘을 써도 나올까 말까 하는 것인데, 상사의 '인간적인 정'이 지속

되면 다들 여기에 기대어 적당히 넘어가려는 마음이 커진다. 특히 '마음씨 좋은 사람'으로 포지셔닝하는 건 큰코다치는 정도가 아니라 자기 발등을 찍는 결과를 만든다(비인간적으로 행동하라는 게 아니다. 인기와 인간적인 건 다른 문제다). 앞에서 말했듯 같은 방법이라도 처음엔 약간 엄격하게, 그다음엔 후하게 하는 전략이 낫다. 엄격함 속의 '따뜻함'이 훨씬 돋보인다.

막노동 현장에서 일하는 사람들은 반장을 보통 '십장'이라고 부른다. 이들이 꼽는 유능한 십장의 제1조건은 하나다. 일 잘 따오고 그날 일이 끝날 때 정확하게 일당을 주는 거다. 그렇기만 하면 어느 정도 '성질이 더러워도' 넘어간다.

조직은 결국 결과로 상사를 평가한다. 아무리 좋은 사람으로 여겨진다 해도 실적이 저조해 꼴찌팀이 되고 연말 보너스가 사라지면 조직이 탓할 사람은 정해져 있다. 인기는 원인이 아니라 결과여야 한다. 인기를 위해 뭔가를 하는 게 아니라 뭔가를 한 결과가 인기여야 한다. 인기는 설탕처럼 달콤하기는 하지만 영양가가 없다.

'좋은 사람'이 되고 싶은 상사들은 의도를 강조한다. 자신이 좋은 의도를 가졌다는 걸 자꾸 설명하려 한다. '좋은 상사'는 성과로 말한다. 이익집단인 조직에서 성과가 없는 리더는 의미가 없다. 선한 의도는 분명 의미가 있지만 성과가 좋아야 진짜 의미를 가질 수 있다.

조직에 어떻게 다가서야 할지, 어떤 사람으로 인식되어야 할지 미리 설정하는 게 좋다. 자신이 가진 기준을 먼저 명확하게 밝히는 것도 좋은 방법이다. 가만히 있다가 갑작스럽게 기준을 들이대면 불만스러워한다. 그게 제대로 된 기준이라 하더라도 말이다. 그래서 필요한 게 있다.

리더에게도 두 얼굴이 필요하다

현대그룹을 만든 정주영 전 회장이 그야말로 왕성하게 일하던 시절, 당시 과장을 지냈던 사람의 이야기다.

"어떤 일을 시키셨는데 너무 어려워서 시간 내에 다 하지 못했어요. 그랬더니 정말 그 많은 사람들 앞에서 벼락같이 호통을 치시는 겁니다. 얼마나 정신이 없던지 그곳을 어떻게 나왔는지도 몰랐어요. 어찌어찌 그 일을 끝내긴 했는데 그다음부터 별의별 생각이 다 드는 겁니다. 세상에, 회장님한테 그렇게 혼이 났으니 '나는 이제 끝이구나' 날마다 이런 생각만 드니 일이 손에 잡히겠어요?

그러고 있는데 어느 날 전화가 왔어요. 회장님께서 부르신다는 겁니다. 하늘이 노래지더라고요. '내가 또 뭘 잘못한 거지?' 달려가면서 제 머릿속은 온통 그 생각뿐이었습니다. 가보니 세상에, 수십 명의 임원들과 회의를 하고 계셨는데 제가 들어가니 '어, ○과장 이리 와. 여기 앉아' 하시는 거예요. '아, 난 이제 죽었구나' 하고 부들부들 떨면서 앉았더니 회장님께서 이러시는 겁니다.

'여기 ○과장, 며칠 전 나한테 혼나서 정신이 없었을 거야. 원래

일을 잘하는 친군데, 더 잘하라고 혼쭐을 좀 냈지. 사실 그게 쉬운 일이 아니거든. 잘했어.'

이러시면서 제 등을 툭툭 다독여주시는 겁니다. 아이고, 그 순간 저도 모르게 울컥 하면서 얼마나 눈물이 줄줄 쏟아지던지. 전 지금도 그 순간을 잊을 수 없어요."

그 뒤로 그가 회사 일을 어떻게 했을까? 더 말할 필요도 없을 것이다.

어느 시대, 어느 지역을 막론하고 탁월한 리더들에겐 공통점이 있다. 하나같이 양면성을 가졌다. 무서우면서도 따뜻하고, 엄하면서도 보듬어주고 밀어붙일 땐 사정없이 그렇게 하면서도 또 놓아줄 줄 안다. 좋을 때는 봄바람 같지만 매서울 땐 겨울바람 저리 가라 할 정도다. 일시적인 감정으로 두 얼굴을 하는 게 아니라 명확한 기준이 있다. 그렇기에 혼을 내도 받아들인다.

영국의 정치인이자 평생 축구 애호가였던 데릭 해튼이 영국 프로축구팀 맨체스터 유나이티드(맨유)의 전 감독이었던 알렉스 퍼거슨에 대해 이런 말을 한 적이 있다. 퍼거슨은 박지성이 맨유에서 뛸 때 감독이기도 했다.[2]

"사람들이 퍼거슨 감독에 대해 모르는 것이 있다. 그는 매우 엄격한 규율주의자이긴 하지만 동시에 팔을 벌려 선수들을 안아주는데도 세계에서 제일가는 사람이다. 어떤 직업에서든 이건 매우

---

2 테오 시어벌드, 캐리 쿠퍼, 비즈니스와 축구, 강혜정 옮김, 맥스미디어, 2006년.

중요하다. 사람들과 함께 일할 때 소리를 질러야 할 시점, 당황해야 할 시점, 화를 내야 할 시점을 잘 선택해야 한다. 하지만 동시에 따뜻하게 키스를 해주어야 할 시점도 알아야 한다."

탁월한 리더들이 약속이나 한 듯 같은 특징을 가졌다는 건 뭘 뜻할까? 두 얼굴이 필요하다는 것이다. 무섭게만 해서 권위가 생길까? 아닐 것이다. 따뜻하게만 해서 조직을 이끌고 갈 수 있을까? 그럴 수 없다. 존경과 권위는 이 둘의 적절한 조화에서 생겨난다.

오늘은 이렇게 말했다가 내일은 저렇게 말하고, 여기서는 이것이라고 했다가 저기선 저것이라고 하는 양심 없고 영혼 없는 두 얼굴이 아니라 복잡다단한 조직을 이끌고 가기 위해 가져야 하는 두 얼굴이 리더에게는 필요하다. '지킬 박사와 하이드' 같은 두 얼굴이 아니라 영화 '어벤져스'에 나오는 '헐크' 같은 두 얼굴이다. 자기 자신만을 위한 두 얼굴이 아니라 모두의 미래를 위한 또 하나의 얼굴이다. 누구보다 차갑지만 뜨거워야 할 땐 모든 걸 녹여버리는 두 얼굴이 리더에게는 꼭 필요하다.

그렇게 일하면
아무도 모릅니다

초판1쇄 | 2020년 11월 30일
　　2쇄 | 2024년 2월 19일

지은이 | 서광원

발행인 | 박장희
대표이사·제작총괄 | 정철근
본부장 | 이정아
편집장 | 조한별

디자인 | Design co*kkiri
일러스트 | 박은미

발행처 | 중앙일보에스(주)
주소 | (03909) 서울시 마포구 상암산로 48-6
등록 | 2008년 1월 25일 제2014-000178호
문의 | jbooks@joongang.co.kr
홈페이지 | jbooks.joins.com
네이버포스트 | post.naver.com/joongangbooks
인스타그램 | @j_books

ISBN 978-89-278-1180-0 03320